U0524858

项目资助

本书受国家社会科学基金教育学西部项目"西北民族地区生态移民子女义务教育适应性研究"(项目号:BMX220337)资助

生态移民
基础教育适应性问题研究

杨巧南 / 著

中国社会科学出版社

图书在版编目（CIP）数据

生态移民基础教育适应性问题研究／杨巧南著 . —北京：
中国社会科学出版社，2022.12
ISBN 978－7－5227－0420－3

Ⅰ.①生… Ⅱ.①杨… Ⅲ.①民族地区—移民—基础教育—适应性—研究—中国 Ⅳ.①G639.2

中国版本图书馆 CIP 数据核字（2022）第 113181 号

出 版 人	赵剑英
责任编辑	赵　丽
责任校对	王　龙
责任印制	王　超
出　　版	中国社会科学出版社
社　　址	北京鼓楼西大街甲 158 号
邮　　编	100720
网　　址	http：//www.csspw.cn
发 行 部	010－84083685
门 市 部	010－84029450
经　　销	新华书店及其他书店
印　　刷	北京明恒达印务有限公司
装　　订	廊坊市广阳区广增装订厂
版　　次	2022 年 12 月第 1 版
印　　次	2022 年 12 月第 1 次印刷
开　　本	710×1000　1/16
印　　张	17.25
插　　页	2
字　　数	275 千字
定　　价	89.00 元

凡购买中国社会科学出版社图书，如有质量问题请与本社营销中心联系调换
电话：010－84083683
版权所有　侵权必究

序　一

生态移民作为中国实施脱贫攻坚战略的一种有效的扶贫方式，在宁夏回族自治区明确提出是在 2010 年。但总体上，因为生态环境恶化，导致一方水土不能养活一方人，采取移民搬迁解决贫困的措施，则源于八十年代初宁夏实施的吊庄移民。30 多年来，宁夏移民搬迁的人数达到 100 多万，约占总人口的 10% 以上。这在新中国的移民史上也是一项壮举，在宁夏发展史上，对宁夏全面建成小康社会，对由此所带来的社会变迁，都有着深远的历史意义和现实意义。

正是基于对生态移民的深刻认识，杨巧南以宁夏吴忠市红寺堡区为样本，从教育学、民族教育学的视角，对民族地区生态移民基础教育问题进行了大量的田野调查，获取了大量有深度的访谈记录，感悟移民及移民子女在生态移民过程中的酸甜苦辣，进而从影响基础教育的主体特征，环境因素以及主体与环境之间的互动关系出发，进行深入的对比分析和适应性研究，揭示民族地区生态移民基础教育发展的"红寺堡教育现象"——即基础教育发展优先于经济发展。特别是政府在保障教育优先发展方面所做的努力，正是我们这个时代、我国制度优越性的充分体现。在此基础上，从多维度对生态移民教育进行学理分析，深度研究其内部、外部适应性，并提出了民族地区生态移民基础教育复杂环境下的适应性问题，对构建民族地区生态移民基础教育发展路径和模式，提出了策略建议。

作为杨巧南的博士生导师，我见证了她由一名跨学科的研究生逐渐成长为一名可以运用所学理论知识对社会问题进行深刻观察和解读的青年学者的过程。努力、执着、不放弃，是她博士学位攻读过程和不断深化对生态移民教育研究的真实写照，也是她个人学术成长的真实记录，一路走来，着实不易。

2020年我国全面完成了脱贫攻坚的历史性任务。巩固脱贫攻坚成果，推动乡村全面振兴，是习近平总书记向全党全国人民发出的伟大号召，是我国实现"两个一百年"奋斗目标的重要战略部署。希望杨巧南博士在前期研究的基础上，继续关注教育发展中的特殊群体以及特殊群体中的教育发展问题，在理论与实践的结合中，不断提升学术素养，百尺竿头，更进一步。

2021年10月8日于银川

序　　二

　　教育是一项社会事业，是一项把人培养成人的社会工程。教育和社会的关系互为因果，社会决定教育的想象，教育决定社会的样子。有什么样的社会，便有什么样的教育，反之亦然；社会史与教育史的关系亦然，无论是过去、当今还是未来均亦然。教育须善其始而克其终，"善始者实繁，克终者盖寡"。教育还须以"慎始而敬终"之忧为忧。至于基础教育，又恰因其中的"基础"二字而更加关键。"求木之长者，必固其根本；欲流之远者，必浚其泉源。"

　　杨巧南要我为她的著作《生态移民基础教育适应性问题研究》作序，欣然应允。曾记得，我与杨巧南的相识，缘于她的国家社科基金项目申报和博士学位论文撰写工作，非常真诚而虚心地征求我的意见。这之后便断断续续地见证了她作为一个读书人不断成长的过程。

　　红寺堡是她学术研究的田野起点。宁夏的南部山区曾有"苦甲天下"之说，"吊庄移民"是政府的一项扶贫工程，红寺堡成了移民新区。本来的荒原如今也已开辟成了移民们新的家园。"红寺堡教育现象"之所以成为现象的独特之处在哪里？在我看来，就在于它在以往南部山区贫穷落后的教育，再加上未来总是充满不确定性的"移民"二字。移民是一个过程，它的本质含义是适应和重建。适应什么？是适应新的环境，至于红寺堡基础教育要适应的，用杨巧南的话说，乃是政策法规环境、人口地理环境、社会文化环境、科学技术环境，这些环境，都不同于移民前的情况，因而是新环境。重建什么？是重建新的家园、新的社会、新的生活。是重建一切，包括人本身。杨巧南思考的是重建红寺堡的基础教育，至于适应和重建的主体，当然包括教师、家长、学生和管理者了。

为了完成这篇序，我再次认真研读了杨巧南的书稿。像读所有的文章一样，每读一遍，总有不同的感悟。重读她的著作，我又有了新的评价。杨巧南的这部著作，做得着实不易，幸而最终以成功收场。这得益于她的始终坚持和敢破敢立，这次确是针对她自己的敢破敢立。杨巧南完成了一项认真的研究，成果证明是一项真研究，它全面彰显了研究应有的态度和品质。不只是表面的样子，而更是内涵的样子，这样来评价我认为不过分。

接下来，我想谈另外一个问题。这是一个很长时期以来，一直萦绕于我心头的问题，这就是什么是民族教育学？杨巧南的研究方向是民族教育。2021年中央民族工作会议之后，似乎更宜探讨什么是教育人类学这个问题。这两个问题，其实是同等性质的问题，但怎样说（话语）却很重要。

教育人类学是教育学和人类学的交叉学科，民族教育学是民族学和教育学的交叉学科，都是在相互交叉的基础上形成的新学科。不可简单地想象是两个学科的机械组合或叠加，而是一个拥有完整独立性而又有机一体的新学科。那么，教育学和人类学为这个新学科各自贡献了什么？一般而言，固然是贡献了各自的研究立场、理论和方法，而"人类教育"则是它们真正的结合点。人类学视"人的正当研究是人"，教育学固然视"教育的正当研究是教育"，将两者交叉整合，其研究的正当对象，固然是"人类教育"了。

教育人类学是一个充满想象和创意而又总是未完成的过程，但这主要是一个有关具体实践的事情。教育人类学是教育学和人类学的强强联合、优势和特色整合。除却其他林林总总不论，教育学针对人类学而强有力的优势和特色是模型构建和数据分析的实证检验，人类学针对教育学而强有力的是田野工作和文化解释，这不是简单的方法上的各自贡献，而是拥有更深意义上的有机运用和整合。教育学把研究引向教育这个对象，人类学把教育研究引向人文关怀，即把人当作人来关怀，而且是面向社会底层黎民百姓的人文关怀。它立足当下，回顾历史，憧憬未来，把教育与社会紧密结合，在优秀传统文化转化发展和社会主义新文化建设繁荣之中,承担自己不可取代的使命,并以培养全新社会人为指归。

  杨巧南的这部著作符合以上要求,也因此在这个领域的耕耘中做出了有益尝试。

2021 年 10 月 8 日于银川

序 三

适应一词最早出现和应用于生物学领域，随着社会发展逐渐移植到社会学和心理学领域。心理学家将"适应"看作个体与环境交互作用的过程，是一个动态交互的过程。适应性则反映了个体与环境的交互状态，其本质在于行为主体如何依据内外环境变化进行各方面的调整，以使自身与环境和谐统一。具体而言，教育适应性通常特指学生在学习的过程中根据学习内容、环境、任务等学习条件的变化，主动调整身心，进而实现内外学习环境相平衡和自身学习的协调发展。

民族地区基础教育发展与其民族关系的改善有内在的依存关系，且随着时代变迁和地域差异而有所不同。大规模生态移民搬迁作为改善特别贫困地区居民生存环境的一种精准扶贫方式，其本质在于以政府为主导，通过国家和地方行政干预，主动调整区域之间生态与社会关系，但由此产生的场域变迁和心理变化必然会导致搬迁移民对新环境的适应性问题。其中，环境陌生和场域不适导致移民群体对移民地区基础教育问题过度关注与焦虑成为常态，这也是民族地区生态移民群体面临的基础教育发展的特殊困境。而生态移民区相对窘迫的民生境遇又迫切需要通过高质量的基础教育为其改善提供可依赖的资源支撑。因此，应充分发挥生态移民地区基础教育的特殊功能，并尝试通过有效协同各种内外部资源条件为移民群体的生存发展提供智力基础。

杨巧南博士的著作《生态移民基础教育适应性问题研究》尝试通过对我国最大的生态移民安置区——红寺堡生态移民区基础教育发展和教育精准扶贫实践的田野调查和个案研究，从教师资源、学生家庭资本及其群体心理，以及教育管理者的主体视角与政策法规、人口地理、社会文化、科学技术等人文环境维度，全面考察了民族地区生态移民群体的基础教育状况、发展特征及其所处的内外部环境，系统梳理和提炼了影响移民区基础教育贫困与落后的差异化因素，深度分析其背后的深层次原因和内在机理，从而为我国生态移民区基础教育精准扶贫理论和实践改进提供依据，也为民族地区生态移民群体基础教育适应性问题的解决提供一手资料。

另外，该著述着眼于红寺堡生态移民区基础教育内外部资源优化配置的效率提升和效果评价，充分利用"互联网+""数字化"等现代教育思维和技术，进行红寺堡生态移民区基础教育适应性与基础教育资源配置失衡之间的因应机制研究，系统探索了解决民族地区生态移民基础教育资源优化配置过程中"不均衡、不公平、不合理"等核心问题的方案，并尝试给出民族地区生态移民群体基础教育基于复杂环境的内外部适应路径，为民族地区生态移民群体基础教育适应性提升和均衡高效发展提供新思路、新方法和新模式。

著述写作目的明确，层次清楚，内容充实，观点鲜明，方法可行，研究结论对了解和认识民族地区生态移民人口的教育适应状况有重要参考价值，对从事移民地区人口教育适应状况的研究人员更具有直接价值。

2021年10月13日于银川

目 录

绪 论 …………………………………………………………… (1)

第一章 观察:现状概览与现象透视 ……………………………… (53)
  第一节 红寺堡生态移民区基础教育现状概览 ……………… (54)
  第二节 红寺堡生态移民区基础教育现象透视 ……………… (68)
  第三节 红寺堡生态移民区基础教育的主要矛盾 …………… (82)

第二章 分析:主体特征与成因分析 ……………………………… (94)
  第一节 教师主体特征与成因分析 …………………………… (94)
  第二节 家长主体特征与成因分析 …………………………… (104)
  第三节 学生主体特征与成因分析 …………………………… (109)
  第四节 管理者主体特征与成因分析 ………………………… (118)

第三章 论证:环境因素与适应性分析 …………………………… (124)
  第一节 红寺堡生态移民区基础教育宏观环境 ……………… (124)
  第二节 红寺堡生态移民区基础教育主体对环境要素的
        认知分析 ……………………………………………… (143)
  第三节 红寺堡生态移民区基础教育环境适应性差异的
        实证分析 ……………………………………………… (154)
  第四节 红寺堡生态移民区基础教育环境适应性困难分析 …… (168)

第四章 应对:逻辑建构与路径适应 ……………………………… (175)
  第一节 基础教育复杂环境适应性系统逻辑建构 …………… (175)

第二节　注重内涵建设以激活主体新动能 …………………（180）
第三节　重视政策导引以重塑环境新氛围 …………………（187）
第四节　注重系统整合以实现内外部协同 …………………（194）

结语　总结与反思 ……………………………………………（204）

参考文献 ………………………………………………………（211）

附　录 …………………………………………………………（226）
　附录一　访谈提纲1 …………………………………………（226）
　附录二　访谈提纲2 …………………………………………（227）
　附录三　口述提纲 ……………………………………………（228）
　附录四　调查问卷 ……………………………………………（237）

后　记 …………………………………………………………（262）

绪　　论

基础教育是国民教育的重要组成部分，是阻断代际贫困的重要措施，是实现教育公平的基本要求。大规模的易地搬迁、多民族的聚居、多元文化的融合使得生态移民区的基础教育发展呈现出不同于其他地区的一些个性化特点，由此产生的各个主体与环境适应性问题值得深入研究。已有研究表明，民族地区的基础教育发展与民族区域文化之间具有天然的内在依存关系，具体表现为文化差异引致的现代化学校教育与民族传统文化之间的双向消解。① 民族地区基础教育的特殊性通常表现为现代化学校教育与民族家庭传统文化之间出现不良适应和矛盾。特别是民族地区基础教育自身所具备的恶劣生态环境、家庭经济贫困和教育资源禀赋较差等先天性劣势，使得该区域基础教育发展呈现出明显的异质性特征。基础教育主体如何在复杂的外部环境影响下实现个体调试，并在适应环境的过程中形成向上动能，继而形成基础教育均衡发展的内外部合力已经成为一个重要议题。生态移民搬迁工程正是在这样的背景下逐渐成为国家扶贫战略的一个重要选项。从这个角度来看，生态移民工程不仅是为了保护或者修复某个地区特殊的生态环境，同时也是为了帮助原居住地人群永久脱贫而进行的人口迁移战略。大规模群体搬迁后的深度融合问题以及生态移民群体所呈现出的移民属性、民族属性和多元文化融合属性值得重点关注，由此衍生的复杂环境下基础教育适应性问题成为本书聚焦的核心。

---

① 满忠坤：《民生改善视域下民族地区义务教育质量优化研究——基于黔东南侗乡和凉山彝区的比较考察》，博士学位论文，西南大学，2015年。

一 研究缘起与问题提出

(一) 研究缘起

少数民族地区的基础教育受到社会经济发展、区域自然环境、人文历史条件、科学技术水平、政策法律法规等外部因素和力量的影响与制约，往往呈现出"滞后、缓慢、不力"等发展困境。究其原因，既有主体不适的因素，也有环境不畅的因素，最终的结果不尽如人意。

1. 基础教育均衡发展的现实所需

基础教育的均衡发展是一个历史范畴，主要目的是为更多的人提供较多的受教育机会。在社会经济、政治、文化进步达到一定水平后，基础教育均衡发展的目标在于为尽可能多的人提供尽可能好的基础教育，强调教育起点平等和教育过程平等。① 此外，基础教育均衡化发展本身是涉及经济、政治、社会、文化等各种因素于一体的复杂系统工程。教育公平缺失使少数民族地区的孩子长期接受的是无法达到基础标准的教育，严重影响了该地区的基础教育发展。近年来，教育公平正在成为政府推进教育治理和学术界研究教育资源配置的核心问题。关荆晶提出，基础教育与区域经济发展密切相关，且贫困地区的优质教育供给侧面临较大缺口，优质师资大量流入发达地区，造成师资配置失衡现象。② 王彩莲等研究表明，区域基础教育均衡发展是提升教师整体素质，缩小学校、城乡、区域间教育发展水平的关键；实现区域基础教育均衡发展可以极大地满足人民群众对教育发展的需求，实现人民教育的公平发展。③ 苏德等认为民族地区的突出特点是少数民族众多、生态文化多样、山川地形复杂。所以，推进民族地区基础教育均衡发展，要结合民族地区实际。④ 薛凯化研究提出，基于共享发展理念，在城乡教育均衡发展进程中，在办学条件、办学经费、师资队伍等方面存在着不均衡现象。由此可知，教育均衡发展是推动教育公平

---

① 褚宏启等：《教育公平的原则及其政策含义》，《教育研究》2008年第1期。
② 关荆晶：《基础教育应成为脱贫攻坚的"靶向药"》，《人民论坛》2020年第8期。
③ 王彩莲等：《区域基础教育不均衡发展问题及对策研究——以南水北调对口支援地区卢氏为例》，《科教导刊》2019年第2期。
④ 苏德等：《教育均衡发展背景下民族地区"小微学校"建设》，《教育研究》2016年第11期。

的关键，也是精准扶贫脱贫工作的重要任务。① 作为全国最大的生态移民区，红寺堡生态移民区始终坚持把教育作为经济社会发展基础性、先导性民生工程，将推进基础教育均衡发展作为教育工作的重中之重。整体来看，当前红寺堡生态移民区的基础教育已基本实现均衡，但还存在基础教育主体心理和行为与外部环境不适应的现实困境。因此，对其作为民族地区特定群体的样本观察和细致分析有着现实和理论层面的双重必要性。

2. 民族教育发展的多元文化属性

教育本身担负着文化传承的使命，教育的成效往往会体现为多元文化交融的结果。民族地区的基础教育同样不是单纯环境下的"文化孤岛"，而是存在于特定的历史发展阶段和社会文化系统中。少数民族群体对基础教育的选择或放弃，往往是基于既定需要与价值判断基础上的心理倾向及行为选择，与其根植于内心的社会文化价值观念和行为表现形式互为表里。② 因此，对于民族地区基础教育问题的深度思考除了要关注其主体（教师、学生、家长、教育管理者）特征，更要关注整个基础教育赖以生存发展的整个社会文化系统及其时代变迁的现实场域。从这个角度来看，民族地区基础教育既是教育问题，也是文化问题，更是系统适应问题。红寺堡生态移民区作为典型的生态移民区，有回族、满族、东乡族、保安族等 12 个少数民族，是多元文化的聚集地，这些民族和谐共处，逐渐演化形成了多元一体的发展格局。学者包斯日古楞从宏观角度提出，民族教育是以本民族文化为基础与外来民族的文化进行融合的一个过程。从狭义角度来看，民族教育是以少数民族为教育对象而完成的文化知识的传播。③ 哈经雄等从多元文化整合教育的视角提出，民族教育在担负人类共同文化成果传递功能的同时还担负着传递本国主体、本国各少数民族优秀传统文化的功能。④ 马美等研究得出，民族教育是加快边疆民族地区教育发展、缩小

---

① 薛凯化：《共享发展理念视域下的城乡教育均衡发展研究》，硕士学位论文，山西师范大学，2019 年。
② 满忠坤：《民生改善视域下民族地区义务教育质量优化研究——基于黔东南侗乡和凉山彝区的比较考察》，博士学位论文，西南大学，2015 年。
③ 包斯日古楞：《多元文化视角下的民族教育发展探究》，《西部素质教育》2016 年第 22 期。
④ 哈经雄等：《民族教育学通论》，教育科学出版社 2001 年版，第 580 页。

民族地区与中西部地区的教育差距，促进教育公平的本质要求。① 由此可知，已有研究通常基于多元文化整合理念和民族教育供给侧改革等视角来探讨民族地区教育发展的重要性和关键点。基于此，为探寻多元文化视角下生态移民区基础教育的适应性问题，本书试图从复杂适应系统理论和文化生态理论的视角出发，重点围绕红寺堡生态移民区基础教育主体特征与环境特质进行匹配研究，以求厘清这些特征背后的原因及内在机理。

3. 生态移民区基础教育环境的复杂适应性

民族地区的基础教育发展与其民族改善具有内在的依存关系，且表现为一定的时代变迁特征和地域特征。大规模生态移民搬迁作为改善特别贫困地区居民生存发展的一种精准扶贫方式，其本质在于以政府为主导，通过地方社会干预，主动调整区域之间生态与社会的关系，由此产生的场域变迁和心理变化必然会导致搬迁移民对新环境的适应性问题。其中，环境陌生或场域不适导致移民群体对基础教育问题过度关注与内心期望成为一般化状态，继而表现出对基础教育不同阶段的认知和评价差异，这也成为民族地区生态移民群体基础教育发展面临的特殊困境。与此同时，生态移民区相对窘迫的民生境遇又迫切需要通过高质量的基础教育为其改善提供可依赖的资源支撑。因此，需要充分发挥生态移民地区基础教育的特殊功能，并尝试通过各种内外部资源的有效协同为民族地区生态移民群体的生存发展和生活改善奠定坚实的智力基础。由此，基础教育主体行为与外部环境资源之间的互动适应便成为一个值得持续关注的话题。

适应一词由达尔文在其 1859 年的著作《生物进化论》中提出。此后，心理学家将"适应"看作个体与环境交互作用的过程。② 适应性问题的本质在于行为主体如何依据内外环境的变化，进行各方面的调整以使自身与环境和谐统一，③ 是一个动态交互的过程。已有研究关注教育适应性，通常特指学生在学习的过程中根据学习内容、环境、任务等学习

---

① 马美等：《基于教育信息化的民族教育供给侧改革路径研究》，《曲靖师范学院学报》2020 年第 3 期。

② 陶胡敏：《初中生家庭教育方式、自我概念对适应性的影响》，硕士学位论文，山东师范大学，2013 年。

③ 邹小勤：《我国大学生学校适应特征的实证分析》，《现代教育管理》2014 年第 5 期。

条件的变化，主动调整身心，以求达到内外学习环境相平衡并促进学习发展的能力。① 本书认为，教育适应性更重要的应该是满足社会成员面对经济发展、社区转型、生活方式变更等外在条件变化时所必需的一种动态调整能力，② 这既是促进学生成长发展的基础，也是区域教育与区域经济互动发展的必然选择。人们在进入陌生环境的时候，都有一个适应的过程，该过程包括对新环境的熟悉、明晰环境对自己的要求并主动调整身心状态使自身获得更好的发展。③ 因而，本书特别关注生态移民群体搬迁后面临的因内外部环境因素变化而产生的适应性问题。

（二）问题提出

治贫先治愚，扶贫先扶智。基础教育扶贫是教育精准扶贫的重要组成部分，是阻断代际贫困的重要措施，是实现教育公平的基本要求。通常来讲，基础教育分为学前教育阶段和义务教育阶段。其中，义务教育阶段是基础教育最重要的阶段。1986 年，《中华人民共和国义务教育法》将普及九年义务教育作为基础教育工作的重中之重。2001 年，中国如期实现了基本普及九年义务教育和基本扫除青壮年文盲的战略目标，普及九年义务教育人口覆盖率达到以 85% 以上；2008 年，城乡免费义务教育全面实现；2015 年 11 月，《中共中央国务院关于打赢脱贫攻坚战的决定》中明确提出，要加快实施教育扶贫工程，让贫困家庭子女都能接受公平有质量的教育，阻断贫困代际传递。通过基础教育让贫困儿童、青少年接受公平且有质量的教育，提高贫困地区劳动力人口的整体素质，从而获得"工具性自由"是最直接、最发挥实质效力的精准扶贫。④

宁夏吴忠市红寺堡生态移民区是为从根本上解决宁夏南部山区（宁夏回族自治区回族人口主要分布的地区）群众脱贫致富而实施的扶贫扬黄灌溉工程主战场，是目前全国最大的异地生态移民扶贫安置区。从 1998 年至

---

① 郑晓康等：《流动人口子女父母教养方式与学习环境适应性的关系》，《中国健康心理学杂志》2006 年第 5 期。

② 方辉东：《在城农民工子女受教育适应性问题研究》，硕士学位论文，浙江大学，2010 年。

③ 马启鹏等：《新型城镇化中农村老年教育的现实困境与发展路向》，《中国成人教育》2015 年第 1 期。

④ 檀慧玲：《关于利用质量监测促进基础教育精准扶贫的思考》，《教育研究》2018 年第 1 期。

今，在20多年的开发建设中，红寺堡生态移民区累计开发整理水浇地60万亩，异地搬迁安置宁南山区8县移民23万人。[①] 截至2018年年底，红寺堡生态移民区共有总户数5.26万户，总人口20.39万人，其中男性10.50万人，女性9.90万人，城镇人口6.90万人，汉族7.60万人，回族12.77万人，其他少数民族245人，回族人口约占总人口60%以上。[②] 2019年年底，红寺堡生态移民区完成脱贫摘帽任务，其基础教育取得了"从无到有""高升学率""零辍学率"等显著成绩。

如今，在国家、地方及区域政府教育扶贫政策和基础教育政策的支持下，红寺堡生态移民区基础教育建设取得了令人瞩目的成绩。但从整体系统来看，其均衡发展、持续发展和高质量发展还面临很多现实的挑战与压力，这与红寺堡生态移民区基础教育相对独特的移民特征、区域特征、民族特征以及多元文化特征不无关系，与其所处的复杂外部环境属性同样密切相关。大规模的异地搬迁、多民族异地聚居、多元文化交汇融合使得红寺堡生态移民区的基础教育发展呈现出明显不同于其他地区的复杂生态环境以及个性化特征，而由此产生的基础教育主体与其所处外部环境因素之间的合理匹配问题值得深入研究。基于此，本书通过田野调研过程中的访谈与观察，以及对《红寺堡开发区志》《红寺堡年鉴》等二手资料的整理与分析发现，红寺堡生态移民区基础教育均衡发展中还存在城乡之间、区域之间、校际教学水平与办学条件差异较大、优质教育资源供给不均衡、整体教育质量相对不高等诸多现实问题，其基础教育发展本身所依赖的外部环境和条件也呈现出明显的异质性特征。因此，本书重点关注以下问题的深度分析与系统回答。

以红寺堡生态移民区为代表的民族地区生态移民群体基础教育发展呈现出哪些独特的现象表征和内在矛盾？其基础教育的均衡发展和高质量发展面临怎样的环境影响？基础教育中不同主体如何与其所处的环境进行有效调适匹配进而建构民族性生态移民区复杂环境下的教育适应性系统？有效促进民族地区生态移民基础教育复杂环境下系统性适应能力提升与均衡

[①] 红寺堡区人民政府：《红寺堡区基本概况》，http://www.hongsibu.gov.cn/zjhsb/hsbgk/hsbjj/201709/t20170925_494748.html，2019年8月19日。

[②] 宁夏统计局：《宁夏统计年鉴——2019》，http://www.tj.nx.gov.cn/，2019年9月21日。

发展的个性化路径和政策建议是什么？这些问题的系统深入回答，将有助于深入探析民族地区生态移民群体基础教育发展的社会、文化、自然、民族、区域因素及其对基础教育发展的内外在影响机理。

造成贫困家庭经济进步与子女个体发展受限，导致地区持续贫困的根本原因正是基础教育的薄弱与匮乏。从这个角度来看，教育是贫困人群获得致富知识、脱贫技能的主要途径。特别是享有相对公平的基础教育，是每一个人的民生权利和基本人权。相对优质的基础教育不仅可以帮助其提高自身的知识文化素养，还可以直接推动贫困地区经济的繁荣和文化的发展，并最终实现脱贫。① 基础教育扶贫本质上就是为了改善贫困地区教育的均衡发展问题。通过提升贫困人群的人力资本水平，使其具备脱贫能力，最终实现阻断代际贫困的目的。由此可见，人力资本存量增加和人力资本水平提高离不开基础教育水平的提升。显然，国内基础教育事业在教育扶贫与教育均衡发展双重政策的支持下取得了巨大成就。但与此同时，由于区域经济发展、自然资源的限制，历史发展体制等各方面的原因，基础教育在不同地区的发展呈现出明显的不均衡性，这些问题严重影响了中国基础教育事业均衡发展的进程与成效。

基于以上分析，本书将重点关注宁夏红寺堡生态移民区（全国最大的生态移民安置区）的基础教育发展现状与教育扶贫实践，深度考察这一特殊群体在民族、区域、移民和文化等维度的异质性特征及其基础教育发展实践中出现的诸如"优质教育资源稀缺""配置效率低下""教育政策撒胡椒面""教育发展不均衡"等现实问题，从而为该区域群体探索其基于效率提升和效果评价的基础教育发展新思路、新模式和新路径提供田野论证和学理支持。

二 研究目的与研究意义

（一）研究目的

民族教育有其突出的特殊性，主要由民族地区的特殊性与民族的特殊

---

① 钟慧笑：《教育扶贫是最有效、最直接的精准扶贫——访中国教育学会会长钟秉林》，《中国民族教育》2016 年第 5 期。

性所决定。① 本书尝试通过对红寺堡生态移民区基础教育发展和教育精准扶贫实践的个案研究和田野调查,深度考察民族地区生态移民这一特殊群体的基础教育发展状况、特征及其所处的内外部环境,并深度分析其背后的深层次原因和内在机理,从而为中国基础教育精准扶贫理论和实践的优化完善提供学理层面和策略层面的探索和支持,研究目的如下。

第一,"红寺堡教育现象"的深描与阐释。通过对红寺堡生态移民区20年来的基础教育扶贫及发展实践的田野调查和深度访谈,总结梳理这一特定群体基础教育发展过程中成功的经验、出现的问题和存在的矛盾,系统揭示红寺堡基础教育的现象表征与内在成因,并由此探索其内外部适应性问题。

第二,红寺堡生态移民区基础教育内外部环境的分析与论证。从主体适应的视角,对红寺堡生态移民区基础教育的主体(教师、学生、家长、教育管理者)特征及成因进行分析;从环境适应的视角,对红寺堡生态移民区基础教育所处环境(政策法规、人口地理、社会文化、科学技术)的特征及适应性进行分析。

第三,民族地区生态移民群体基础教育复杂环境适应系统的构建与应用。从复杂适应(CAS)理论和文化生态理论的视角归纳总结红寺堡生态移民区基础教育实践中存在的现实问题及其内在原因,尝试从主体调试(教师、学生、家长、教育管理者)和环境适应(政策法规、人口地理、社会文化、科学技术)有效互动、合理匹配的视角,对民族地区生态移民群体基础教育中的适应性问题给出明确的学理解释和路径建议,以弥补当前学界对该命题关注度和解释力的相对不足。

(二)研究意义

考察民族地区生态移民基础教育发展与其所处内外部环境之间的适应性,是将基础教育研究置于文化生态视野中必不可少的主题,可以很好地反映生态移民文化融合与分离的程度。换言之,探究民族地区生态移民群体文化与基础教育的融合与适应,其本质在于深度思考红寺堡生态移民区这一特定群体如何通过个体和群体的合理调适以实现其基础教育环境的内外部适应性提升,继而合理构建其基于区域性、民族性、移民性、文化性

---

① 李定仁等:《中国西北少数民族教育》,宁夏人民出版社1996年版,第239页。

等属性特征的差异化发展路径。这种路径设计和行动方案在一定程度上可以有效阻止民族地区移民群体因区域搬迁或环境变化带来的各种不适应所造成的积极心理资本受损或行为偏差。

1. 理论意义

（1）关注红寺堡生态移民区基础教育适应性问题的现象表征和归因分析，对民族地区生态移民基础教育的主体适应（教师、学生、家长、教育管理者）和环境适应（政策法规、人口地理、社会文化、科学技术）因素进行深度调研和对比分析，为复杂适应性系统理论和文化生态理论的完善优化进行田野考证与学理支持。

（2）探索红寺堡生态移民区基础教育现象的内在特征与基础教育发展成效之间的内在机理和交互效应，对基于生态移民群体心理和行为特征的教育适应性问题进行田野验证和理论阐释，继而将民族地区基础教育问题研究推向纵深和精细，从一定层面上丰富完善了教育人类学的研究范畴。

（3）尝试从教育人类学、社会心理学、管理学等多学科融合的视角系统研究民族地区生态移民这一特殊群体基础教育的发展困境和适应性问题，为形成基于"问题成因、主体特征和适应分析"层面的基础教育复杂环境下适应性系统的逻辑构建与路径选择提供理论阐释。

2. 现实意义

（1）进行红寺堡生态移民区基础教育发展现状的深度调查和个案研究，从教师资源、家庭资本、学生群体心理、教育管理者等主体视角与政策法规、人口地理、社会文化、科学技术等环境维度出发，系统提炼影响移民区基础教育贫困和落后的差异化因素和内在特点，并据此为民族地区生态移民群体基础教育适应性问题的解决方案提供田野素材和一手资料。

（2）进行红寺堡生态移民区基础教育现象中的适应性问题与基础教育资源配置失衡之间的因应机制研究，探索民族地区生态移民基础教育资源的优化配置过程中"不均衡、不公平、不合理"等核心问题的系统解决方案，并尝试给出民族性生态移民区基础教育基于复杂环境的内外部适应路径。

（3）着眼于红寺堡生态移民区基础教育内外部资源优化配置的效率提升和效果评价，充分利用"互联网+""数字化"等现代教育思维和技术，为民族地区生态移民群体基础教育适应性提升和均衡高效发展提供新思路、新方法和新模式。

三 研究内容与核心概念

（一）研究内容

本书通过田野调查、历史口述、量化分析等方法对红寺堡生态移民区基础教育发展现状中存在的问题与现象进行深度调查和个案研究，通过微观的主体特征及成因分析和宏观的环境特征分析，揭示其基础教育发展过程中面临的内外部不适应现象及其具体表现，尝试从教育人类学、社会心理学、管理学等多学科交叉的视角，为民族性生态移民区基于"问题成因、主体特征和环境约束"的基础教育复杂环境适应性策略提供田野论证、实证检验和学理阐释。整个研究将重点围绕"红寺堡教育现象"中的具体表现、内在矛盾、主体特征和其所处的外部环境要素等展开，尝试通过这些具体现象和环境因素的特征描述、归因分析、实证检验和逻辑推演，最终为民族地区生态移民基础教育未来的高质量均衡发展提供实践验证和学理阐释，具体内容详见表0—1。

表0—1　　　　　　　　　　本书的内容框架

章节名称	主要内容	本章目标
绪论	通过政策背景和现实背景的梳理，明确本书的核心问题，指出民族地区生态移民基础教育发展中的现实困惑。通过相关文献梳理，界定本论文的核心命题、理论意义和实践价值，厘清本书的理论基础与文献基础，同时从研究思路和技术路线层面梳理清楚整体的研究脉络、研究方法和技术路线图	形成思路 界定问题 点题明意 提纲挈领
第一章 观察：红寺堡教育现象	在对红寺堡生态移民区近20年基础教育扶贫和发展实践进行田野调查和深度访谈的基础上，系统总结生态移民区基础教育的"红寺堡教育现象"的具体表现与存在的矛盾进行深入描述和阐释	田野调查 深度访谈 问卷分析

续表

章节名称	主要内容	本章目标
第二章 内因：主体特征及成因分析	以复杂适应系统理论和文化生态理论为指导基础，基于红寺堡生态移民区基础教育现象表征和矛盾特点，重点分析生态移民区基础教育发展四个主要主体所呈现出的特征，并从适应性视角深入剖析生态移民区基础教育个体呈现上述特征的内在机理	理论支撑特征呈现 归因分析 内在解释
第三章 外因：环境特征及适应性分析	主要从红寺堡生态移民区基础教育发展所面临的政策法规环境、人口自然环境、文化环境、技术环境四个方面分析的基础上，通过量化分析完成对基础教育主体对环境要素的认知分析和特征分析。与此同时，运用理论和思维逻辑工具对红寺堡生态移民区基础教育外部环境的适应性困难进行深度分析	环境分析认知分析 归因分析 外在解释
第四章 展望：逻辑建构与路径选择	阐述提升复杂适应性系统理论和文化生态理论视角下民族地区生态移民群体复杂性环境下的基础教育适应性系统的构建逻辑与路径选择，尝试从内部主体（教师、学生、家长、教育管理者）与外部环境（政策法规、人口地理、社会文化、科学技术）的互动与匹配适应的角度给出具体的路径选择和策略建议	逻辑构建路径选择 策略优化 政策建议
结语：总结和反思	在对前面研究结果进行深入讨论的基础上，发现问题并讨论后续可行的解决方案，阐述本书结果的价值贡献及创新之处，同时指出本书存在的研究局限及未来研究机会	查漏补缺 提炼价值 明确方向

资料来源：作者自己总结梳理所得。

（二）核心概念

1. 生态移民

从微观角度看，生态移民是以保护生态环境，实施开发性扶贫为目的。从宏观角度看，生态移民是以加快城市化进程、进行现代化建设为目的。从不同的学科视角界定生态移民的概念，具有不同的含义。但是，通常认为生态移民工程的实施主要是为了恢复原居住地生态，保护当地环境，将生态环境遭到破坏或者自然条件恶劣区域的人口搬迁至自然条件好且具有良好社会基础和广阔经济发展前景的地方，从而形成新的集聚地，即生态移民集聚地。大力推进生态移民工程的本意在于实现人口、环境、资源和经济社会的协调发展。[①] 总的来说，生态移民分为三步走，一是移民搬迁，二是环境保护，三是城乡现代化。当前，中国生态移民搬迁的模式主要以政府组织，整体搬迁为主。同时，还有政府与企业合作，协作完成搬迁工程。伴随着迁入地的政策支持和经济发展，也会吸引部分移民自愿搬迁，从而形成小部分自发搬迁移民群体，[②] 这也使得移民搬迁群体呈现出完全不同于其他贫困地区的异质性特征。一般而言，生态移民群体按照迁移主导对象的不同、迁移意愿的不同、迁移范围的不同以及迁入地经济发展阶段的不同，大致可以分为以下几种类型：自发性移民和政府主导性移民；自愿搬迁移民和非自愿搬迁移民；整体迁移移民和部分迁移移民；牧转农业型移民、舍饲养畜型移民、非牧业型移民、产业无变化型移民。[③] 现在来看，无论是移民搬迁的模式，还是搬迁移民的类型，其本质还在于以政府为主导的主动型区域生态与社会关系的自发性调整。

2. 基础教育

基础教育是面向全体学生的国民素质教育，其根本宗旨是为提高全民族的素质打下扎实的基础，为全体适龄儿童少年终身学习和参与社会生活打下良好的基础。基础教育对于提高中华民族的素质，培养各级各类人才，促进社会主义现代化建设具有全局性、基础性和先导性的作用。[④] 多年来，国家始终坚持把基础教育摆在优先地位，并作为基础设施和教育事业发展的重点领域予以保障。中国的基础教育主要包括学前教育和义务教育。其中涵盖小学和初中阶段的义务教育，具有普及性、公共性和强制性的特点，是国家统一实施的所有适龄儿童少年必须接受的教育，是国家必须予以保障的公益性事业。本书根据现阶段教育发展现状，以及基础教育领域的研究成果和统计数据，并结合红寺堡生态移民区实际情况，将基础

[①] 丁生忠：《宁夏生态移民研究——以 M 镇为例》，博士学位论文，兰州大学，2015 年。
[②] 黄承伟：《中国农村扶贫自愿移民搬迁的理论与实践》，中国财政经济出版社 2004 年版，第 115 页。
[③] 包智明：《关于生态移民的定义、分类及若干问题》，《中央民族大学学报》（哲学社会科学版）2006 年第 1 期。
[④] 教育部：《关于基础教育的定义、范围与阶段》，http://www.moe.gov.cn/jyb_hygq/hygq_zczx/moe_1346/moe_1352/tnull_21654.html，2007 年 4 月 19 日。

教育的基本范畴限定在学前教育、小学阶段和初中阶段。

3. 教育适应性

适应一词由达尔文在1859年的著作《生物进化论》中提出,此后心理学家将适应看作个体与环境交互作用的过程。① 同时,邹小勤以皮亚杰的"平衡说"为理论基础明确提出,适应性是指行为主体依据内外环境的变化,进行各方面的调整以使自身与环境和谐统一;② 郑晓康等认为,"适应"主要指个体调整其机体和心理,使之与环境条件的要求相符合,是一种动态交互的过程。在教育领域,适应性通常是指学生在学习的过程中根据学习内容、环境、任务等学习条件的变化,主动调整身心,以求达到内外学习环境相平衡并促进学习发展的一种能力。③ 人们在进入陌生环境的时候,都有一个适应的过程,包括对新环境的熟悉,以及明晰环境对自己的要求并主动调整身心状态使自身获得更好的发展等不同阶段。④ 因而,在本书中,我们认为生态移民基础教育适应性指的是生态移民群体搬迁后所面临的全新环境、行为方式和心理状态发生变化后而产生的一种特殊教育适应性。⑤ 这种教育适应性反映了不同个体在面对经济发展、社区转型、生活方式变更时所产生的一种特殊能力,⑥ 这种能力既是促进基础教育中各个主体成长发展的基本要求,也是区域教育环境与区域经济社会互动发展的必然选择。

4. 教育均衡

关于教育均衡的概念界定,不同的理论赋予其不同的内涵。常见的理论诸如公平论、系统论、资源配置论等均对教育均衡的概念做了不同的界定。本书对教育均衡概念理解主要源自教育公平理论。教育均衡发展主要研究受教育者教育权利、教育平等以及教育民主问题。首先,教育均衡是

---

① 陶胡敏:《初中生家庭教育方式、自我概念对适应性的影响》,硕士学位论文,山东师范大学,2013年。
② 邹小勤:《我国大学生学校适应特征的实证分析》,《现代教育管理》2014年第5期。
③ 郑晓康等:《流动人口子女父母教养方式与学习环境适应性的关系》,《中国健康心理学杂志》2006年第5期。
④ 马启鹏等:《新型城镇化中农村老年教育的现实困境与发展路向》,《中国成人教育》2015年第1期。
⑤ 卢谢峰:《大学生适应性量表的编制与标准化》,硕士学位论文,华中师范大学,2003年。
⑥ 方辉东:《在城农民工子女受教育适应性问题研究》,硕士学位论文,浙江大学,2010年。

人权的问题,是为了保证人人享有接受公平教育的权利。① 其次,教育均衡发展源于教育公平理论。在中国的基础教育体系中,每个人都享有公平的教育待遇。② 最后,教育均衡是基于法律约束的。在法律的规定下,每个适龄人口都应享有受教育的权利。某种程度上而言,教育均衡的初衷正是为了解决区域之间、城乡之间、校际的教育发展不均衡问题。③ 概而言之,教育均衡发展是以教育公平理论为基础,通过资源配置均衡来实现教育机会与质量均衡,最终实现局部区域内受教育者的教育公平。

5. 教育扶贫

教育扶贫通常是指对贫困地区进行教育投入和资助,继而提升贫困地区人口的知识水平和科学文化素养,④ 帮助贫困地区人们从根本上摆脱贫困,阻断代际贫困的过程,属于开发式扶贫模式的一种。从人力资本视角来说,孟照海认为教育扶贫的核心就是整体提升贫困群体的人力资本水平,从思想上消除贫困,降低贫困群体受剥削的程度,进而实现减贫和脱贫;⑤ 从国家视角来看,范小梅认为教育扶贫可看作国家或政府解决财富分配过程中所发生的贫困现象的具体过程。⑥ 随着中国教育扶贫事业的展开与深入,教育扶贫已经从起初的粗放式扶贫转为精准化扶贫,扶贫主体已聚焦在连片特殊贫困地区的深度贫困人口。这个群体是中国脱贫事业中最关键、最困难的部分,也是中国 2020 年能否全面建成小康社会的必要条件。因而,习近平同志在 2015 年"减贫与发展高层论坛"上提出了"六个精准扶贫措施",将教育精准扶贫列为六大精准扶贫之一。⑦ 整体来看,教育精准扶贫主要是指运用有针对性的帮扶措施,着重提高贫困人口的文化素质和技术技能,最终实现可持续脱贫,⑧ 这是中国脱贫开发总体

---

① 顾明远:《教育均衡发展是教育平等的问题,是人权问题》,《人民教育》2002 年第 4 期。
② 翟博:《树立科学的教育均衡发展观》,《教育研究》2008 年第 1 期。
③ 周峰:《试论基础教育均衡发展的若干问题》,《教育研究》2002 年第 8 期。
④ 钟慧笑:《教育扶贫是最有效、最直接的精准扶贫——访中国教育学会会长钟秉林》,《中国民族教育》2016 年第 5 期。
⑤ 孟照海:《教育扶贫政策的理论依据及实现条件——国际经验与本土思考》,《教育研究》2016 年第 11 期。
⑥ 范小梅:《"教育扶贫"概念考辨》,《教育探索》2019 年第 4 期。
⑦ 穆惠涛:《习近平教育扶贫思想研究》,博士学位论文,东北师范大学,2019 年。
⑧ 代蕊华等:《教育精准扶贫:困境与治理路径》,《教育发展研究》2017 年第 7 期。

战略中的重要组成部分。在本书中，我们通过对国家教育扶贫政策的发展史进行梳理后发现，这个生态移民区的基础教育发展史本质上就是一部教育扶贫政策发展史。换言之，民族地区生态移民基础教育实现从无到有的发展过程也直接见证中国基础教育政策的制定和实施的全过程，这也是本书始终坚持的一个明确观点。

四 研究框架与研究方法

（一）研究范围

红寺堡生态移民区地处宁夏东西南北的地理中心，海拔1240—1450米，为山间盆地，属中温带干旱气候区。红寺堡生态移民区的正式开发建设始于1998年，2009年经国务院批准正式被设为吴忠市第二个市辖区。红寺堡行政区域面积2767平方公里，包括2镇3乡1街道，65个行政村和7个城镇社区。2019年，累计搬迁移民23万余人，地区生产总值62.90亿元；城镇居民人均可支配收入达到2.48万元；农村居民人均可支配收入达到9825元，综合贫困发生率为0.76%。2020年3月，红寺堡生态移民区正式完成"脱贫摘帽"任务。[1] 红寺堡生态移民区移民搬迁群体主要来自海原、西吉、彭阳、泾源和同心五县贫困带上的农民，包括政策规定必须退耕还林、退牧还草、封山育林区和水库淹没区的农民。[2] 宁夏回族人口分布主要集中在南部山区，海原、西吉、彭阳、泾源、同心五县回族占比均大于50%，其中同心回族占比大于其当地总人口的80%。由此可见，红寺堡生态移民区的移民属性和民族特征明显。[3] 红寺堡生态移民区民族移民文化应该包括文化区域的变迁和文化内涵的扩展。人是文化最丰富、最活跃的载体，超大规模的人群迁徙，必然导致其作为移民群体原有文化的转移和新环境下的适应性问题，这也是我们关注这个问题的原发动机。因此，本书将重点关注红寺堡生态移民区生态移民这一特定群体基础教育发展和扶贫实践，力求从其基础教育发展过程中的成败得失和

---

[1] 红寺堡区人民政府：《红寺堡区基本概况》，http://www.hongsibu.gov.cn/ggqy/gywm，2021年3月29日。

[2] 薛正昌：《红寺堡移民史》，商务印书馆2019年版，第201页。

[3] 宁夏统计局：《宁夏各市县人口统计》，http://www.360doc.com/content/16/1029/10/224530_602267007.shtml，2016年10月29日。

经验教训中总结提炼出其现象表征、内在矛盾，及其成因及内在机理。

（二）研究思路与技术路线

本书大概遵从两条线：一是民族地区生态移民群体文化与知识的阐释，考察当前教师资源、家庭资本、教育公共服务、社会文化环境、移民群体心理之间的关系与内在机理；二是通过数据分析和理论研究，探析基础教育发展的现实问题与民族地区生态移民群体文化与内外部环境之间的适应性。整个研究的思维导图详见图0—1。

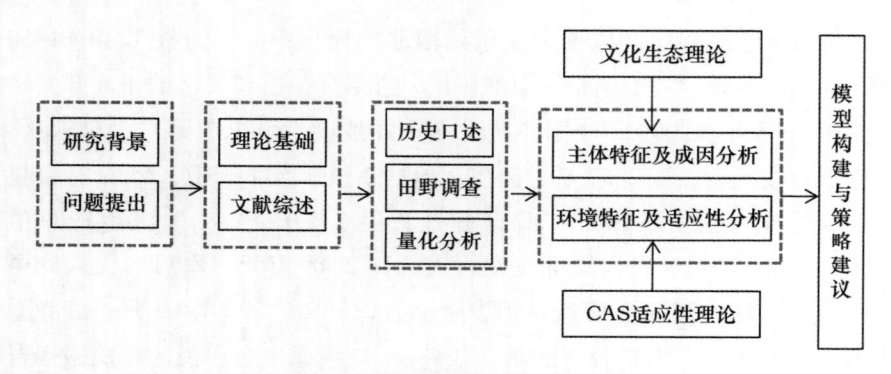

图0—1 田野调研的思维框架

本书以宁夏红寺堡生态移民区基础教育的建设发展及扶贫实践为主线，基于复杂适应（CAS）理论和文化生态理论，采用田野调查、实证分析、历史口述、个案研究等方法，从基础教育与内外部环境相互作用的视角出发，通过对红寺堡生态移民区基础教育的成功经验与存在问题的深度分析，重点探讨民族地区生态移民这一特定群体基础教育发展实践中异质性特征和内外部适应问题。整个研究运用质性研究与量化研究相结合的方法，尝试从全新的理论视角剖析这些问题形成的内在原因和形成机理，并从主体适应性和客体适应性两个维度提出相应的政策优化和路径选择建议，以期为进一步完善民族地区生态移民群体基础教育的实践体系与理论体系，为推进中国基础教育均衡发展贡献绵薄之力，整体的研究思路详见图0—2。

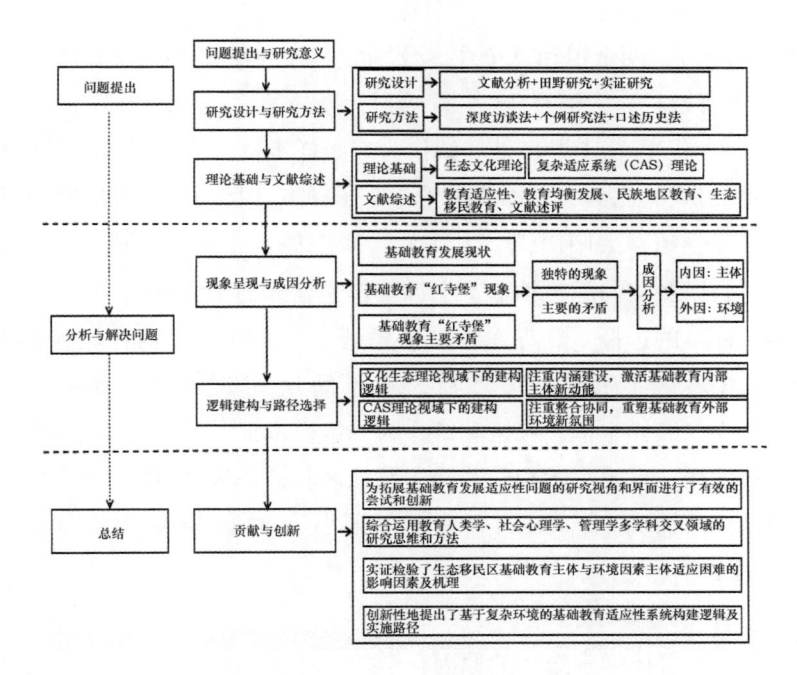

```
问题提出 ──→ 问题提出与研究意义
          研究设计与研究方法 ── 研究设计 ── 文献分析+田野研究+实证研究
                            研究方法 ── 深度访谈法+个例研究法+口述历史法
          理论基础与文献综述 ── 理论基础 ── 生态文化理论  复杂适应系统（CAS）理论
                            文献综述 ── 教育适应性、教育均衡发展、民族地区教育、生态
                                        移民教育、文献述评

分析与解决问题 ──→ 现象呈现与成因分析 ── 基础教育发展现状
                                    基础教育"红寺堡"现象 ── 独特的现象 ── 成因分析 ── 内因：主体
                                    基础教育"红寺堡" ── 主要的矛盾              外因：环境
                                    现象主要矛盾
              逻辑建构与路径选择 ── 文化生态理论视域下的建构 ── 注重内涵建设，激活基础教育内部
                                  逻辑                        主体新动能
                                  CAS理论视域下的建构 ── 注重整合协同，重塑基础教育外部
                                  逻辑                   环境新氛围

总结 ──→ 贡献与创新 ── 为拓展基础教育发展适应性问题的研究视角与界面进行了有效的
                    尝试和创新
                    综合运用教育人类学、社会心理学、管理学多学科交叉领域的
                    研究思维与方法
                    实证检验了生态移民区基础教育主体与环境因素主体适应困难的
                    影响因素及机理
                    创新性地提出了基于复杂环境的基础教育适应性系统构建逻辑及
                    实施路径
```

图0—2 本书的技术路线

（三）田野研究设计

1. 调研范围

田野调查研究要求调查者必须深入调查对象的环境中，并把调查范围限定在具有完整调查属性与结构特征，且在最小单位的范围内来进行考察。同时，调查者需亲历调查生活、环境，并仔细观察、翔实记录。[①] 依据以上要求，本书为了获取回族集聚、生态移民地方性知识较完整的切片，对其区域性知识文本的深刻理解，设定了研究对象和相关事件的合理性边界，旨在反映红寺堡生态移民区基础教育的主体性特征和环境适应性。

（1）样本选择的范围

本书选择宁夏红寺堡生态移民区为总体样本范围（包括民族移民群体样本和学校样本）。

民族移民群体样本的选择。红寺堡生态移民区下辖一个街道办事处

---

① 费孝通：《江村经济——中国农民的生活》，商务印书馆2001年版，第24页。

（含 8 个社区），两个镇和三个乡，分别为：红寺堡镇 14 个行政村，太阳山镇 11 个行政村，大河乡 13 个行政村，新庄集乡 16 个行政村，柳泉乡 11 个行政村。① 以街道办事处和镇作为二级样本框。其中以镇为单位样本框，按照 1∶6 的比例、且不能少于 2 个子样本、且为回族聚集地的原则，分别在红寺堡镇、太阳山镇、大河乡、新庄集乡、柳泉乡随机抽取共 11 个行政村，以及均匀随机抽取 1 个社区作为全部的子样本。

学校样本的选择。红寺堡生态移民区有 4 所初中，均在城区；69 所小学，其中城区 4 所，乡镇 65 所；38 所幼儿园。② 本书将初中、小学、幼儿园作为二级样本框，社区和镇作为二级样本框。其中，初中和城区小学全样本抽样，乡镇小学和幼儿园按照社区和镇作为二级样本框按照均匀随机抽样。共抽取样本为初中 4 所，城区小学 4 所，乡镇小学 10 所，幼儿园 10 所。

（2）样本选择的原因

民族移民群体样本选择的原因。学校、社区和村庄的存在与发展形成了人与人之间互助、信任的关系。这种关系的本身即结合，或者被理解为现实的和有机的生命——这就是共同体的本质，或者被理解为思想的和机械的形态——这就是社会的概念。③ 因此，学校、行政村和社区是一个完整的社会群体，也是最基本的文化单元。生态移民区的学校、村庄和社区，具有民族社会的生活方式，体现了生态移民的文化特征，这种文化的融合与互动，形成了特有的民族地区生态移民群体价值观念、文化风俗、生活方式和思维理念。因此，本书以社区和村庄为切入点，重点考察民族地区生态移民的群体特征，即民族区域特征和生态移民特征。

学校样本选择的原因。本书主要考察民族地区生态移民群体基础教育发展问题，其基础教育分为学前教育、小学教育和初中教育三个阶段，每个阶段年龄、课程、培养目标、管理方式都具有明显的差异和特征。因此，本书按照基础教育划分的阶段，抽取样本，以期按照教育阶段的不

---

① 红寺堡区人民政府：《红寺堡现有城市社区、行政村名称及各村户数、人口基本情况》，http：//www.hongsibu.gov.cn/zjhsb/hsbgk/xzqh/，2021 年 1 月 29 日。
② 红寺堡区人民政府：《红寺堡基础教育监测数据》，http：//www.hongsibu.gov.cn/，2019 年。
③ [德] 藤尼斯：《共同体与社会》，林荣远译，商务印书馆 1999 年版，第 52—53 页。

同，分析其教学体系、管理模式、发展路径等现状和问题。

（3）田野调研流程

为了深刻透视民族地区生态移民群体的心理和行为特征，继而深入探索民族地区生态移民群体基础教育的发展困境与现实路径，分析其基础教育均衡发展的价值取向，本书通过为期8个月的实地调查走访和田野观察，收集了大量的一、二手资料，并详细记录了田野调查的过程和内容，以期厘清限制民族地区生态移民群体基础教育发展深层次的原因和内在机理。

调研过程。按照进入田野—在田野—离开田野的过程开展调研，找寻事件的核心人物、典型人物、全过程人物。遵循田野调查原则，通过观察、访谈等方法收集资料，详细做好田野笔记并收集资料。最后，通过分析整理一手资料，紧扣研究主题，深描调研内容。

资料整理。遵照田野研究—逻辑构建的研究过程。以学校、行政村和社区为基本单位，通过对学校、村和社区的民族文化和移民文化、学校教育教学指标的梳理，以及关键人物口头叙述的深入阐述，以期揭示民族地区生态移民群体与基础教育良性发展之间的结合点。

（四）研究方法与说明

方法论主要解决"怎么办"的问题。本书严格遵循方法论"从实际出发、实事求是"的原则，主要以田野调查为主要研究方法，以质性和定量相结合作为方法论框架进行研究。在阅读大量文献，初步了解课题研究的内容、方法、路径等基础上，通过田野调查获取民族地区生态移民群体基础教育发展问题研究的资料和数据，综合运用文献分析法、深度访谈法、个例研究法、口述历史法和实证分析法等进行深入探究。

文献分析法。通过运用数学和统计学的方法，提取文献中计量的对象，包括出版名称、文献引用的次数、作者名称及数量、文献关键词等文献核心特征，从量化分析的角度，分析文献之间的分布结构、文献变化规律、研究问题数量关系等，并对文献整体形成综合型知识体系分析，并绘制知识系统图表。本书通过中国知网、万方、超星、图书馆检索等手段，同时查阅教育志、红寺堡志、教育年鉴等相关资料，对本书相关领域的专业文献进行系统梳理，结合网络检索和图书馆借阅的方法，了解有关民族地区生态移民群体的相关政策制度等，对红寺堡生态移民区的基础教育发展现状进行归纳总结。在此基础上，通过计量文献的方法，检索多个文献数据库文献，分析关于基础教育、民族教育、生态移民教育、教育均衡、教育适应性五个方面的文献知识体系，力求掌握民族地区生态移民群体基础教育发展问题的历史发展脉络、研究成果，以及找到研究存在的问题和下一步研究的方向和内容。

深度访谈法。通过倾听不同主体，包括教育管理工作者、校长、教师、家长、学生等个体，一是了解民族地区生态移民群体基础教育发展的问题、原因、诉求、建议等；二是掌握民族地区生态移民群体基础教育发展与社会、环境、文化等之间的适应性；三是厘清民族地区生态移民群体基础教育存在的问题、特征和本质原因。确定民族地区基础教育均衡发展的价值取向、发展路径，继而找寻适应民族地区生态移民区的基础教育发展对策和建议。

个例研究法。通过典型个例研究和对比分析的方法，具体分析民族地区生态移民群体教育发展的个性特征与共性特征，地域性与民族性之间的内在关系。检验民族地区生态移民基础教育的现实问题与内在机理，为民族地区生态移民群体基础教育问题研究提供依据和案例参考。研究过程中以观察或面谈的方式收集相关文本证据、影片或录像资料，并进一步归纳、整理和分类，为本书提供经过分析的经验报告。

口述历史法。口述历史法是人类学研究中常用的方法，可有效挖掘民族历史文化。首先，通过口述者的真实回忆还原历史，包括代代相传的文化、行为、习惯、风俗等。通过与多个个体回忆的"历史"相结合，可以形成具有地方民族知识体系。其次，运用口述历史的方法，丰富访谈的内容和对象。通过口述历史法搜集即将消失的历史文化残片，全面生动地呈现文化、社会、经济、环境与基础教育之间的知识图景。

实证分析法。运用定量分析工具对相关问题的结论进行实证检验。通过定性分析与定量分析、逻辑演绎与经验归纳、模型构建与数据分析等方法对基础教育主体与环境因素之间的内在关系进行深入研究，并在此基础上总结提炼生态移民区基础教育内外部适应性困难的本质性原因。

五　理论基础与文献综述

民族地区生态移民群体基础教育问题研究涉及教育人类学、社会心理学、管理学等多学科内容交叉，本书基于文化生态理论和复杂适应系统理论，围绕民族地区生态移民群体基础教育发展和扶贫情况，梳理了当前相关学科的演变规律、最新进展、学术见解和发展趋势。

（一）文化生态理论

1. 文化生态理论的起源与发展

美国人类学家斯图尔德于1955年在其著作《文化变迁论》中首次提出"文化生态思想"，这部著作被认为是文化生态学正式诞生的标志。他认为在不同地域环境下文化具有适应性，即人类集团的文化方式应该适应自然资源以及人文环境。① 美国世界少数民族教育研究领域最具影响力的学者奥格布对学校教育的生态理论进行过全面分析，找出了美国少数民族学生在校表现良好或者失败的根源。② 该研究把美国黑人学业失败和抗拒学校文化的原因归咎于卡斯特体系（种姓制度）延伸出来的不同文化，他的研究是基于美国少数民族宏观种族结构和微观群体文化认同进行分析。③ 20世纪80年代以后，文化生态学发展趋于成熟，同时引入了系统论的观点，使得文化生态学更加完整和科学。

在国内最先提出文化生态的是司马云杰，他认为文化生态学是基于整个自然环境和社会环境中各种因素的交互作用来研究文化产生、发展、变异规律的一种学说。④ 其研究对象是人与环境的相互关系的适应性，以及这些适应能否引起社会变革或者文化革新。即文化生态的聚焦点不在于发现适应于所有环境和文化的普遍规律，而在于寻求不同地区特殊文化在环境适应中产生的结构与特征。基于此，王玉德认为文化生态学的研究应该包括文化的生态环境、文化的群落、文化的构成、文化的链条与脉络、文化的变迁等。而这里的环境应该包括内部环境和外部环境，外部环境包括政治、经济制度和自然环境等，内部环境是指不同民族、宗教及学派之间必然存在的不同文化。不同的文化会因所处的生态环境的不一样产生不同的适应与发展过程，而在相似的环境中有可能产生类似的文化发展模式。

---

① J. H. Steward, *Theory of Culture Change*, University of Illinois Prss, Urbana, 1979, pp. 39–40.

② Kathryn M and Erson-L, "Ethnicity and school performance: complicating the immigrant/involuntary minority typology", *Anthropology and Education Quarterly*, No. 3, 1997.

③ Gibson M A and John Uzo Ogbu, *American Anthropologist*, No. 3, 2004.

④ 司马云杰：《文化社会学》，山东人民出版社1990年版。

所以，文化生态理论有机整合和拓展了文化和生态的思想，将自然、生态和文化生态融合为一个整体进行审视，其最终目的在于追求人、文化和环境三者之间的和谐共生。简言之，文化生态理论更加关注"群体""文化"的营造，更加注重"环境""氛围"对人的影响。①

2. 文化生态理论的核心

文化生态理论包括两个重要观点：文化生态适应和文化核心及其余留物。"文化生态适应"是指伴随着历史的发展，文化在独特的环境中得到改造的适应过程；"文化核心"是指文化中最核心的部分，由社会的经济技术构成，与我们的生活密切相关。"文化余留物"包括社会文化的许多方面及仪式行为。②

文化生态主要研究三个方面的内容：一是生产技术与人的行为方式的关系，生产技术的水平影响人类的行为方式，不同的生产技术要求不一样的合作范围和合作程度；二是生产技术或工具与生态环境之间的关系越简单，原始的生产技术越受环境的制约；三是行为方式对家庭和政治制度、人们的风俗习惯以及居住方式、资源占有利用等的影响。文化生态着重强调文化与其生态环境的不可分离性，注重由生态环境的差异所造成不同的民族文化在起源和进化上的差异，更强调文化的多向性进化。文化生态理论阐述原始文化的基本特征决定于生态环境，但文化的进化会摆脱这种直接性，文化进化的水平与生态环境影响的直接性成反比。文化生态的研究方法与生态学相似，但它把社会特征和生态物种区别开来，并认为与生物界的生存竞争不同，在社会文化系统中，合作亦是重要因素。

3. 文化生态理论在教育方面的实践

在人类历史的演变过程中，文化是教育的主要内容，教育是文化传承的主要途径，同时也是特定时期文化的表现形式之一。基于此，中国学者运用文化生态理论，从民族教育视角、生态环境与文化构建视角和多元文化视角来进行研究，拓展了文化生态理论的应用领域，详见表0—2。

---

① 普煜：《小学教师课程创生的学校文化生态研究》，硕士学位论文，西南大学，2017年。
② 崔明昆：《文化生态学的理论方法与研究》，《云南师范大学学报》（哲学社会科学版）2012年第5期。

表 0—2　　　　　　　　　文化生态理论的研究视角

研究视角	研究主题	代表学者
教育的地缘性视角	教师对于课程和学生的信念建构源于教师个人对周边环境的理解，并且引导既定的教学行为，并且发现只要当教师致力于"探索、试验和反思"，就可能改变既定的信念	Bussis 等
	对政治、经济、文化等多方面的因素进行研究，将学校教育置于广阔的自然社会文化生态系统中考察，重塑民族文化教育根基，在文化生态系统背景中进行文化的传承	吴鹤立
	受教育长期落后、性别文化、应试教育、教育投资回报不确定性等多方面因素的影响，学者认为应以政策法规有效保障瑶族女性的受教育权利	玉时阶
生态环境与区域文化教育相融合的视角	特色村落的文化形貌和模式起源的研究应该从生态环境、人类文化以及两者之间的关系来解释，这为文化生态理论提供了一种新的视角	张玼
	文化与一定区域内生态系统的各因素相互影响。而教育是一种特殊的文化现象，因此学生在学校教育环境下的生存状态会受到区域环境的深刻影响	谭林春
教育的多元文化视角	用生态文化理论框架研究教师多元文化教学信念，发现这些信念可以在与多元文化背景的学生的交流和反思教学实践中发生改变生改变	Pajares
	教师培训项目尽可能提供多种与不同文化背景的学生互动的教学实习和见习，并反思这些多元文化的"际遇"	Lee 和 Dallman

资料来源：根据相关文献整理。

随着人类学的发展，多元文化间协同融合发展现象频发，所呈现的多样性和复杂性已远远超出环境的因果关系论所能提供的解释。而文化生态理论作为一种研究视角和方法论，可从环境与文化跨领域的新视角更好地诠释环境对于文化发展的促进作用，有助于人们对文化生态本质和生态文化多样性的理解，尤其对于民族地区生态移民群体教育来说，能够使迁入地的居民明晰人类文化对自然生态系统的影响，从而对实现民族教育生态系统的可持续发展、跨文化协同来讲，具有非常深远而重要的意义。

（二）复杂适应系统理论

1. 理论起源与发展

复杂适应系统（Complex Adaptive System，CAS）理论是由美国学者霍兰于1994年提出。他认为："人们每时每刻都处于或能看到各种各样的复杂系统，如狼群、森林生态、胚胎、神经网络、人体免疫系统、计算机网络和全球经济系统，在上述系统中，众多独立的个体在许多方面进行着相互作用，而这些相互作用使每个复杂系统作为一个整体产生了自发性的自组织，这就是复杂适应系统。"[①] CAS理论可以从微观和宏观两个层面来解读：在微观层面强调主体的主动性和适应性，主体在与环境的交互过程中遵循一般的刺激—反应模型，受到外界刺激后，主体能够主动根据行为的效果来调整自己的行为，使自己在环境中更好地生存；在宏观层面强调主体和外部环境之间具有相互作用，即由不同主体构成的系统，将在主体和主体及主体与环境的相互作用中不断发展，表现为宏观系统中的分离、更新等各种复杂多样的演进过程，该理论为诠释、理解、管理复杂系统提供了新的思路。

圣菲研究所的霍兰教授经过了几十年的系统研究，创作出巨著《隐秩序：适应性造就复杂性》，首次提供了一种协调一致的综合，标志着复杂适应系统理论的诞生，展示了他的独特洞见。《隐秩序：适应性造就复杂性》强调寻找支配CAS行为的一般原理，注重扩展众多科学家的直觉，并提供了一个适用于全部CAS的计算机模型。霍兰通过描述我们能够做什么，总结了如何增强对CAS理论的认识。他提出的若干理论方法，可以指导人们对付耗尽资源、置我们世界于危险境地的棘手的CAS问题。[②]

---

① ［美］霍兰：《隐秩序——适应性造就复杂性》，周晓牧等译，上海科技教育出版社2011年版，第5—7页。

② 段旭辉：《基于CAS理论的大学生自主创业支持体系研究》，博士学位论文，中国地质大学，2015年。

2. 理论核心与要旨

复杂适应系统理论的核心思想在于强调因行为主体对环境的适应而造成系统的复杂性。霍兰认为由具有主动性的个体组成的系统在适应环境的过程中不断进化，并称这样的系统为复杂适应系统。复杂适应系统理论是对复杂适应系统的描述以及规律的总括，它从生物演化规律出发，研究系统的复杂性起源。

复杂适应系统理论是在对人类社会的形成和活动过程有目的、有意识的特征的关注上，对基于耗散结构的自组织理论和方法实现了突破，它引入了"系统成员""有自身的目的性的积极的主体"等概念，并通过"适应性学习"产生适应性生存和发展策略，从而导致复杂适应性系统进行创造性演化。复杂适应系统理论把系统中的成员看作具有自身目的与主动性的、积极的主体，随着时间而不断进化，其特点是：爱学习，能成长，具有积极主动性特征。此外，正是由于具有主动性和目的性的主体与环境的相互作用，促进了主体内部结构以及行为方式的改变而导致整个复杂系统的改变。基于此，霍兰把个体与环境之间这种主动的、反复的交互作用采用"适应"一词加以概括，就是 CAS 理论的基本思想——适应产生复杂性。通过理论的不断演进与发展，CAS 理论可表现为以下四个特点：（1）强调主体是主动的，"活"的。（2）认为个体与环境、个体与其他个体之间的相互影响、相互作用，是系统演变和进化的主要动力。（3）CAS 理论把宏观和微观有机联系起来，通过主体的相互作用，使得微观主体变化成为整个宏观变化的基础。（4）CAS 理论引进了随机因素的作用，具有更强的描述和表达能力。

3. CAS 理论在教育领域的实践与应用

霍兰的复杂适应理论认为个体与环境之间具有一种交互作用，系统通过微观个体的主动性及与环境的反复交互促进了个体和系统的进步与发展，而个体与环境的这种交互作用也被称为"适应性"，因此 CAS 理论的核心思想即"适应性造就复杂性"。[①] 系统在对外部环境的适应过程中，由于系统自身内部的行为和结构发生了变化，才发生了对适应环境的外部

---

① ［美］霍兰：《隐秩序——适应性造就复杂性》，周晓牧等译，上海科技教育出版社 2011 年版，第 5—7 页。

反馈行为。基于上述理论，中国学者在教育方面运用复杂适应系统（CAS）理论展开了大量的研究，涵盖了教学活动视角、教学的管理视角、学生的适应性视角以及其他视角，拓展了复杂适应系统（CAS）理论的应用领域（详见表0—3所示）。

表0—3　　复杂适应系统（CAS）理论的研究层面

研究视角		研究主题	代表学者
教学活动视角	创业教育	高校的创新创业教育体系可看为一个复杂的适应系统，在该系统中存在创新创业主动性的元素即主体：学生、教师、家长、高校、实习实践企业等，每个主体都有各自的主体性、目标性、内部结构和生存能力	熊新
	教学设计	基于CAS理论的教学设计具有较强的教学实用性，充分体现了教师的辅助性以及学生的主体适应性，为教师开展教学提供一定指导的同时，也为教师留下创新发展的空间，充分满足现实的变化性和动态性	闻小娇
	教师素质提升	借助CAS理论提出了高职院校创业教育教师素质提升的路径。在国家、省、市各项政策的扶持下，各高校制定相关的措施，加大对教师的培训力度，创建优秀的创新团队，通过评价体系增强教师的可持续发展，从而促进整个创业教育研究	陈敏等
	思想政治教育系统	在思政教学中主体是大学生和教师，这两大主体由于自身存在的差异以及和环境不断地适应进行交互作用，大学生这一主体不断吸收外部信息，调整自身行为与环境的适应能力，达到充分发展的目的；教师这一主体不断根据教学情景和大学生主体的变化而调整教育方式，达到更好教学效果的目的	赵丹

续表

研究视角		研究主题	代表学者
管理视角	语言的培养模式	语言与语境之间的适应性表明，语言这个主体是"活"的，具有积极性与主体性，能够与语境以及其他主体进行交际作用，在这种持续不断的交互作用的过程中，遵循一般的刺激—反应模式，与 CAS 理论的"刺激—反应模式"都是指向主体与环境之间的适应性	罗迪江
	高校学生管理	基于 CAS 理论和管理学理论，从适应教育、标识、激励和学生管理组织机构四个方面构建了具有"涌现性"的新型学生管理模式。该模式有利于促进学生个体的积极参与，有利于发挥各级学生干部、学生管理工作者和全体教职员工的积极性、主动性和创造性，具有较好的应用价值和现实意义	王清风
	学生的适应能力的培养	在学生适应能力培养的过程中，运用 CAS 理论，能更有效地说明人力资源管理系统中人的主观能动性、适应性在与作为系统的组织的交互作用中，可以更好地满足个人的发展需求和组织的利益追求，实现双方共赢	许宪国

资料来源：根据相关文献整理。

相关研究表明，随着复杂适应系统理论的发展，系统内在参与主体环境适应过程中持续地积累经验，并从中掌握外部客观世界的规律，指导自己未来的行为，更好地适应环境，并在一定程度上反向影响环境。特别对移民群体的教育而言，可以从适应性的角度关注其生产、生活方式因搬迁发生的一系列改变，在社会、环境、心理与文化等多方面都面临着是否适应的问题，进而影响迁入地学生基础教育的水平与质量。

（三）教育适应性问题研究

当下，中国经济增长成为一种新常态，供给侧结构性改革不断推进，教育的需求也发生了深刻的变化，与原有教育环境呈现出矛盾的状态，导致不适应情况加剧。同时，教育适应性问题不仅关系着学生自身的发展，也影响着国家基础教育事业的发展。随着基础教育大众化时代的到来和其自身独有的特性，移民地区基础教育阶段的学生在适应新学校的过程中会遇到许多困难，这使得基础教育适应性问题引起社会各界的广泛关注，也成为学界的研究热点。本书通过检索教育适应性的文献后，发现学者们主要是从社会适应性、环境适应性、心理适应性和文化适应性这四个方面来进行研究。

1. 社会适应性

社会适应性的相关研究最早起源于1973年，美国心理学家利兰认为社会适应性主要指个体对社会文化、价值观念和生活方向的适应，它是心理学、社会学和教育学研究的重要内容。[①] 也有机构将其描述为"个体达到人们期望与其年龄和所处文化团体相适应的个人独立和社会责任标准的有效性或程度"，并在2002年对适应行为做了进一步说明"个体的适应行为是其在日常生活中所习得的社会和实践技能"。

适应行为是一种动态的、不断变化的过程，因此会受到文化背景、年龄、个性、学习生活环境以及家庭教育等综合因素的影响。在教育方面，社会适应性主要体现在不同教育层次的适应性，通过对中国知网相关主题的文献统计数据进行分析时发现，该领域的相关研究成果主要围绕小学教育、初中教育、高中教育、大学生教育、农民工子女教育、中职生教育等，而且这些研究分别从学习者的学习习惯、心理健康、人际交往等方面对教育适应性的内涵和外延进行了较为深入全面的阐释，也基本形成了该领域的系列研究成果，详见表0—4。

表0—4　　　　　　两种视角下的社会适应性研究现状

	研究成果	代表学者
移民视角	主要研究三峡工程百万移民，发现农村移民对新生活的适应性主要体现在日常生活领域，且安置地政府对移民的关心程度也是影响搬迁初期移民社会适应的一个重要因素	风笑天
	从经济、政治、文化和社会环境适应性等方面对移民社会适应性进行研究，发现存在补偿不满意、住房质量差以及维权上访、闹事等问题	聂钱玉

---

① 杨彦平等：《社会适应性研究述评》，《心理科学》2006年第5期。

续表

		研究成果	代表学者
教育视角	基础教育	小学、初中生社会适应性的发展，既是促进个体全面发展，也是其成为符合时代要求、国家需要的合格公民及实现人的社会价值的基本条件	吴寒斌
		从内容特质、预测控制、心理调节和动力支持四个方面来研究，发现中学生的社会适应在总体上存在性别差异，即女生显著高于男生，且中学生的社会适应会随着年级的提高而发生变化	杨彦平和金瑜
		学生在校的一年时间内在自我管理适应、人际交往适应、周围环境适应以及积极人格适应四个维度上均有显著性变化，其发展变化关键期为2—3年级，从3年级开始变化逐渐趋缓	胡之骐和张希希
		对一年级新生学校适应性能力进行活动干预，得出如下结论：绘本辅导活动的干预对个案学校适应性发展有较显著的立即性辅导效果，但是个案之间的适应性水平不尽相同	许秀
	高校教育	编制了大学生适应性问卷（ITS），在学习适应性维度上从学习目标、学习行为和学习效率等方面进行了综合评价	Pascarella
		从可持续发展的歧视知觉、社会适应性两个维度展开实证研究，提出针对性提供教育内容和形式、全面提升社会支持各维度水平、引导学生树立正确认知的教育对策	徐隽
		结合农林高校的特殊性和农林学子的特点，系统构建农林高校学生社会适应性教育全程化的内容体系，积极探索农林高校学生社会适应性教育全程化的有效途径	李洁

资料来源：根据相关文献整理。

2. 环境适应性

"适应"在心理学中用来表示个体对环境变化作出的反应，指的是个体面对环境压力时的应对行为和能力。① 因此个体的适应性特征，既带有进化痕迹，又具有明显的遗传特点，还受到后天环境的极大影响。早在20世纪六七十年代，欧美日等国就针对"校园环境"这一主题进行研究，并出版了许多相关书籍和论文，其研究体系较国内也更加全面系统，研究成果也更丰富。比如，日本建筑师细谷俊夫在其出版的《教育环境学》一书中，主要阐述现代校园环境受社会、自然和精神层次等因素的影响。② 基于此，中国学者柴自贵等将校园环境适应性分为学习环境适应性和人际交往环境适应性，强调学生与所处环境之间的互动关系，继而形成互动知识与群体文化。③ 此后，相关学者基于不同理论，不同视角来研究校园环境适应性的问题，④ 比如刘万伦认为从环境适应性来看，中、小学差异显著，具体表现为小学生的环境适应性水平因年级升高而提高，初中生的环境适应性水平则随年级升高而有下降的趋势；⑤ 金心红通过问卷调查法对西南地区农村学生学校适应性进行调查分析发现，提出可以从加强教师培训、注重培养学生的学习兴趣和学习习惯、引导学生与同学建立良好交往关系和加强对男生的管理和引导等路径来提升学生的环境适应性。⑥

中国城镇化速度加快，社会分化加剧，导致了社会流动规模不断扩大，出现了大规模的人口流动，流动人口子女的教育问题日益突出。此外，流动人口子女的学习习惯不良，缺少全面的内容认知，欠缺正确的培养方法，匮乏有效的监督评价等，使其难以适应城市学习。⑦ 基于此，有关流动人口子女的教育适应性问题日益受到学者们的关注和重视，相关研究成果也较多，具体如下：李伟梁提出影响流动人口的家庭教育环境因素

---

① Atwater, Eastwood, *Psychology of Adjustment*, New York: The Ronald Press Company, 1979, p.42.
② Berk, L.E, *Child Development*, Allyn and Bacon, Massachusetts, 1994.
③ 柴自贵等：《如何提高少数民族师范生校园环境适应性》，《西部素质教育》2017年第7期。
④ Per olsson, "Carl Folke Local Ecological Knowledge and Institutional Dynamics for Ecosystem Magement: A Study of Lake Racken Watershed, Swdend", *Ecosystems*, No.2, 2001, p.104.
⑤ 刘万伦：《中小学学生学校适应性的发展特点调查》，《中国心理卫生杂志》2004年第2期。
⑥ 金心红：《西南地区农村学生学校适应性研究》，《内蒙古师范大学学报》（教育科学版）2013年第8期。
⑦ 郁琴芳：《城市流动人口子女文明习惯培养中存在的问题及对策——基于家庭教育的视角》，《少年儿童研究》2019年第8期。

主要有学校教育、社区环境、同龄群体和大众传媒四个方面;① 邓远平等采用家庭环境量表和学习适应性测验方法对厦门市流动人口子女较多的五所公立中学的560名学生进行测试,要改善流动人口子女的学习适应性,不能只注重对他们学习方法层面的指导,还应注重对流动人口家庭环境的独立性、文化性和组织性的建设;② 杨鹏举以包头市第七中学为例,从心理健康教育、家庭教育、课堂渗透等几个方面探索改善流动人口子女学习适应性的途径和方法,并提出开展心理健康辅导和培养良好的学习心理品质来提高流动人口子女的学习适应性。③

3. 心理适应性

随着心理健康教育理论与实践研究的不断深入,心理适应性逐渐被视为心理健康的主要标准之一,④ 指的是个体和环境在相互作用中发生改变的过程。⑤ 本书在知网上以"心理适应性"为主题进行检索,所得学术期刊文献332篇,学位论文51篇,总计383篇。运用词悦软件对教育均衡词频进行分析（如图0—3所示）,发现心理、差异、文化等词出现频次较高。通过"心理适应性"词频图（如图0—4所示）,发现心理、适应性、学生、量表等为核心、热点词汇。

基于此,本书对有关"心理适应性"的相关文献进一步归纳和整理,发现"心理适应性"的文献主要包括学生心理适应性、教师心理适应性和学校适应性这三个方面。

学生心理适应性。陈建绩等采用心理适应性量表的测试方法将9—18岁学生的心理适应性发展分为三个阶段,即稳定期、波动期和重新稳定期⑥;祁立刚认为大学新生的心理特点主要受进入大学后其所处的环境条件、主要目标、社会地位以及人们对他们的看法等因素,因此过

---

① 李伟梁:《流动人口子女家庭教育问题研究》,硕士学位论文,华中师范大学,2003年。
② 邓远平等:《流动人口家庭环境对其子女学习适应性的影响》,《西南交通大学学报》（社会科学版）2010年第5期。
③ 杨鹏举:《初中流动人口子女学习适应性研究》,硕士学位论文,内蒙古师范大学,2013年。
④ 贾文华:《农村留守儿童人格特征,应对方式与心理适应性关系》,《心理科学》2012年第1期。
⑤ 赵萍:《大学新生心理适应问题及适应教育探析》,《中国成人教育》2008年第4期。
⑥ 陈建绩等:《对中小学生的气质、心理适应性和意志品质的测试与分析》,《教育理论与实践》1988年第4期。

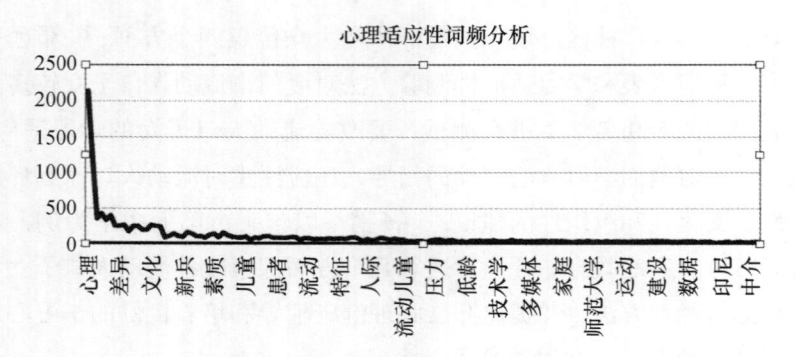

图0—3 心理适应性词频分析

图0—4 心理适应性词频

渡性、闭锁性、社会性、动荡性乃是大学新生具有代表意义的典型心理特征;① 贾文华主要探讨留守儿童人格特征、应对方式与心理适应性的关系,提出留守儿童心理适应性总体发展存在年级和安置方式的差异,性别差异不显著,且留守儿童的人格特征直接影响其心理适应性,应对方式主要通过人格特征间接的影响其心理适应性。

教师心理适应性。黄向真认为教师心理适应性将直接影响到教师积极

---

① 祁立刚:《大学新生心理适应性探析》,《东北师大学报》(哲学社会科学版)2005年第3期。

性、主动性、创造精神以及教学潜能的发挥,最终影响新课程改革的得与失、成与败;① 宋凤宁等运用团体测量法和个人访谈法对 1679 名中小学教师实施新课程的心理适应性进行了研究,得出广西中小学教师实施新课程的心理适应性整体上呈良性发展态势;② 石梅基于心理适应性的研究理论,提出教师心理适应性是由积极情绪、自尊、消极情绪、抑郁四个维度构成的理论构想,并按照量表编制程序开发了《教师心理适应性量表》共 39 个条目,包括自尊(8 个条目)、积极情绪(9 个条目)、消极情绪(9 个条目)和抑郁(13 个条目)四个维度。③

学校适应性。王晓燕以随迁子女为研究对象,提出学校适应状况不仅关系到学生当前能否获得良好的身心发展和学业成功,更会影响到他们对未来生活的信心和期望,且随迁子女在学校适应方面面临的困境为:社会差异感与学校适应、社会距离感与学校适应和身份归属感与学校适应④;侯龙龙等 CEPS 基线数据的实证分析,研究发现与城镇儿童相比,随迁子女的学校适应较差、表现形式更加隐蔽和极端的个体更多,且人力资源和管理水平、学校硬件设施等因素正向影响随迁子女的学校适应,而学校外地学生比例、班级规模则具有负向影响。⑤

4. 文化适应性

文化适应是文化人类学研究的重要方面,对于文化适应的研究最早可追溯到古希腊教育家柏拉图,他在《理想国》一书中指出:在学习多元文化的过程中,要避免外来文化的糟粕部分,但不能排斥和隔离某一特定文化,这便是文化适应的过程。⑥ 本书通过对相关文献进行归纳和整理,发现有关移民文化适应性重要的研究如下。不同民族学生的文化适应性包括政治、文

---

① 黄向真:《新课改背景下教师的心理不适及其解决》,《教育评论》2002 年第 6 期。
② 宋凤宁等:《新课程背景下中学生心理适应性研究》,《广西师范学院学报》(哲学社会科学版)2004 年第 4 期。
③ 石梅:《中学教师积极心理与工作满意度关系:心理适应性的中介作用》,博士学位论文,陕西师范大学,2016 年。
④ 王晓燕:《农民工随迁子女学校适应性的比较及相关因素分析》,《当代教育与文化》2010 年第 1 期。
⑤ 侯龙龙等:《学校因素对初中随迁子女学校适应性的影响研究——基于 CEPS 基线数据的实证分析》,《教育科学研究》2020 年第 2 期。
⑥ [古希腊]柏拉图:《理想国》,重庆出版社 2016 年版,第 237—239 页。

化、生态、教育、宗教、民族等问题。① 相关学者从不同视角进行研究：王清华等以青山嘴和隆阳库区移民为研究对象，对其文化适应性进行分析，得出文化适应问题是普遍存在的，但不同的移民模式存在差异，其中青山嘴市安置模式使移民原文化彻底变迁，文化适应较难，而隆阳库区就近搬迁模式导致文化环境变迁不大，文化适应性较高；② 熊晓燕提出移民文化在迁入地有三种生存方式，具体为移民文化融合于迁入地文化中、移民文化始终无法融入主流文化中，形成了下层阶级，或形成"贫民窟"现象和在迁入地形成真正的多元文化社会；③ 吴莎等认为生存环境的改变迫使人们调整原有文化体系，适应新的文化，并引发部分传统文化的流失，这一过程导致传统文化与现代文化相互渗透、融合，最终达到重构。④

（四）教育均衡发展问题研究

教育均衡发展以教育公平理论为基础，不仅能确保公民享有平等的受教育权，还是新时代中国特色社会主义发展的必然要求。本书在知网上以"教育均衡发展"为关键词进行检索，所得学术期刊 788 篇，学位论文 100 篇，总计 888 篇。运用词悦软件对教育均衡词频进行分析，发现教师、资源、教育发展等词出现频次较高（如图 0—5 所示）。同时，通过

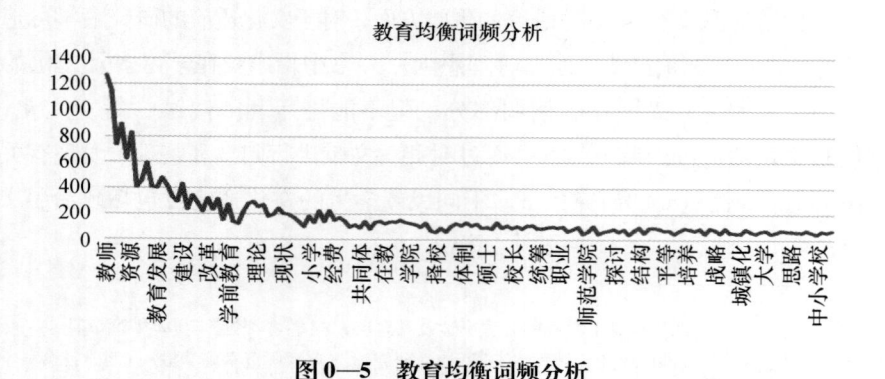

图 0—5 教育均衡词频分析

---

① 滕星：《教育人类学通论》，商务印书馆 2017 年版，第 527 页。
② 王清华等：《库区移民的文化适应性问题——以云南省楚雄青山嘴水库、保山小湾水电站移民为为例》，《云南社会科学》2012 年第 6 期。
③ 熊晓艳：《三峡外迁移民"孤岛文化"的形成》，硕士学位论文，兰州大学，2013 年。
④ 吴莎等：《扶贫生态移民文化变迁——基于对于榕江县古州镇丰乐移民新村调研》，《贵州社会科学》2013 年第 6 期。

"教育均衡"词频图,可知教育、教育均衡、教育均衡发展为核心、热点词汇(如图0—6所示)。基于此,本书对相关文献进一步归纳和整理,发现有关"教育均衡"的研究成果主要聚焦在基础教育均衡发展概念、基础教育均衡发展存在问题和基础教育均衡发展路径这三个方面。

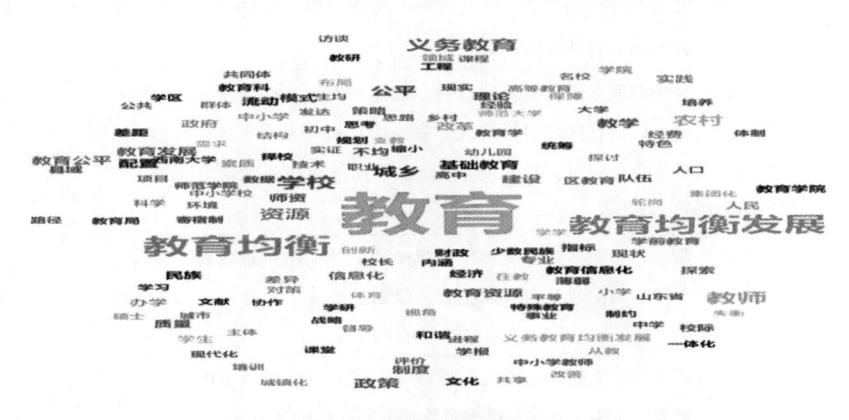

图0—6 教育均衡词云图

1. 教育均衡发展概念

当事物处于均衡态时,事物矛盾诸方达到矛盾的、相对的统一,是一个短暂的、动态的过程。① 因此,基础教育均衡发展的内涵会随着教育发展的不同阶段和教育公平核心目标的改变而有所不同。基于此,相关学者将基础教育均衡发展归纳总结为底线均衡、高位均衡、优质均衡和内涵均衡(如表0—5所示)。

表0—5　　　　　　　　基础教育均衡发展的概念界定

分类	概念界定	研究学者
底线均衡	底线均衡包括物的均衡(保证资源配置的均衡)和人的均衡(保证个体发展程度的底线合格),优先确保弱势群体教育资源、质量均衡,以期提升全民基础素质	杨启亮
	底线均衡的基本任务是夯实基础、保证底线,是在确保学生底线合格基础上的差异均衡	张侃

---

① 《毛泽东选集》第5卷,人民出版社1977年版,第375页。

续表

分类	概念界定	研究学者
高位均衡	高位均衡是相对于"低位均衡"而言的，指的是通过实施教育资源均衡配置、深化内部改革、推动特色发展等方式，促进城乡、区域、校际教育互动交流、优势互补、资源共享，使特定区域内基础教育水平向较高的水平的发展	郑友训和冯尊荣；钟慧莉
	高位均衡强调教育制度的科学设计，以此来促进学校转型发展和内涵建设，以满足区域内优质教育资源的合理分配，实现教育的高位和谐发展。同时，基础教育均衡发展同样要注意"高水平均衡陷阱"问题	马克·艾尔温；周培植；焦小峰和倪闽景
	高位均衡是动态的，其发展过程是螺旋式上升的，追求的是不同地区、类型、层次教育的协同发展，鼓励学校走个性化特色发展之路	刘志军和王振存
内涵均衡	内涵均衡发展的关键在于通过师资队伍的优化、教学效率的提高与学生素质的增强来提高基础教育阶段薄弱学校的教育质量	熊川武和江玲
	内涵均衡是推进义务教育优质均衡的必然选择，着重强调教育内部结构的改变，重在通过学校教育教学的变革性实践，推动学校整体的转型升级，建设现代优质学校	冯建军；边团结和郭胜
优质均衡	优质均衡是教育均衡发展的高级阶段，是以质量结构优化为基础、以人的发展为目标的内涵式发展，具体表现为进一步提高教学条件，施行精细化管理，建立教育品牌，实现国民基础素质的跨越。优质均衡以"质"的提升为核心，走内涵式发展之路，以共享优质教育资源的方式来满足满足教育发展需求的一种高层次的均衡状态	寿伟从和肖浩宇；周军

资料来源：根据相关文献整理。

2. 教育均衡发展存在的问题

近年来中国经济增长进入新常态，基础教育经费得到了稳步增长，适龄儿童、青少年受教育权利基本得到保障，义务教育均衡发展初见成效，但增长过快导致地区间发展失衡，教育鸿沟加剧等问题凸显。如尹后庆认为当前基础教育均衡发展的主要矛盾在于学校间办学水平差异明显，教育供给不能有效满足人们对高质量、多样化教育的新诉求，择校现象比较普遍和严重;① 杨小微和范梅青认为薄弱、农村学校的教学质量和办学水平较低,义务教育均衡发展的进一步推进受到教学质量不均衡影响,具体表现在教师的教育观念和精神面貌、学校领导的领导方式和管理水平、校本课程研究与学校特色建设、学校制度的更新与完善等方面。②③ 此外,教育均衡发展的问题还表现在学校自主发展意愿不足,存在"等、靠、要"等现象,且强校合并弱校导致优质教育被"稀释"等现象也较多。④ 朱汉明认为教育资源的利用效率低、师资结构不合理,校长和教师素质有待进一步提高等因素制约义务教育均衡发展的步伐。⑤ 同时,杜莹基于均衡这一视角,提出存在义务教育师资、义务教育经费、教师年龄、职称和专业等发展不均衡问题。⑥

3. 教育均衡发展路径

随着中国基础教育水平的不断提升,有关基础教育均衡发展的研究已成为学界的热点话题。本书通过对相关文献进行归纳和整理,发现学者们主要从社会发展、区域、师资队伍建设、学校配置这四个视角来针对现阶段存在的问题提出发展路径(如表0—6所示)。

表0—6　　　　　　　　四种视角下的基础教育均衡发展路径

	主要研究内容	发展路径	代表学者
社会发展视角	基于财政的角度,研究城乡义务教育非均衡对居民收入差距有很大的影响	(1) 构建义务教育管理新体制,鼓励教育捐赠; (2) 实施经济性补偿制度推动城乡教师交流; (3) 加大对义务教育均衡发展情况的考核,建立城乡义务教育均衡发展预警机制	陈丰

---

① 尹后庆:《上海基础教育转型发展的责任担当与现实使命》,《教育发展研究》2011年第18期。
② 杨小微:《义务教育内涵式均衡发展路径分析》,《教育发展研究》2009年第5期。
③ 范梅青:《区域义务教育高位均衡发展的策略研究》,《基础教育参考》2011年第3期。
④ 杨建朝:《关系正义视域下教育优质均衡的发展图景》,《教育发展研究》2011年第12期。
⑤ 朱汉明:《以质量创新推进义务教育高位均衡发展》,《湖北教育》2008年第4期。
⑥ 杜莹:《泰安市义务教育均衡发展问题与对策研究》,硕士学位论文,山东农业大学,2020年。

续表

		主要研究内容	发展路径	代表学者
区域视角	民族地区	从机制与策略角度重点研究如何促进民族地区义务教育均衡发展	优化策略：教育信息化一体化是保障、教学应用是核心、机制创新是关键	万力勇和舒艾
		基于9省（区）26个民族县的调查基本均衡背景下民族地区义务教育发展状况	（1）坚持民族地区"分级分类"指导原则，细化教育财政分类保障机制；（2）完善民族地区师资"定向培养"模式，完善民族学生助学金制度	吴宏超
	移民地区	从移民自身特点入手，剖析酒泉市项目移民迁入区义务教育发展不均衡的原因	（1）保障移民子女受教育权利；（2）加大政府支持；（3）改善学校办学条件、建设学校管理及校园育人环境	王芳芳
	其他地区	基于政策角度，探讨基础教育均衡发展的理念与策略	（1）增加教育投入，完善各级政府教育经费的分担机制；（2）切实改善农村教育的办学条件、尽快缩小城乡教育差距	关松林
		对西藏地区基础教育的机会公平、质量公平和结果公平现状进行评价	（1）控制老师工资的跳跃性变化，减少城区和乡村的工资变化差距；（2）以分类管理策略缓冲宗教民族因素的综合影响	王靖
		探讨解决区域、学校和人群差异的思路与主要策略	（1）提升差序之底线的"成长性均衡"；（2）形成互动与共建的"分享式均衡"；（3）以变革促均衡的"有效益的均衡"	杨小微

续表

	主要研究内容	发展路径	代表学者
	以江苏省为例探讨如何实现义务教育优质均衡发展	(1) 发展地方经济，保证经费总量足额投入； (2) 集中义务教育投入与监管责任，完善地方政府的教育责任考核制度	李星云
师资队伍建设视角	主要讨论义务教育内涵性均衡发展的三大战略	(1) 加强师资队伍建设； (2) 优化师资结构，以优良的师资促进基础教育的"优质"与"公平"	熊川武和江玲
	对河南省L市乡村小学教师队伍数量、质量以及教师补充现状等方面进行深入调查并分析存在的问题以及原因	(1) 提高教师待遇，吸引优秀毕业生从教； (2) 打破乡村教师任职终身制，促进城乡双向流动； (3) 强化乡村师资队伍建设，实行定岗定编； (4) 拓宽补充渠道，促进乡村小学教师来源多元化	古西敏
学校资源配置视角	选择甘肃省国家级贫困县W县为样本，采用分层抽取的方法对样本学校的义务教育资源配置进行分析	(1) 完善"免费师范生"政策，监督政府的义务教育投资行为； (2) 考虑不同地区和学校的发展实际，追求教育质量均衡	慕彦瑾
	回顾已有的典型性基础教育均衡发展指数并提出教育均衡发展的相关建议	(1) 进一步完善各级政府基础教育经费的分担机制； (2) 加强基础教育的投入保障	沈有禄和谯欣怡

资料来源：根据相关文献整理。

（五）民族地区教育扶贫问题研究

希望工程是中国教育扶贫事业的开端，主要通过捐助资金、建立希望小学等方式来改善贫困地区的办学条件，救助因贫失学儿童。因此，希望工程等慈善工程极大地推进了中国贫困地区的教育事业，成为实现教育公平的重要手段。① 而中国的教育扶贫政策可以追溯到 1996 年党中央、国务院颁发的《关于尽快解决农村贫困人口温饱问题的决定》。此后，随着相关政策的陆续出台和国家对于教育扶贫的重视，有关这一领域的研究成果自 2011 年开始不断增多，尤其体现在 2019 年（如图 0—7 所示）。因此，本书对相关学者的文献进行归纳和整理，发现研究成果主要集中在民族地区教育扶贫思想、民族地区教育扶贫模式、民族地区教育扶贫发展路径这三个方面。

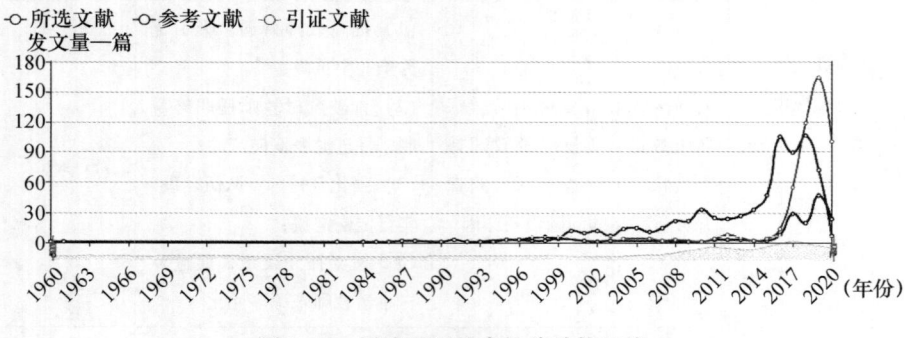

图 0—7　民族地区教育扶贫总体趋势

1. 民族地区教育扶贫思想

教育的核心是促进个体发展，塑造人格，激发潜能，是创新的源泉。而佘荣福提出边疆少数民族地区是中国八千万贫困人口中最贫困的区域。因此，边疆少数民族地区的扶贫，不仅要体现在经济上，更要重视边疆少数民族地区的教育，阻断贫困代际传递，逐步缩小其与发达地区间的差距。② 此后，梁文明从西部大开发战略出发，提出西部地区的教育基础较弱是制约西部地区经济、社会发展的重要因素；③ 张锦华等经过研究认为

---

① 于泽乾：《城乡一体化过程中农村教育问题研究》，《科学大众（科学教育）》2015 年第 10 期。

② 佘荣福：《边疆少数民族地区扶贫要先扶教》，《乌鲁木齐职业大学学报》1996 年第 3 期。

③ 梁文明：《广东——广西教育对口支援运行机制研究》，硕士学位论文，广西师范大学，2003 年。

教育扶贫比经济扶贫更重要，通过提升贫困地区居民的教育水平，来促进当地经济的发展，因而要加大教育扶贫的力度，提高其效率。①

随着经济的不断发展，中国贫富差距日益增大，而教育则是阻断代际贫困的根本途径。②③ 党的十八大以后提出了精准扶贫理念，特别是2015年《中共中央、国务院关于打赢脱贫攻坚战的决定》颁布之后，教育扶贫作为精准扶贫的重要形式，无论是在国家政策层面还是学术研究层面都获得了普遍关注，相关的研究呈递增趋势。2017年1月24日，习近平到河北省张家口市考察工作时指出，要把发展教育扶贫作为治本之计，确保贫困人口子女都能接受良好的基础教育，具备就业创业能力，切断贫困代际传递。④ 随着脱贫工作的不断开展，民族地区教育扶贫问题从最初的教育普及问题转向教育质量、教育价值观，教育评价等问题的研究。李弘扬对中国西部贫困地区少数民族基础教育调查研究发现，教育作为阻断贫困代际传递、促进贫困地区人口可持续发展的有效手段，对中国的扶贫有重要的意义；⑤ 谭静基于三圈理论，认为教育扶贫作为中国"十三五"期间精准脱贫攻坚战略的重要举措，已日益成为人们的共识，教育扶贫是解决贫困问题的重要抓手，是有效阻断贫困代际传递的精准扶贫方式。⑥

2. 民族地区教育扶贫模式

国内外许多学者都基于扶贫模式这一视角研究教育扶贫，本书对有关民族地区教育扶贫模式文献进行梳理，认为国内外学者提出的各种扶贫模式类型，可以归纳为两大类：救济式扶贫模式和开发式扶贫模式（如表0—7所示）。

---

① 张锦华等：《教育不平等、增长非平衡与低发展陷阱——对农村教育和农村经济协调发展的考察》，《当代财经》2006年第12期。
② 檀庆双：《扶贫顶岗实习支教与教育观念更新》，《忻州师范学院学报》2007年第6期。
③ 庞伟：《石家庄市深化义务教育均衡发展策略研究》，硕士学位论文，河北师范大学，2012年。
④ 万月：《贫困代际传递的影响因素及其政策研究》，博士学位论文，中国社会科学院研究生院，2019年。
⑤ 李弘扬：《我国西部贫困地区少数民族基础教育调查研究》，硕士学位论文，陕西师范大学，2018年。
⑥ 谭静：《基于"三圈理论"的甘肃省A县教育扶贫实效性研究》，硕士学位论文，延安大学，2019年。

表 0—7　　　　　　　　　　民族地区教育扶贫模式

	研究主题	扶贫模式内涵	代表学者
救济式扶贫模式	主要研究以往反贫困政策和措施	世界各国的反贫困政策和措施主要从两个方面展开：一是直接生活补助；二是其他各种形式的发展援助	汪三贵
	比较分析中国近些年的各种扶贫模式	扶贫主体运用的生产要素和资源，利用某些方法和手段作用于扶贫客体，促进扶贫客体脱贫致富的方式、方法和措施的总称	赵昌文、郭晓鸣
	深入解析民族地区教育扶贫涉及的内容和表现形式	扶贫模式可分为从学前教育到职业教育的全面扶贫和以教育精准帮扶为主的精准扶贫，二者都具有重要的理论意义和实践针对性	陈立鹏等
	研究广西来宾市忻城县六纳村的致贫原因和教育精准扶贫现状	雨露计划直接面向各种扶贫对象，是"直补到户、作用到人"的专项精准扶贫措施	曹皓
	分析促进教育精准扶贫转变的路径	扶贫模式做法有教育移民、创建思源学校、政府对建档立卡的学生实施托底保障制度	王欢欢
开发式扶贫模式	基于教育信息化视角，初步构建云南农村基础教育精准扶贫模式	"城乡学生牵手"计划和"城乡教师牵手"计划可加强贫困地区城乡教师结对帮扶，促进农村教师专业发展	任飞翔等
	探讨分析民族地区教育扶贫的内在机理与实现条件	加强多元扶贫主体间的相互配合，构建多方参与的教育扶贫主体体系；加强对扶贫客体的微观深度关照，靶向治疗，保障精准脱贫的实现	肖时花等

续表

	研究主题	扶贫模式内涵	代表学者
开发式扶贫模式	以"组团式"教育人才援藏为例分析得出文化资本缺失的原因	"组团式"教育人才援藏开启全国教育对口支援、教育精准扶贫的新模式,改变过去分散式的支援模式	羌洲等

资料来源:根据相关文献整理。

综上,本书认为救济式扶贫模式就是依据实际情况向贫困人口直接供给物质资料、基础卫生以及教育保障和其他形式的生活补贴,目的是保障贫困户的基本生活需求。而开发式扶贫模式是对救济式扶贫模式的补充与深化,充分利用当地的自然资源,通过扶贫产品开发的渠道来帮助贫困户摆脱贫穷,改善生活状况,促进生产力进一步提升,开发当地经济发展潜力,走出一条符合实际的、有自己特色的发展道路,因此也称为"造血式"扶贫。

3. 民族地区教育扶贫发展路径

随着民族地区扶贫工作逐步进入到攻坚克难期,许多学者研究发现,教师结构性缺编情况严重,[①] 政策落实不到位,资金短缺,制度不完善等是当前阶段教育扶贫急需解决的问题,因此学者们从教育扶贫主体和教育扶贫政策两大方面提出发展路径。

在教育扶贫主体层面:欧文福针对西南民族贫困地区,提出将普及九年制义务教育作为西南民族贫困地区教育发展的基础工程,着力解决民族贫困地区"普九"工作中诸如双语教学、农村中小学师资、办学规模与效益、女童教育等若干特殊问题;[②] 李祥等基于精准视域下提出发展路径有助力乡村教育、扶贫先扶智、因地制宜,结合民族特色,发展乡村文化建设、助力文化扶贫、整合资源,协同联动,优化乡村治理体系和多管齐

[①] 顾明远等:《中国教育发展报告——变革中的教师与教师教育》,北京师范大学出版社2004年版,第33—34页。

[②] 欧文福:《西南民族贫困地区的教育与人力资源开发》,博士学位论文,西南大学,2006年。

下，提供农牧技术支持；① 檀学文在2020年教育脱贫攻坚目标这一大背景下，提出了确立教育资助的合理标准和持续性机制、推进县域十五年教育基本均衡、缩小高中阶段"职普"不平衡程度、在农民教育框架下推进贫困农民培训以及实施结果导向的教育扶贫监测评价的建议。②

在教育扶贫政策层面：国家有保障公民平等受教育权的义务，全社会有消除阻碍学龄儿童身心健康发展的种种不良因素的义务。③ 基于此，吴睿等从教育促进农村扶贫政策的完善这一角度，认为加强农村义务教育对减缓长期贫困、提高扶贫效率具有积极和深远的影响；④ 崔源等基于新时代的教育政策研究提出，要针对城乡教育资源不平等的现象制定向贫困地区倾斜的资金政策，并且重点要完善贫困地区的硬件设施和软件条件，从而吸引优秀教师支持贫困地区的基础教育建设；⑤ 苏德等提出，从中央到地方都应该出台特殊的政策来保障贫困地区工作教师的基本生活条件和合法权益，从而调动基层教师工作积极性，从根本上解决教师质量的瓶颈问题。⑥

（六）生态移民区教育问题研究

生态移民是实施脱贫攻坚战略中一种稳定有效的扶贫方式，可以缓解人口给脆弱的生态环境带来的压力。⑦ 1990年，美国科学家考尔斯将群落搬迁的概念引入生态学，率先提出生态移民这一概念，他认为生态移民指的是以保护或恢复生态而实施的移民。⑧ 本书在知网对以"生态移民教育"为主题的文章进行搜索发现，学者自2010年开始对这一主题进行研

---

① 李祥等：《民族地区教育精准扶贫：内在机理与机制创新》，《广西社会科学》2017年第2期。
② 檀学文：《中国教育扶贫：进展、经验与政策再建构》，《社会发展研究》2018年第3期。
③ 中国大百科全书总编辑委员会等：《中国大百科全书·教育》，中国大百科全书出版社1985年版，第487页。
④ 吴睿等：《教育与农村扶贫效率关系的实证研究》，《中国人力资源开发》2010年第4期。
⑤ 崔源等：《新时代教育扶贫思想浅析》，《产业创新研究》2019年第5期。
⑥ 苏德等：《中国民族教育发展报告（2015—2018）——现实与前瞻民族地区双语教育研究》，社会科学文献出版社2019年版，第40—44页。
⑦ 方兵等：《生态移民——西部脱贫与生态环境保护新思路》，广西人民出版社2002年版，第72页。
⑧ 范建荣：《生态移民战略与区域协调发展：宁夏的理论与实践》，社会科学文献出版社2019年版，第22页。

究，且2013年的研究成果相对最为丰富（如图0—8所示）。此外，通过对关键词进行归纳和整理，发现"生态移民"为高频词，频次为11，生态移民教育、教育问题出现频次也较高，且三江源是学者对生态移民教育进行研究的主要地区（如表0—8所示）。本书进一步对生态移民教育相关文献进行归纳和整理发现，相关学者的研究成果主要集中在生态移民教育研究、生态移民教育存在的问题和生态移民教育发展路径这三个方面。

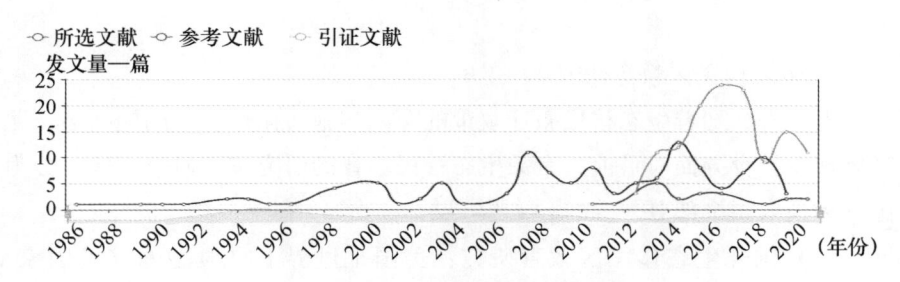

图0—8 生态移民教育总体趋势分析

表0—8　　　　　生态移民教育高频关键词列表

关键词	频次	出现年份
生态移民	11	2013年
三江源	6	2010年
生态移民教育	4	2013年
教育问题	4	2013年
民族教育	2	2016年
职业教育	2	2013年
教育公平、均衡	2	2014年
文化适应	1	2019年
文化休克	1	2019年
管理改革	1	2018年
地位作用	1	2018年
思想政治教育	1	2016年
教育适应	1	2015年
继续教育	1	2014年

续表

关键词	频次	出现年份
移民迁出地	1	2013 年
教育技术	1	2013 年
移民培训	1	2013 年
个体发展、对策	1	2010 年

资料来源：此表根据本书整理所得。

1. 生态移民区教育研究

近年来，随着生态移民搬迁政策的深入实施，搬迁后续问题凸显，尤其体现在教育方面。目前，有关生态移民教育的研究按照研究主体可分为国外和国内两个部分。

（1）国外生态移民区教育研究：美国是世界上最典型的移民国家，曹敦霞重点考察 1965 年移民政策改革后，入美的非法移民子女的教育发展情况，提出在美国传统文化大背景下，联邦政府的教育政策是导致非法移民基础教育公平化和高等教育推进艰难的核心要素[1]；勾月认为美国社会文化是多元的，而非法移民的社会身份较特殊，因而其教育状况会随联邦移民政策的改变而改变，且高等教育权利保障不足。此外，德国移民教育属于跨文化背景下的一种教育，[2] 孔佳彧对德国中小学移民学生教学管理的研究得出德国的移民教育模式可分为沉浸式、整合式、部分整合式、并行式和并行毕业式五种，具有教学模式因地制宜、注重培养教师的跨文化教育理念和关注移民学生教学质量等优势。[3]

（2）国内生态移民区教育研究：研究成果主要集中在生态移民区教育、搬迁距离、技术培训等方面，更多地关注教育的公平性、教育的家庭问题和移民的职业教育，如许德祥根据迁移距离，将生态移民分为就地迁移与易地迁移两种；[4] 朱光福等重点研究三峡库区移民职业教育培训问

---

[1] 曹敦霞：《美国移民教育研究》，硕士学位论文，山东师范大学，2015 年。
[2] 勾月：《政治博弈视角下美国联邦非法移民教育政策的发展》，《河北师范大学学报》（教育科学版）2020 年第 4 期。
[3] 孔佳彧：《德国中小学移民学生教学管理研究》，硕士学位论文，广西大学，2019 年。
[4] 许德祥：《水库移民系统与行政管理》，新华出版社 1998 年版，第 38 页。

题，提出必须改变工作模式，拓展工作思路，转变培训体系，提升移民在脱贫致富中的主观能动性作用；[①] 李宗远等认为三江源地区教育为三江源生态的保护和建设提供了坚强有力的人力资本，应发挥教育对三江源藏族生态移民的可持续发展作用，要加强三江源生态保护与建设的科学技术教育。[②]

2. 生态移民区教育存在问题

在生态移民区教育问题的研究上，中国学者从不同地区的实际情况出发，对生态移民区教育实践过程中出现的诸多问题进行了阐述与分析，发现生态移民区教育出现的问题主要集中在政策、学校、家庭和学生自身这四个方面（如表0—9所示）。

表0—9　　　　　　　　生态移民区教育的主要问题

	主要观点	代表学者
政策制定	（1）政策制定不完善；（2）教育部门职责分工不明确；（3）忽略移民子女个体发展	杨俐俐
	（1）教育移民政策的价值取向扭曲；（2）教育移民政策的内容不完善；（3）教育移民政策执行中存在文化冲突；（4）教育移民政策执行效果评估缺失	杜井冈
学校教育	（1）部分教学设施、设备和器材都不能很好地满足现有在校学生的需求；（2）学校的教师结构不合理，主要体现在年龄结构、职称结构和学科结构不合理	王升云
	城市学校在帮扶移民区子女克服文化跨越，化解有关心理问题方面机制不健全	张洪等
	（1）迁入地教师数量不足、专业化发展水平还需进一步提高；（2）课程教材还不能很好地与迁入地衔接；（3）教育教学内容方法不适应	田继忠等

---

① 朱光福等：《三峡（重庆）库区移民职业教育培训新思路》，《新闻研究导刊》2015年第17期。

② 李宗远等：《三江源藏族生态移民教育研究》，《青海师范大学学报》（哲学社会科学版）2018年第5期。

续表

		主要观点	代表学者
家庭教育方面	经济因素	库区移民由于经济困难大多外出打工，子女由年迈的祖辈代为监护，而祖辈过分溺爱孩子，导致移民区孩子生活自理能力差、学习自觉性低、自我控制力弱，怕苦怕累，对学习有畏难情绪，甚至厌学	曹菁等
	思想因素	移民父母由于自身文化程度不高、生活压力较大导致对子女的教育重视程度不够，尤其体现在少数民族移民不重视女童教育	王芳芳
	资源因素	移民家庭子女往往缺乏城镇家庭儿童所能够享受的众多教育资源，如网络教育资源、电子教育资源	范平花等
学生自身方面	心理落差	受传统偏见的影响，移民子女与本地学生有隔阂，心理上的孤独感、自卑感、压抑感较大，他们渴望得到同学、老师的尊重和关爱	邹全红
	文化差异	不同地区的孩子对各自民族文化的认同出现不适应，此外由于生活、风俗习惯和思想观念的不同，学生的心理问题比较突出，主要表现为叛逆、落差感、不合群等心理问题	谢君君
	知识薄弱	不同地区的孩子对各自民族文化的认同出现不适应，此外由于生活、风俗习惯和思想观念的不同，学生的心理问题比较突出，主要表现为叛逆、落差感、不合群等心理问题	胡彩霞

资料来源：根据相关文献整理所得。

3. 生态移民教育发展路径

针对生态移民及子女教育中存在的一些问题与矛盾，学者们从四个方面提供了具体的发展路径，具体为优化教育政策，提高移民学校办学水平，转变家长观念、重视子女教育和加强学生心理教育，从而更有效地提升生态移民区的教育水平。

（1）优化教育政策方面：美国学者班克斯提出国家应对贫困的、处境不利的受教育者实施学校选择制度或补偿教育措施，给予他们自由选择的机会和更多的教育资源；[①] 黄毅以三峡库区移民学校为例，经过研究提

---

① J. A. Banks, *An Introduction to Multicultural Education*, New York: Published by Simon & Schuster Company, 1994.

出应完善对口支援政策,重点进行对迁后学校的对口支援,提高库区人才的质量;① 赵启晨认为首先应该完善政策法规,确保政策法规的公平性,其次统筹全局,对教育资源进行合理搭配、使资源最优化;② 王耕源等认为地方政府首先应该重视生态移民教育,制定和完善生态移民教育政策,对生态移民教育形成制度上的保障,其次应对生态移民教育作出统一的规划部署,并加强生态移民教育的监督与评价。③

(2)提高移民学校办学水平方面:袁宇从教育生态视角分析移民区教育,提出应提高教师和代课教师的待遇和福利,以吸引更多的人才和留住优秀的教师,并建立相应的奖惩制度,对当地教育发展有重要贡献的人员进行奖励,对不合格的教师应坚决予以清除;④ 郭梦秋认为提高移民区小学生的综合素质势在必行,学校应开设了音、体、美等副课来增加了学生们的新鲜感,增强了学生们对学习的浓厚兴趣,使学生们全面发展;⑤ 吴红军等经过对银川市生态移民新村的研究,认为应该超前建设移民新村学校,保证移民子女就近入学,还应该多渠道筹措资金,配齐配足移民学校教学设备,最后要建立教师编制动态管理机制,为移民新村学校配齐配足教师。⑥

(3)转变家长观念、重视子女教育方面:陈亮等提出家长要树立正确的教育观:在学生适应新环境时,家长要密切关注孩子这一阶段的身心发展状况,尤其是态度、情绪和情感方面的变化,及时获取孩子各方面的最新信息,以便给孩子及时的关心与爱护;⑦ 管雪梅等以酒泉市瓜州县移民区为例,经过分析得出首先应提高移民家庭收入,加大移民区扶贫建设

---

① 黄毅:《三峡库区移民迁校后学校存在的问题研究》,硕士学位论文,西南师范大学,2005年。
② 赵启晨:《南水北调移民集中安置点小学教育状况调查研究》,硕士学位论文,郑州大学,2016年。
③ 王耕源等:《生态移民聚集区基础教育水平综合评价》,《统计与决策》2019年第3期。
④ 袁宇:《以教育生态视角析库区移民教育》,《职业时空》2008年第8期。
⑤ 郭梦秋:《为了融入新天地的学生们——中牟县南水北调丹江口库区移民子女学习状况调查》,《河南水利与南水北调》2012年第17期。
⑥ 吴红军等:《宁夏生态移民工程中教育资源合理配置问题研究——基于银川市生态移民新村教育发展现状的调研》,《宁夏党校学报》2014年第1期。
⑦ 陈亮等:《重庆三峡库区农村移民教育隐患问题研究》,《西南师范大学学报》(人文社会科学版)2005年第5期。

力度，其次要转变家庭的教育观念，发挥家庭教育的重要性，最后要正视移民区民族宗教信仰问题，争取当地宗教力量的支持；① 金晓慧经过研究认为家庭教育对个体发展的影响是不言而喻的，所以移民父母应该高度重视子女的教育，认识到移民子女在学校教育过程中存在的典型问题，为改善生态移民子女的学习态度起到一定的积极影响。②

（4）加强学生心理教育方面：刘晋红以南水北调移民区的小学生作为研究对象，分析得出父母、教师、社会要联合起来共同关注小学生的心理适应、学习适应等问题。换言之，父母要经常与孩子进行沟通，了解孩子的想法，教师要加强与移民地区小学生的交流，了解这些小学生移民之前的学习情况和学习方式，向这些学生传达正确的期望；③ 党宗福认为学校应该成立专门的"心理健康教育工作领导小组"，且学科教师要挖掘教材中的心理健康教育内容，设计心理健康教育目标，组织心理健康教育活动，关注心理活动表现，发现心理存在的问题，及时进行心理辅导。④

（七）文献述评小结

文献梳理显示，围绕适应行为问题的研究大多聚焦在社会、环境、心理、文化等领域，取得了较为丰富的研究成果，但还存在以下拓展延伸空间：（1）在社会适应性方面，有关教育适应性的研究多集中在高职、高校学生适应性问题上，专门针对生态移民区基础教育适应性的研究较少，没有形成系统化和整体化的研究成果；（2）在环境适应性方面，学者们多采用定性研究方法对中、小学生和留守儿童教育适应性进行研究，总结出了提升教育环境适应性的相关路径，但定量研究相对欠缺，未能很好地深入探究教育适应性的根本影响因素；（3）在心理适应方面，研究成果多为学生、教师和学校的个体适应性，将个体与环境纳入一个系统内的综合分析相对较少，关注移民区群体的教育心理适应性也不多见，鲜有对生

---

① 管雪梅等：《生态移民区女童教育问题及对策探究——以酒泉市瓜州县移民区为例》，《甘肃广播电视大学学报》2014 年第 3 期。

② 金晓慧：《宁夏生态移民地区初中教师信息技术应用能力的调查研究》，硕士学位论文，宁夏大学，2015 年。

③ 刘晋红：《南水北调移民地区小学生社会期望、孤独感和自我意识的相关研究》，《基础教育》2012 年第 1 期。

④ 党宗福：《生态移民区中学生的教育困境与管理探析》，《中学课程辅导（教师通讯）》2018 年第 1 期。

态移民群体教育心理适应性的内在机理的深度分析和量化验证；（4）在文化适应性方面，已有研究大多关注迁入地文化和原有传统文化的融合适应性问题上，但关于移民区教育对文化适应性作用的相关研究相对欠缺。总而言之，教育扶贫视域下生态移民地区基础教育环境适应性问题的研究还有待进一步加强和拓展。

基础教育均衡发展是一个不断发展的概念，既是目标也是过程，具有阶段性和可持续性特征。当前学界的研究内容涉及此主题的相关研究成果较多，这为本书关于生态移民区实现教育均衡发展的纵深研究提供了很好的指导借鉴意义。但还存在着一些尚未深入探究的领域：第一，教育均衡是一个复杂、多样的概念，涉及经济、社会、文化、生活等方方面面。但学者们大都基于教育学、心理学等学科进行研究，多学科交叉研究成果较少，对教育均衡的内在机理挖掘还有待进一步拓展；第二，学者们大多采用定性研究的方法，通常会选取某一特定地区学校作为研究对象，导致所得结论存在地区特殊性，无法形成普适性的策略和建议；第三，当前研究尝试从不同视角来诠释教育均衡，但大多在教育这一大背景下，所选理论也多来自教育方向，导致理论创新度不高，没有形成较全面的研究体系。

从现有文献的梳理情况来看，国内外在民族地区教育扶贫方面的研究成果非常丰富，特别是针对民族地区教育扶贫的理论和实践进行了大量的研究。其中，对于教育扶贫思想、模式及发展路径等方面的多学科、多角度、多维度分析论述，对本书的深入起到了重要的启示作用。然而，纵观所有的研究成果发现，与2020年全面脱贫这一重大而突出的现实问题相比，现有研究还存在继续深入的可能性，主要体现在以下三个方面：第一，针对民族地区教育的研究国内起步较晚，研究数量上较少，且现有的研究大多停留在现象和问题的简单描述阶段，缺乏系统性的资料数据；第二，现有研究文献中，对民族地区教育扶贫问题大多以一个地区或学校为例，缺乏从宏观国家视角开展的教育扶贫研究，与当地区的扶贫政策结合较少，第三，特别是对民族地区生态移民基础教育问题的深入阐述和研究大多聚焦在学生、家长、老师、学校这四类主体。根据主体的不同，学者们分别阐述了各主体在教育体系中的责任与义务、对生态移民区教育协同发展的影响和存在的问题；在发展路径方面，学者们主要是从政策、办学条件、师资补充与家庭教育等方面提出策略支持。当前关于生态移民区教育问题的研究大多选取某一地区或某一学校作为研究对象进行定性研究，很少把基础教育的主体行为纳入外部环境的整体系统中去考量，而这也是本书整个研究相对独特的切入点和创新之处。

第一章

观察：现状概览与现象透视

共生理论认为，民族地区教育虽然在传授现代文明、降低文盲率等方面发挥了很大的作用，但是其最大缺陷在于"在知识传授的过程中坚守组织、形式、符号意义的讲解，而没有充分考虑到区域的地理文化生态与人的具体需求"。① 致使其在解构"原初共生教育范式"，联动民族地区家庭教育与社会教育功能模式发挥上产生了消极影响，并逐渐引起了民族地区"自生性"共生教育的落败。

红寺堡区作为全国最大的生态移民集中安置区，也是多民族协同发展的聚集区和精准扶贫政策重点区，其基础教育经过20多年的发展逐步实现了"从无到有，再到基本实现底线均衡"的转变，而民族地区的教育质量问题与民族文化具有内在的依存关系。因此，本章将通过田野调查和个案研究的方法，归纳总结红寺堡生态移民区基础教育从无到有的成败得失，同时尝试从文化生态视角分析红寺堡生态移民区基础教育的适应性问题，揭示其基础教育受经济、历史、社会、文化等因素的制约所表现出的教育资源分配不均、协同发展意识差，个性化发展较弱等现实困境。同时，对红寺堡生态移民区基础教育的不同参与主体进行深度访谈，从教育均衡与教育适应性两大视角来对红寺堡生态移民区基础教育现状进行评价。整体来看，红寺堡生态移民区基础教育已基本实现底线均衡和教育机会平等，但还存在着引进优质师资，完善教育经费投入结构，缩小城乡教育差距等诸多现实问题。

---

① 吴晓蓉：《共生理论观照下的教育范式》，《教育研究》2011年第1期。

第一节 红寺堡生态移民区
基础教育现状概览

学者 Hewett E. 以美国土著印第安人为研究样本，发现儿童学业失败的重要原因是学校强迫他们学习美国主流文化。由此他坚持学校应尽力关注不同群体文化背景，提供多元文化教育。所以民族教育的特殊性在于其应该实现学校教育与民族传统文化的双向消解，达到二者的共生。① 因此特定区域的基础教育概况是该地区整体教育概况的缩影。② 受制于区域范围内地理环境、历史人文、生产力发展水平以及社会文化意识形态等因素，红寺堡区作为全国最大的生态移民区，其基础教育的发展既有与其他地区类似的共同属性，又呈现出因地域文化、民族差异而具备的显著独特性。因此，本节将逐一分析宁夏回族自治区区域特征，红寺堡生态移民区局部区域特征，红寺堡生态移民区基础教育特征，从宏观到微观，从整体到局部，详细、清晰地介绍红寺堡生态移民区基础教育的整体发展现状。

> 教育是年长的一代对尚未为社会生活做好准备的一代所施加的影响。教育的目的就是在儿童身上唤起和培养一定数量的身体、智识和道德状态，以便适应整个政治社会的要求，以及他将来注定所处的特定环境的要求。③
>
> ——埃米尔·涂尔干

在涂尔干看来，教育的目的是教会儿童某些基本的价值标准和原则，以避免社会陷入冲突和失范的状态。当前，中国越来越重视农村地区的基

---

① Hewett E., *Ethnic Factors in Education*, Reprinted in J. roberts and S. K. Akinsanya., *Educational Patterns and Cultural Configurations: The Anthropology of Education*, New York: David Mckay Co, 1976, pp. 27 – 36.
② 巴战龙等：《学校教育·地方知识·现代性——一项家乡人类学研究》，民族出版社 2010 年版，第 11 页。
③ [法] 涂尔干：《教育思想的演进》，李康译，上海人民出版社 2006 年版，第 279 页。

础教育发展，相继出台了很多政策，采取了很多措施，竭力确保实现基础教育均衡发展。基础教育均衡包括人的均衡和物的均衡，强调受教育机会平等、教育资源分配均衡和争取教育目标的相对平等。从这个角度来看，基础教育建设和发展水平不仅关系到农村教育的发展，更关系到社会、经济、文化发展等诸多方面。红寺堡区作为中国最大的生态移民区，其社会文化环境复杂，民族区域特征显著。短短20年，其基础教育经历了从无到有的过程，曲折而复杂。在大量的资料查实和深度访谈基础上，通过对关键个别人物的历史口述记录，本节将对红寺堡生态移民区学前教育、红寺堡生态移民区小学教育和红寺堡生态移民区初中教育情况进行全面且细致的介绍，以求客观清晰地展示红寺堡生态移民区基础教育发展现状。

一　红寺堡生态移民区基础教育基本概况

红寺堡生态移民区是一个以回、汉为主，包括蒙古族、满族、傣族、土族、东乡族、保安族等10个民族聚集的移民搬迁区，其中回族比例占57%以上。经过多年的发展，红寺堡生态移民区教育基础规模和在校生人数逐年递增。

学生规模与升学率：近年来，红寺堡各类学校在校人数由2016年的4.28万人上升到2020年的4.97万人，每年增长1900人左右。其中，幼儿园人数由4843人增长到7500人，小学生由2.32万人增加至2.33万人，基本保持持平；初中生由1.14万人增长到1.19万人，高中生由3216人增长到5123人。从数据中可以看出：近几年，红寺堡生态移民区幼儿园和高中生的人数持续增加，而小学和初中人数变化不大。2016年，红寺堡生态移民区各级各类学校的少数民族学生为2.87万人，占学生总数67.21%，2019年少数民族学生为3.37万人，占比67.88%，这一比例较2003年（59.68%）和2009年（63.35%）来看，少数民族的学生比例逐年提升，具体如表1—1所示。

表1—1　　　　　　　　　红寺堡学生情况统计表

年份（年）	参加中考人数（人）	考入六盘山、育才等学校（个）	考入银川一、二、九等中学人数（人）	考入中职人数（人）	参加高考人数（人）	一本上线人数（人）	二本上线人数（人）
2005	1097	36	4	150	302	1	18
2006	1573	47	54	120	507	9	27
2007	1284	143	43	150	555	6	28
2008	1290	260	60	332	519	7	56
2009	1518	260	60	313	376	25	92
2010	1557	228	83	50	712	69	182
2011	2149	300	88	896	786	78	208
2012	2296	290	30	476	917	104	251
2013	2543	300	10	870	1187	118	257
2014	2592	350	10	860	1500	114	248
2015	2766	430	10	900	1424	88	245
2016	2828	450	10	940	1591	161	293
2017	2623	450	10	630	1706	136	285
2018	3355	490	5	1149	1478	114	480
2019	3637	510	5	1050	1581	150	581
2020	3794	515	5	954	1781	154	777

资料来源：此表根据《红寺堡志》整理。

教育基础建设的投资：红寺堡生态移民区从建设之初，基础教育投入就是政府的重点建设投资主体。2007—2009年，红寺堡生态移民区预算内教育拨款分别较上年增长43.19%、41.74%、97.30%，连续三年财政转移支付用于农村义务教育的经费比例均达到65%。2010年，政府贷款1100万元，这笔经费主要用于校舍加固工程建设项目。其中，义务教育阶段学生全部免费上学，农村寄宿生全部享受规定生活补助，城区初中寄

第一章 观察:现状概览与现象透视 / 57

宿生享受生活补助人数占寄宿生总数的 40% 以上。红寺堡教育投资主要来自三方面：一是建设初期，扬黄工程建设资金的支持；二是红寺堡政府财政的支持；三是国际银行对贫困地区贷款。通过以上资金的支持，红寺堡生态移民区完成了整个基础教育阶段教育体系的建设，并建成一部分具有现代化配套设施的小学、中学，图 1—1、图 1—2 为平岭子小学 2005—2012 年学校建设场景的图片。2012 年，由红寺堡生态移民区政府及红寺堡生态移民区教育局合力为平岭子小学新建教学楼 1500 平方米，并于同年 9 月 1 日建成投入使用（如图 1—3 所示），图 1—4 为 2020 年 4 月拍摄的平岭子小学规模图，相关的基础设施建设（部分）如表 1—2 所示。

图 1—1　2005 年 9 月建成并投入使用

图 1—2　2012 年拍摄建设中的教学楼

图1—3　2012年平岭子小学新建教学楼

图1—4　2020年平岭子小学

表1—2　　　　　　　2001—2018年基础设施建设统计表

年份	项目学校	项目名称	建筑规模（平方米）	投资金额（万元）
2001	白墩小学	宁夏扶贫扬黄灌溉工程	558	50.00
2002	红寺堡中学	新建办公、实验楼及400米炉渣跑道	10600	1028.46
2004	红寺堡二中	新建	17798	925.49
2008	红寺堡中学	教学楼、宿舍楼及附属	6296	897.78
2009	回民中学	新建	24000	3593.00
2010	回民小学	明德教学楼	1577	120.00
2011	鲁家窑幼儿园	新建	2158	502.00
2012	平岭子小学	教学楼	1500	2251.26

续表

年份	项目学校	项目名称	建筑规模（平方米）	投资金额（万元）
2013	回民小学	综合楼项目	2487	491.98
2014	双台、新台等小学	供暖设施改造	12413	1085.62
2015	柳泉第二幼儿园	新建	2400	620.00
2016	第一中学	扩建教学楼、餐厅浴室、宿舍楼项目	15000	3750.00
2017	第四中学	扩建餐厅浴室项目	2600	650.00
2018	甜水河小学	扩建综合楼	1800	454.55

资料来源：根据《红寺堡教育志》整理。

现阶段，红寺堡生态移民区适龄少儿入学率、在校学生辍学率、15周岁人口中初等义务教育指标完成率和17周岁人口中初中中等义务教育完成率等各项指标均已达到"普九"验收标准。整个建设进度和成效完全符合2018年中共中央一号文件中提出的"提高农村民生保障水平，塑造美丽乡村新风貌中首要阐述要优先发展农村教育事业，高度重视发展农村义务教育，推动建立以城带乡、整体推进、城乡一体、均衡发展的义务教育发展机制"的最新指示精神。另外教育资源的合理配置也是评价一个地区教育水平高低的指标。"教育资源是指教育活动开展所需要投入的人、财、物以及信息等资源的总称。"合理的教育资源配置可以有效解决教育公平问题。[1] 基于以上数据分析，本书对红寺堡生态移民区基础教育资源的分析主要分为三个阶段：学前教育、小学教育以及初中教育，并尝试从在校生、师资以及物资三个方面分析红寺堡教育投入现状，分析其教育资源配置情况与现阶段面临的问题。

二 学前教育：明灯指引

（一）红寺堡学前教育的发展成就

红寺堡生态移民区学前教育起步较晚，但发展十分迅速。在2002年

---

[1] 韩宗礼：《试论教育资源的效率》，《河北大学学报》1982年第4期。

之前，红寺堡没有学前教育学校，到 2010 年 8 月，红寺堡第一家公办幼儿园建成并投入使用标志着红寺堡学前教育步入正常轨道。在 2008—2018 年，红寺堡生态移民区的民办幼儿园呈现出蓬勃发展的良好局面，为红寺堡的学前教育做出不可忽视的贡献。截至 2017 年年底，红寺堡有公办园 3 所，民办园 18 所，公建民营园 13 所，民办公助幼儿园 51 所，学前班 14 个（如表 1—3 所示）。

表 1—3　　　红寺堡生态移民区幼儿学前教育基本情况统计表

办园性质	年份	幼儿园情况	幼儿情况	教职工情况
学前班	1999	办学条件简陋，规模较小，在各小学附近设学前班	移民区的学前适龄儿童	选配本校小学教师任学前班教师兼班主任
	2005	建设民办公助幼儿园	主要为移民区的适龄儿童	学前教师人数较少
	2013	红寺堡各乡镇村小逐渐修建幼儿园，村小附近的学前班取消	红寺堡生态移民区学前适龄儿童	缺乏专业幼儿教师
早期民办园	2003	在红寺堡生态移民区建立民办园小燕子幼儿园和雨丝幼儿园	红寺堡生态移民区学前适龄儿童	专业幼儿教师较少
民办公助幼儿园	2004	投资 800 万元新建标准化民办公助幼儿园，占地面积 12000 平方米，建筑面积 5500 平方米	可容纳 450 名幼儿	2004 年红寺堡教育局招聘 12 名学前教育专业老师，2005 年招聘 22 名学前教育专业教师
公建民营幼儿园	2009	南川乡红阳小学改建为公建民营新庄集金星幼儿园，该园投资 510 万，占地面积 10005 平方米，建筑面积 1040 平方米	可容纳 240 名幼儿	教育局招聘专业幼儿教师

续表

办园性质	年份	幼儿园情况	幼儿情况	教职工情况
	2012	红寺堡镇中心小学改建为公建民用幼儿园,投资420万,占地面积14000平方米,建筑面积2000平方米	可容纳240名幼儿	学前教育教师人数增多
	2015	红寺堡生态移民区新庄集乡公建民新庄集乡第一幼儿园,该园投资550万,占地面积7000平方米,建筑面积2679平方米	可容纳360名幼儿	教育局加大专业幼儿教师的招聘力度
公办园	2012—2013	2012年红寺堡政府投资620万元新建公办园红寺堡生态移民区第一幼儿园;2013年10月红寺堡政府投资620万元在扬黄北路新建公办园红寺堡生态移民区第二幼儿园;2013年10月红寺堡政府投资502万元在柳泉乡沙泉街新建公办园红寺堡生态移民区柳泉乡中心幼儿园	可容纳1300名幼儿	聘用专业教师74名
	2013—2017	红寺堡生态移民区新增幼儿园13所	新增入园幼儿3581人	通过国培、省培、区培、网络研修等培训幼儿教师累计百余人次

资料来源:根据相关资料整理所得。

(二)红寺堡学前教育的践行图谱

红寺堡生态移民区将本地已有资源转化为学校建设的资源,继而推动其学前教育的发展,促进教师教学模式与学生学习方法的变革,以此开启红寺堡生态移民区学前教育变革的探索之路。总体来看,红寺堡是以地方资源为载体,对学生的学习内容和学习方式进行系统性建设,尽管红寺堡生态移民区学前教育改革的时间比较短,但是取得的成绩也很斐然,这些倾注了所有园长和老师们心血。

从红寺堡学前教育的推进路线来看，红寺堡学前教育变革是在移民搬迁入住后进行的，其在推进学前教育变革之路上是新手，也是地方开拓者。红寺堡学前教育遵循科学的发展脉络。从起初的学前班建设逐渐向正规的幼儿园过渡，民办幼儿园与公办幼儿园协同发展。在课程设置方面：红寺堡幼教中心按照教育部制定的《幼儿园教育纲要》规定，每周小班开课10节，中班开课15节，大班开课15节。并根据幼儿的年龄特征，小、中班采取直观的游戏形式，大班则随着幼儿心理发展水平的提高逐渐减少游戏，为小学做好准备；上课时间，小班设置15—20分钟，中班设置20—25分钟，大班25—30分钟，这些教学的变革设置来源于园长和教师们的不断学习与尝试，成形于学校整个课程形态的转变，不仅提升了学生的学习能力，丰富了学习内容，更重要的是对国家课程相互分离状况的整合而做出的努力。目前，红寺堡生态移民区幼儿园课程改革实践不再仅仅以独立的课堂教学活动形式出现，而是在真正意义上融进了实践教学。当然，红寺堡生态移民区幼儿园课堂教学方式和学生学习方式的变革范围还很小，尚未实现系统性的变革。

从红寺堡生态移民区学前教育的嵌入环境来看，红寺堡开发区幼儿教育起步较晚，但发展迅速。虽然红寺堡刚开始还没有正规的幼儿教育机构，仅有两所私立幼儿园，教育条件也十分简陋，招生规模较小，但为了解决广大移民群众热切期盼优质教育的需要，开发区教育部门在各小学附设了学前班，学前人数最多达到6000多人。此外，红寺堡生态移民区工委、管委会等通过招商引资，在城区新建了大型标准化民办幼儿园来推动红寺堡学前教育事业迈向新的高度。从红寺堡学前的办学形式来看，其是由投资人出资建设教学设施，管委会派遣教师，教育行政部门纳入的统一管理模式。从红寺堡学前教育保育设备来看，其实现了从无到有，规模逐步扩大，办学条件也不断改善，从各方面建立健全了幼儿生活制度和饮食管理、体育锻炼、健康检查、疾病预防、安全等一系列规章制度，使得红寺堡学前教育质量向规范化、标准化的目标迈进。

从红寺堡生态移民区学前教育的行动框架来看，红寺堡生态移民区学前教育改革虽然是自觉的，但并不是既定框架指导下的计划行为，而是实践过程中的现实需求促使政府和教师们逐渐摸索与提炼形成的。红寺堡生态移民区学前教育变革的行动框架是基于实践基础上的集体行动智慧的总结和反思的结果。红寺堡生态移民区学前教育历经十几年时间,从开始的不成熟到逐渐探索形成相对成熟的一整套幼儿园模式,离不开红寺堡对幼儿学校教学专业化以及培训体系的不断优化。在整个过程中,相关学校或部门逐步建立了专业化教育与一般教育之间的互相转换机制,凸显了红寺堡生态移民区学前教育专业化教育与一般教育并行的关系,并从源头上提升学前教育教学质量,增强红寺堡学前教育的吸引力。

三 小学教育:基石奠基

(一)红寺堡小学教育发展成就

红寺堡生态移民区小学教育自1998年肇始,经历了起步、发展、壮大等不同阶段,至今已有20多年。红寺堡生态移民区教育事业从最早的开发区和移民定居区大河起步。随着时间的推移,红寺堡生态移民区移民搬迁规模逐渐扩大,民族地区的教育事业也随之完善。至2018年年底,有小学67所,教学点11个,在校小学生2.29万人,教职工1209人,其中专任教师192人。小学校舍总面积21051.55平方米,有4311名小学毕业生升入初级中学就读(如表1—4所示)。调研访谈过程中我们了解到其中最具有代表性的小学是红崖湾小学。红崖湾小学建设前后的学校旧貌新颜(如图1—5所示)。

图1—5 红崖湾小学建设前后的旧貌新颜

表 1—4 红寺堡生态移民区小学教育基本情况统计表

发展阶段	年份	学校情况	学生情况	教职工情况
第一阶段：1998—2008年	1998	红寺堡生态移民区第五小学，占地面积4800平方米，建筑面积441平方米	在校学生人数14人，教学班级2个	在校教职工2人
	1999	红寺堡生态移民区梨花小学，占地面积7352平方米，建筑面积1681平方米	在校学生人数157人，教学班级6个	在校教职工13人
	2001	沙草墩小学，占地面积15653平方米，建筑面积2635平方米	在校学生人数202人，教学班级6个	在校教职工7人
	2003	上原小学，占地面积10000平方米，建筑面积2555平方米	在校学生人数375人，教学班级11个	在校教职工23人
	2007	裕华第一小学，占地面积12381平方米，建筑面积1763平方米	在校学生人数164人，教学班级6个	在校教职工12人
第二阶段：2008—2018年	2010	新一村小学，占地面积8963平方米，建筑面积1232平方米	在校学生人数23人，教学班级3个	在校教职工2人
	2012	第十一小学，占地面积14400平方米，建筑面积2535平方米	在校学生人数295人，教学班级9个	在校教职工9人
	2014	马渠小学，占地面积40000平方米，建筑面积6358平方米	在校学生人数422人，教学班级12个	在校教职工28人
	2017	田原小学，占地面积1307平方米，建筑面积223平方米	在校学生人数38人，教学班级2个	在校教职工2人
	2018	弘德第二小学，占地面积16000平方米，建筑面积1790平方米	在校学生人数215人，教学班级5个	在校教职工11人

资料来源：此表根据本书整理所得。

（二）红寺堡小学教育的践行图谱

红寺堡生态移民区小学"从无到有的转变"是各个学校教育改革齐头并进的结果，同时让红寺堡小学保持生命力和竞争力的是地方教学、素质教育和学校管理有效耦合形成独树一帜的教育模式。红寺堡生态移民区建立在民族地区生态移民特征基础上所形成的教育办学优势无疑是当地教育变革的一种实践范型。总体来看，红寺堡小学的教育经历了由自发到自觉的转变过程，在与学校整体变革的互动中形成了较为成熟和完整的行动框架。

从红寺堡生态移民区小学教育的推进路线来看,红寺堡生态移民区小学教育变革可以看作一幅蓝图。换言之,红寺堡生态移民区小学从建立起就踏上了以教育行动者为指引的教育变革之路,在几十年朴素的教育体系、办学实践中由自发转向了自觉,由学生管理的智慧转化为学生发展的智慧,并升华为移民区独特的教育实践范型。在红寺堡生态移民区小学教育发展过程中,其积极探索以校为本教研制度建设的有效途径,充分利用本地教学资源,深化课程改革,在小学阶段建立联片教研机制等,并根据当地特色教育,采取"走出去、请进来"的方式,打造出一条小学高效课堂示范教学体系。

从红寺堡生态移民区小学教育的嵌入环境来看,红寺堡生态移民区小学教育能够在快速的时代变革和教育变革中坚守下来,离不开嵌入环境的支持。红寺堡小学在以往的办学经验之上形成了规范化制度管理,这也是保证其快速发展的重要保障。例如在学校内部管理上,红寺堡小学一直推行开放办学、坚守对外交流沟通机制,学校定期会派出老师去区内较好的小学去听课,总结经验。同时也主动参加国内著名的教学研讨会议,使得老师们能够不断地学习新的教学方法。针对目前红寺堡生态移民区老师的流动率较高的情况,红寺堡生态移民区各级部门及领导尝试多种方法,努力引导老师们静心、安心和甘心地为红寺堡生态移民区教育事业做贡献,并通过各种方式不断引进教师,壮大教师队伍。

从红寺堡生态移民区小学教育的行动框架来看,经过十余年的实践摸索与经验总结,红寺堡生态移民区小学教育已经告别了碎片化的实践方式,在不断完善和规范的过程中形成了一套系统稳定的行动框架。同时,在教育实践的行动逻辑中,红寺堡生态移民区小学教育注重实践的连贯性和学生发展的过程性,换言之,红寺堡小学把课程开发与建设作为小学教育的首要任务,在学校成立了课程建设中心,统一领导课程开发的组织、落实、审核、推广、实施等工作,同时设有新课程专项资金,保障课程的顺利开展。

四 初中教育:生涯启蒙

(一) 红寺堡初中教育的发展成就

1999 年 8 月,大河中学成立并开始招生,红寺堡初中教育开始起步。

2000年8月,红寺堡镇中学、沙泉中学、买河中学、白墩中学相继建成并交付使用,实现了红寺堡每乡(镇)一所初级中学的目标。随着移民的不断迁入,初中学生数量逐年上升。2004年9月,红寺堡二中建成招生。自2009年8月开始,红寺堡在城区又相继建成了回民中学、第三中学、第四中学,撤并了乡镇初级中学,实现了初中生全部在城区寄宿就读的目标(如表1—5所示)。

表1—5　　　红寺堡生态移民区初中教育基本情况统计表

年份	学校数量（所）	班级数（个）	在校学生数（人）	毕业生数（人）	教职工数（人）
2002	4	41	1097	327	102
2003	6	36	2090	179	147
2004	7	54	3123	785	176
2005	6	96	4419	1290	221
2006	6	98	5741	589	314
2007	6	115	6184	1964	392
2008	6	125	7533	1855	384
2009	4	130	8123	1190	308
2010	4	141	9147	1114	353
2011	4	168	9665	2413	450
2012	3	169	10044	2041	530
2013	3	176	10076	2887	555
2014	3	182	10526	2815	590
2015	3	182	10832	3130	623
2016	4	197	11473	3134	643
2017	4	226	11722	3593	695
2018	4	229	12400	3706	745

资料来源:根据《红寺堡教育志》整理。

(二)红寺堡初中教育践行图谱

地处生态移民区的红寺堡中学抓住地方移民特质,将区域文化融入学校育人目标和教育管理建设上,缓和了过去紧张的家校关系、社校关系,走上了一条以"家庭+学校+社会"育人合力的特色化办学之路,这种通过拓展学校功能,继而将地方资源要素嵌入学校发展的变革是红寺堡中学在教育事业发展过程中的实践表征。总体来看,红寺堡中学以移民特色为中介载体,并在教师知识体系的支持下逐渐内化为学校的办学特色与教学优势,经过十几年的实践积累、提炼和反思已经形成了相对稳定、成熟和结构化的行动框架。

从红寺堡中学教育的推进路线来看,红寺堡中学教育变革实践是多元智慧集合的产物,是学校有意识的教育行动。回顾红寺堡生态移民区自建立以来的十几年教育发展历程,其间经历了由外而内的学校优势建构,即从"为地方"到"助学校"的实践行动转向,再到由内而外的学校特色输出的发展过程。红寺堡依托移民区特色形成了现代教育的实践路径,并在实践中拓展了移民地区的特色功能。红寺堡中学教育变革是一次有计划的实践行动,与时代发展的教育模式形成了有效的对话。

从红寺堡中学教育嵌入环境来看,红寺堡中学变革作为一项有意识的教育行动,根植于移民特色的发展路径是在与国家教育政策、地方教育发展愿景的持续互动中逐步展开的,地区教育发展环境与学校内部发展环境对于深入理解红寺堡中学在教育变革具有十分重要的参考价值。红寺堡中学的建设在地方教育政策的引领与支持下,提炼和形成了"学校+家庭+社会"三位一体育人模式;在"学校+家庭+社会"育人模式的构建下,形成了以学校为中心的良好社会关系网络,与社会、家庭建立并保持了良好的互动关系。在教育管理方式的创新下,红寺堡中学规范化环境制度建设有效提升了学校的效能。

从红寺堡中学教育的行动框架来看,红寺堡中学的教育变革已经走过了十几年的路程,但以移民特色为核心标识的教育发展之路还十分年轻,为了实现学校德育和教学建设协同,其教育变革是一项重大的教育行动计划,是多方力量支撑下的社会集体行动,体现的是集体力量和群体智慧。红寺堡中学教育变革正是在"学校+家庭+社会"三位一体育人模式的构建下,以学校为主要教育主体和实践主体,以家庭、社会为协助者,逐步完善并形成一套红寺堡中学教育的行动框架体系。

第二节 红寺堡生态移民区基础教育现象透视

基础教育作为教育阶段的基石，是推动教育事业发展的指向标。巩固和提升基础教育质量是中国教育普及程度及国民素质高低的重要标志。某种程度上而言，基础教育发展中的个人发展乃至一个地区经济社会发展的直接或间接贡献，不亚于单纯的物资增量带来的实际贡献。作为全国最大的生态移民搬迁安置区，红寺堡区的大规模异地搬迁是中国解决少数民族地区贫困群众温饱和稳步脱贫致富的富民工程和伟大之举。甚至可以不夸张地说，从无到有，从 0 到 1，红寺堡生态移民区基础教育的发展史本质上就是一部政策支持的发展史，也是红寺堡开发区建设重要的组成部分，更是阻断贫困代际的重要举措。① 红寺堡生态移民区基础教育发展 20 年，红寺堡生态移民区的基础教育经历了从"涣、散、乱"到"高巩固率、高升学率"的过程，教育管理水平和教育发展环境不断完善、优化，基础教育发展一直保持相对不错的良好态势。显然，基础教育发展的典型特征在于其长期性、复杂性和系统性。本书在关注红寺堡基础教育取得的伟大成就基础上，更多的将注意力放在通过田野观察或深度访谈等方法来获取并尝试解读红寺堡生态移民区基础教育发展过程中呈现出的一些独特现象与问题，并竭力弄清这些问题出现的深层次原因并寻求相对合理的解决方案。

一　频繁发生的主动性"择校"行为

当前，中国义务教育阶段已经全面完成"普九"任务，国家政策层面已经能够保障所有适龄儿童有学上。越来越多的人已经认识到教育是消除贫困的关键，基础教育也日益受到家长的重视。在生态移民区，很多家长更加相信知识改变命运的真理。因此，伴随着大规模生态移民搬迁行为，教育特别是基础教育的社会流通和进阶功能被不断扩大，也被移民区家长赋予了更高的期望。家长们为了给孩子的未来打下坚实的基础，都想

---

①　杜育红：《农村教育：内涵界定及其发展趋势》，《华南师范大学学报》（社会科学版）2013 年第 1 期。

方设法地将孩子送到相对优质的中小学，甚至是幼儿园。① 随着红寺堡中心区教育事业发展的稳步推进，其基础教育的水平和影响力逐渐获得了周边区县家长的认可，吸引了很多周边县区学生的大量转入，导致红寺堡生态移民区相当规模的主动性"择校"行为频发。

访问者：您平时是父母带得多还是爷爷奶奶带得多？与原住地相比，迁入地有哪些优势？

MJH 老师：父母带得多。今年贫困区摘帽，有"五通八有"的要求，我们红寺堡家家通公路，村村通自来水，可以说硬件的硬伤这里没有。我们也是从移民搬过来的，我们自身感觉来讲这里基础设施要比过去绝对要好。而且我们的教育这两年也发展得比较好，周边的这些地方甚至是外县也把孩子转到我们这里上学。

访问者：这个接收上有门槛吗？想转来就转来吗？

MJH 老师：我们之前也跟教育厅反映，再不敢这么往来转，学校承受不了，可是那边的反映是如果有学生持续往来转说明红寺堡发展得比较好，而且甚至可能会带动当地的房地产业发展。

访问者：不从教育政策上来讲，对。从国家和自治区教育政策上来讲，像这也算是跨区域了，这个不影响吗？

MJH 老师：不影响。义务教育阶段是不影响。比如说我盐池的学生直接去银川上幼儿园，像小学这肯定进不去，你是片区你肯定上不上，但是我们地方没有出台保护政策，我们直接是来就能上学，移民区把移民都卡不住，怎么可能卡学生呢？

访问者：这可能就是移民区的特征。

MJH 老师：比如说下马关镇，它离红寺堡比较近，而且红寺堡的教育要比同心要好，他当然要来红寺堡。而且同心的小学没有配英语课，我们的小学是配英语课的。

访问者：那数据里面有没有这样的一个区分就是红寺堡内的学生和外来的学生？这个有统计吗？

---

① 王大成：《择校对初中生的学业成绩和学业自我概念的影响》，博士学位论文，华中师范大学，2017 年。

MJH 老师：这个是没有统计的。可我们没有办法统计，只要他们把学籍迁过来，我们就给他办理入学注册。我们这个地方是不卡的，但是说实话，把那些小孩转过来，在高考的过程中会占掉我们本地小孩子的名额，它占据了我的教育资源，并且你看转过来的肯定都是学习好的孩子，没有希望的孩子，家长也不愿意转，他的能力可以考上一个优质高中，那他能转到红寺堡来，对我们更好一点。但弊端就是他们占了我们高中的指标。

从以上访谈内容可以发现，红寺堡生态移民区本着基础教育"人人平等"的原则，对于拟转入学生，没有专门设置单独或过多限制机制（可能也是移民区开发的人口政策所需）。实际上，红寺堡生态移民区的基础教育资源是有承载上限的，持续不断的学生转入，使得基础教育资源的合理化配置、人均教学资源的下降和转入生户籍地的基础教育资源的相对闲置成为一个独特的"现象"。我们的调研资料显示，自2009年8月开始，红寺堡生态移民区在城区就相继建成了回民中学、第三中学、第四中学，撤并了乡镇初级中学，通过扩大办学规模，让初级中学学生通过转学的方式在城区寄宿就读等措施，解决教育资源分布均衡的问题。但是，教育规模的不断扩大尚未完全有效地解决"择校"现象频发这一现实问题。

基础教育具有普惠性和公益性，是教育公平最直接的体现，而"择校"现象使得优质教育资源的匮乏、公共教育资源的不均衡分配等问题严重凸显。因此，对于择校问题，从国家教育法到红寺堡教育均衡发展方案，都明确禁止"择校"，要求免试入学、就近入学原则。但是，红寺堡生态移民区基础教育的"择校"现象却相对更为突出。究其原因，一是"转入就接收"制度的实施在一定程度上稀释了原本相对稀缺的基础教育资源；二是"择校"现象本质是教育功利化趋向一个典型表现，在升学压力和教育改变命运的认知驱动下，一所"好的小学或中学"对于移民区学生个人以及整个移民区家庭的未来发展都至关重要，基础教育阶段学习呈现出的连续性以及积累性使得家长从小学、初中就开始为孩子的"未来"做打算，而主动性"择校"成为一个相对普遍的现象。调研过程中，我们发现红寺堡基础教育发展的一个基本特点：从基础教育"供给数量"的不均衡,逐步转变为"教育供给质量"的不均衡。

二 "人在曹营心在汉"的义务教育尴尬

随着城镇化步伐的加快,红寺堡城区学校无论是班级数还是学生人数都在不断增加,而乡镇中小学在校生人数、学校规模、班级数在不断减少,人数的动态变化使得一些经济相对不发达的偏远地区学校相继被撤并,导致城乡教育出现一定的差距,"空心学校"现象显著。调查结果显示:2018年,红寺堡生态移民区共有小学72所,较上年减少0.12%,在校人数2.57万人,较上年减少1.95%,小学班级数72个,较上年减少3.19%(如表1—6所示),小学"空心化"现象严重。

表1—6　　　　　红寺堡生态移民区小学校规模变化情况

地区	2018年			比上年增长		
	在校人数（人）	校数（所）	班数（个）	在校人数（人）	校数（所）	班数（个）
红寺堡生态移民区	25680	72	642	-1.95	-0.12	-3.19

资料来源:根据调研数据整理。

近几年,红寺堡农村小学从以前的十几个班,减少到现在的几个班,从近千人减少到几百人,无论是班级数,还是在校生人数均出现一定程度的减少趋势,特别是广大农村地区的学校"空心化"现象非常突出。很多学校新建的教学综合大楼基本处于"闲置"或"空转"状态。与很多农村学校"人去楼空"的现象形成鲜明反差的是县城学校的"大班师比""大班额"现状。这种农村义务制学校与县城中小学现状所形成的鲜明对比,在很大程度上反映出城乡义务教育严重失衡的"无奈",这一现象从我们的访谈记录中也可明显感觉到。

访问者:你们这边孩子上小学方便吗?

MG家长:之前村里面有一个小学,条件很不好,一个老师教好几个年级,后面政府在镇上找了一块地盖了新小学,也调来了老师,我们现在都把孩子送到那边，虽然村里的学校方便，但是教学水平明显比不上镇上的大学校。

HJ 家长：红寺堡生态移民区是一个新区，这几年政府的支持力度很大，把城区学校的教学环境还有一些新的教学设备都进行改造，现在都修得可好了，为了孩子能接受更好的教育，我们都想把孩子送到城区上。

GSF 家长：我们是从外地搬过来的，是从村子里搬到这边村子里的，我家孩子之前也在我们老家上过一段时间学，但是搬到这边，我就发现我家孩子不好好学习了，成绩一直落，老师管得也挺松的，我还骂了他好几次呢，搬到这边挺后悔的。

HL 老师：城区的教学环境和质量明显高于乡镇，之前我们去乡镇交流学习的时候，乡镇学校的学生有条件的以后升学都想来市区，不过乡镇学生学习也很刻苦，那边的老师和学生的流动性比较大。

从上述访谈内容我们注意到，红寺堡生态移民区乡镇小学在师资力量以及办学环境上，与城区相比还存在明显的差距。而且，乡镇教师的待遇明显不具有竞争力，优秀的教学师资人才出现加速流失的迹象，教师的流动性也会进一步引起学生的流动性。长此以往造成优质教学资源供需失衡的恶性循环现象加剧。此外，受原有历史条件和现实办学条件制约，红寺堡生态移民区初中教育采取了"集中办学"模式，基本全部的初中学校资源都被分配在城区。也即，很多农村的孩子先在乡镇接受小学阶段的教育，随后在城镇接受中学阶段的教育，这种教育资源的配置方式也在一定程度上造成了很多学生的主动性流动。近年来，红寺堡生态移民区农村教育取得了飞速发展，但农村学校与城市学校之间仍然存在巨大差距，城乡儿童无法获得持续的教育机会。具体表现为：（1）基础设施差距很大。城乡之间的经济差异导致农村学校在教学楼、教学设施以及图书资料等方面远落后于城市学校；（2）师资力量差距显著。农村教师一直处于短缺状态。许多贫困的农村地区和偏远山区缺乏合格的教师资源，师资队伍建设缺乏稳定的团队；（3）教育经费保障不一致。受区域经济发展水平和其他因素的影响，城市学校教育经费来源多元化，农村学校教育经费来源单一。农村学校改善的需求多样化，使得农村学校的教育经费无法满足学校自身教育设施的改善需求,由此导致农村与城市学校教育设施的差距越来越大,部分农村学校学生转到城区就读,造成红寺堡生态移民区"空心校"现象的大范围出现,导致了基础教育资源的无形浪费。"撤点并校""规模办学",把闲置的资源整合到城镇学校,在一定程度上缩小了城乡教育差距,促进了教育均衡发展,使能在县城学校学习的学生都能接受良好的教育。但是,不是所有学生都能在县城学校就读,如留守儿童,家庭贫困儿童,家庭离县城学校较远的学生,这部分学生会依然留在农村学校就读。从某种程度上来看,"空心校"与"选择性择校"现象相生相伴。

三 明显稀缺的学前教育资源

学前教育是终身学习的开端,是国民教育体系的重要组成部分。据宁夏回族自治区教育统计手册显示,截至 2018 年年底,全区幼儿园总数1221 所,其中城区幼儿园 367 所,占比 30.06%;镇区幼儿园 343 所,占比 28.09%;乡村幼儿园 511 所,占比 41.85%,其中乡村幼儿园中民办109 所,占乡村园所总数的 21.33%。[①] 而红寺堡生态移民区 2018 年学前教育学校共有 108 所,其中有 62 所独立幼儿园已投入使用,还有 46 所小学附属幼儿园正在建设;教学班共 226 个,适龄儿童入园率却只有 60%(如表 1—7 所示)。通过对红寺堡学前教育情况的调研访谈发现,随着二孩政策的全面放开,红寺堡生态移民区新生儿数量较以往有很大程度的提升,加之新生代父母对儿童学前教育的相对重视,该地区学前教育资源的需求逐年提高。

表 1—7　　红寺堡生态移民区 2018 年学前教育规模情况

学前教育校数(个)					学前教育教学班数(个)				
合计	已投入使用	办学类型	在建	办学类型	合计	托班	小班	中班	大班
108	62	幼儿学校	46	小学附属幼儿园	226	0	31	79	116

资料来源:根据调研数据整理。

[①] 张洁:《推动宁夏学前教育深化改革规范发展的政策建议》,《东方娃娃·保育与教育》2019 年第 11 期。

数据结果显示，与对中小学建设的投入力度和重视程度相比，红寺堡生态移民区政府对学前教育的整体发展似乎缺乏长远规划，具体表现为学前教育公共基础设施配套的相对不足和项目规划及投入建设资金的力度不够。再加上人口政策调整后，生态移民区少数民族家庭（生育意愿和倾向较为明显）的学前教育需求明显上升，由此引致学前教育资源的明显不足。与此同时，现阶段红寺堡生态移民区学前教育体系中相当一部分教师缺乏专业化培养和训练，薪资待遇也成为吸引优秀师资的掣肘，整个移民区的学前教育发展任重道远。这一点通过我们的访谈也可窥见一斑。

访问者：这边2—6岁的小孩上幼儿园普遍吗？

HJ家长：我们这边有幼儿园，但是离家比较远，我们上班都比较忙，就给他姥姥带，她姥姥年龄比较大，送小孩上学也不方便，我们也有些担心，要是家附近有幼儿园，我们也很愿意把小孩送去，早点接受教育。

GSF家长：红寺堡太阳山裕华第一小学，第二小学的附属幼儿园我看还在建设中，外面的看着修得可好，我们家的小孩还小，等过两年修好了刚好可以把小孩送过去，上附属小学的幼儿园以后要上小学也比较方便。

HL老师：我们小孩正在上幼儿园，现在上中班，老师有的学前教育毕业的，有的不是的，教小孩教得挺好的，不过我一个亲戚的娃想上托班，这边没有所以就家人自己带，老师相对来说还是少，多一些老师带一个班我们就更放心了。

GSF家长：学校的幼儿园建得也不好，和外面好一点的幼儿园还是比不了，村子里的小孩上学还是太远了，我最近可愁了。

MZY学生：红寺堡生态移民区不断推进教育信息化建设。学校之前还要求老师录那种示范课，并且将示范课分享到直播平台上，这就使一些老师不断提高自己的教学水平，学校的教学氛围都好了很多呢。我之前还在抖音上看到了我们学校的老师的示范课，真的讲得很好，我很喜欢呢。

学前教育是基础教育的开端，也是重要的组成部分，对于一个人的成长起着重要的作用。同时，学前教育对巩固和提高九年义务教育的质量和效力发挥着基础性的支撑。学前教育和义务教育一样，具有公益性和普惠性特点。因此，学前教育的发展主体是政府，需要政府明确责任，多渠道解决"幼儿园上学难"的问题。红寺堡生态移民区近几年加大了学前教育投资，并兼顾公办园与民办园两条线，努力实现幼儿园普惠性教育，促进教育公平。但是，整体来看，学前教育资源配置不合理、发展不均衡、不充分的问题依然存在。

有学者研究发现，中国学前教育资源配置与经济增速、人口出生率、人口城镇化率呈现正相关，与经济发展水平差异不显著。这说明，虽然政府投资增加，但是有现实需求的群体更多。红寺堡生态移民区人口结构年轻化是其显著人口特点。相对于学龄儿童的逐年增加，学前教育的投资和生源增长出现了较为明显的供需不匹配现象。从红寺堡生态移民区学前教育发展的现状来看，红寺堡生态移民区提高学前教育资源配置，需要从财政投入状况、师资队伍状况和办学设施状况三个方面入手，以此来构建学前教育资源配置评价模型。并且，准确预测学龄前人口数量，优化教育资金投入配比，实现学前教育供给平衡。

四 编制紧缺背后的高负荷运转

随着移民人数和学龄儿童的持续增加，现有编制的紧缺已经明显导致红寺堡生态移民区很多学校的教师高负荷运转，充当着全科教师的角色。我们的调研访谈发现，在红寺堡生态移民区的很多学校一个老师同时带多门课程的现象十分普遍。尤其很多小学多学科教师比例大，而且专业对口率低，跨学科、跨年级教学的情况尤为常见。以新一村小学和马渠小学为例，两所学校中能同时带两门课的老师达到47.23%和56.45%。而且大部分学校的老师年龄呈现老龄化，且学历层次偏低、学科结构失衡。由于多门课的负担使得老师们每周上课时间增加，在以上两所学校中，老师们平均周上课时数量超过20节，其中马渠小学87.20%和82.13%的老师认为教学压力大，上课时间太多而无法备课。

访问者：作为第一批移民学生，见证了这里的教育环境和教育质量从无到有的起步阶段和发展历程，能否谈一谈你在红寺堡教育的经历和感触。

> MZY学生：我算是第一批移民学生中的第二批，初次来到红寺堡生态移民区，镇上只有一个小学，叫马士基希望小学，课程配备较为完善，老师也是老县区调来的，教学认真负责，但是师资力量还是明显不足，老师人数不够，一人带几门学科，比如数学老师带画画课，英语老师英语水平较为一般，体育课当时就是同学们在操场自己玩玩。但是我当时挺喜欢英语的，感觉英语很有意思，想学习更多关于英语的知识，但是老师根据考试的要求，就没有给我们教授课本之外的知识，所以，我错过了学习英语的最好时机，导致后来再接触英语时，心有余而力不足。

> JN老师：我本身的专业是汉语言文学，但是由于学校老师缺乏，我既带语文，还上数学，甚至还上音乐课。这么多课根本没时间备课，所以上课也没有什么体系，甚至有时还会讲串课。由于副课老师缺乏，就只能够缩减了学生其他课程，将音乐、体育、美术等课程替换成了语数英等课程。我的专业也荒废了，本来还准备考取研究生，结果发现每天除了上课就是上课。

从以上访谈中可以了解到，从教师、家长、学生对红寺堡教师队伍建设的担忧中不难发现：在教师队伍建设和师资配备的问题上，该区域的各级中小学乃至学前教育阶段，因为教师整体编制受限所带来的诸如教师队伍不稳定、教学质量下降、学生成绩下滑等现象尤为值得关注。由于无法解决编制和相应的待遇福利问题，很多老师明显存在"做一天和尚撞一天钟"的消极思维。备课方式，教课模式都没有长远规划，容易引起学生的厌学情绪。还有一部分老师似乎把这个阶段作为一个学习充电的过程，随时有可能选择其他的工作机会。这些现象的存在实际上已经严重制约了生态移民区基础教育的长期高质量均衡发展，值得高度关注并下大力气去解决。

五 易地搬迁背后的心理不适

易地搬迁后的移民群众生活、生产环境发生了翻天覆地的变化。以前生活在大山中，恶劣的气候、不便的交通都给他们生活带来了很多现实困难。搬到红寺堡生态移民区后，生产生活环境的突然改变，使得他们中的很多一部分人出现了明显的不适应现象。全新的环境下，原有的社会关系网络被迫重构，家庭网络结构也随之变化，亲朋好友之间的联络走动明显减少，部分回民的宗教信仰、风俗习惯也受到了一定程度的影响。这些因为大规模移民搬迁所引发的心理或行为上的不适感需要高度关注。

  村民 A：我是 2013 年搬到红寺堡的，这个地方的环境比我们老家好很多，一马平川，不像我们以前出门就是大山，出门一趟太不方便，购物什么都方便。政府给我们盖了新房，跟我们以前的窑洞真不一样。

  村民 B：搬迁后环境是好很多了，但是也感觉到了生活的压力，没地了，只能出去打工，俺们没有文化，只能去餐厅洗盘子，工地做工，也挣不上几个钱，家里孩子太多，压力太大了。

  村民 C：还是喜欢原来的老家的生活，那时候没有什么压力，政府还给发救济款。而且亲戚之间关系也好，走得近，现在都搬远了，亲戚一年半载都见不到一次，几个住在一起的亲戚，也不像以前那么亲切。

移民搬迁后面对陌生环境的心理调适感下降，使得很多搬迁居民对未来充满着不确定与危机感。再加上子女众多，家庭压力剧增，不得不外出打工，有时候根本无法照顾孩子的学业，更多的精力都放在外出打工上，很多人选择把孩子寄养给老一辈的人或者其他亲戚。这种因为移民搬迁行为所引发的独特心理现象成为红寺堡生态移民区基础教育的一个明显的异质性特征。

六 "用不起来"的信息化资源

教育信息化利用信息技术手段，旨在推进教育均衡发展。信息化教育有效地解决了传统教学时间和空间的限制，破解信息壁垒，实现资源共享，进而提升县域教育质量公平。2018 年，教育部实施教育信息化 2.0 计划，加大了对教育信息化投资的力度。因此，各地方政府和教育部门均把教育信息化建设作为教育发展的重要内容。红寺堡生态移民区近年来实现了学校网络全覆盖，班级配备电子白板、电脑等教学设备，并建成多个多媒体教室、电子教室、录播教室等。但是，调研结果显示，信息化教学设备利用率不高。本书通过对 45 名教师的询问、统计分析发现（如表1—8 所示），有 71.32% 的教师可以熟练地使用多媒体设备，并且对数字化教学资源的使用比对多媒体设备的操作更加熟练。但同时也发现，有近一半的教师不能有效地选择和使用数字化教育资源，制作符合自己教学需求的信息化教学课件。大约 30% 的教师不能熟练操作现有的多媒体设备。因此，从数据的表征看是教师缺乏信息化素养和基本的信息化设备操作技术，但也从另一个方面反映出，学校对教师的数字化教育设备操作培训数量和质量亟待提升。

表 1—8　　教师对多媒体设备和数字化教育资源使用情况分析

	掌握情况	百分比（%）
多媒体设备	非常熟练操作设备	11.52
	较为熟练操作设备	59.80
	操作水平一般	25.13
	不熟练操作设备	3.55
数字化教育资源	完全能进行数字化教学	56.43
	基本能进行数字化教学	31.27
	不能很好进行数字化教学	6.06
	不知如何应用数字化资源教学	3.24

资料来源：根据调研数据整理。

教育信息化投入逐年增加，教学条件也在逐渐改善，但其信息化应用水平依旧发展缓慢，导致大量信息化教学设备被闲置，成为摆设。究其原因，对于设备利用，一是设备功能实用，与教学内容紧密相关；二是设备使用流畅，没有故障；三是使用者要有一定的操作技能，掌握设备的基本操作方法。在设备使用的过程中，一个环节出现问题，都会导致设备不能正常使用。调研发现，大多数教师教学还在按照老旧的方式授课，导致这些来之不易的信息化教学设备的实际利用率不高，都在角落"吃灰"。

教师 A：在实际使用数字化教学设备时，由于光线还有角度问题经常会导致一部分同学实际上课体验并不好，虽说数字化教学是现在教育发展的大趋势，但是使用过程中需要根据各个地方的不同情况来投入使用。

教师 B：现在中国信息化在高速发展，出现很多教育相关的平台来帮助我们教师教学授课更加便捷，许多的信息化教育资源建设初期进行规范的培训和指导，但是后期关于设备的更新换代以及维护工作，还以后续的持续培训工作还有待加强，有虎头蛇尾之嫌，这方面设备的投入方还需做好"售后工作"，才能发挥出最大效用。

管理员：对于信息化教学设备的使用，学校还需加强相关技术人员的引进或者对于有技术基础的教师进行专业培训，在设备使用过程中出现问题可以及时解决而不会影响课堂教学，但是对于一些比较偏远的农村地区，就很难达到这些条件，这方面还有很多功夫要下。

从对这位管理员的访谈中，暴露出许多在实际多媒体信息设备使用过程中存在的问题。多媒体教学设备本身存在不足，相关教师缺少系统化的培训导致使用过程中出现问题，以及后续维护工作的不到位都会影响信息设备在教学中的使用率，使多媒体教学设备的便捷性大打折扣，甚至出现了闲置的现象，造成了不必要的浪费。信息技术在教学中的使用离不开系统有效的管理，管理不当会使先进教学手段以及优质教育资源的实际使用效果大打折扣。

管理员：随着网络教学的普及，出现了相比于以往任何时候都丰富的网络教学平台，这是一个好的现象，但是一个新生事物开始频繁地出现在公众的面前，其中不免会出现一些低质量的教育资源，这不仅没有给我们带来便捷，而且还需要更多的时间进行甄别，网络教学资源良莠不齐，这方面的监管还得加强，提高网络教育资源质量。

从对这位管理员的访谈中我们了解到，在数字化教学资源的建设过程中缺少对整体系统化的管理，大多数的网络教学资源之间的相似度较高，缺少各具特色的优质教育资源，相比于传统的教学资源，只显示出了工具使用的便捷性，而对网络教育资源深一步地挖掘和利用并没有显示其优越性，资源建设质量有待提高。

教师：多媒体教学资源在实际的使用过程中受限，它只能在个别设备使用方面发挥作用，与现实教学相比缺乏灵活性，自主性不高，对于之后的多媒体教学开发希望丰富其功能，在课堂老师和同学之间的互动交流上进行开发研究。

管理员：每个地方的教育发展水平不一样，各个学校的教学侧重点有所不同，研发公司可以提前对不同地区不同的学校进行前期考察，因地制宜根据实际情况，研发更加符合当地实际的多媒体教学资源，提供差异性特色服务。还有就是可以考虑一下在学校对多媒体的后续使用中可以根据实际需要的进行再次开发整合的设计，大大增强其利用效果。

不同的教师有不同的教学方式，对教育资源以及教学设备有着不同的要求。在满足基础教学的要求下，负责生产信息化教学设备的公司应进一步思考如何才能满足个性化的需求，更好地迎合市场的需要。再者，教师获取的同质教育资源应有针对性地进行再加工利用，制作独具特色风格的教学设计，还可以与相关技术人员合作，从而也有助于提高信息化教学产品的竞争力，提升教育资源质量，达到双赢甚至多赢的效果。

七 "零辍学率"背后的管理困惑

红寺堡生态移民区的教育模式在课程设置、教学内容等方面基本是城市教育的照搬版本，目标侧重升学率，没有结合区域特点进行劳动技能的训练；另外由于家庭条件贫困，再加上外部因素的吸引，导致移民地区很多学生主动辍学。近年来国家颁布了各种减少辍学率的政策（如表1—9所示），例如《吴忠市红寺堡区人民政府办公室关于印发强力攻坚控辍保学工作责任分工方案的通知》《红寺堡区中小学控辍保学目标管理办法（试行）》，进一步强化"三包三保"控辍保学责任制和"双线管控"机制，层层签订目标责任书，压紧压实乡（镇）、村主体责任和行业部门监管责任。组织开展了"千名教师进万家"大走访行动，对全区所有常住人口适龄儿童入学情况进行地毯式摸排，及时发放《告家长书》《限期入学通知书》，切实督促学生家长（监护人）履行义务教育责任，确保义务教育阶段无辍学学生。零辍学率政策的出台，导致了老师们为了完成任务，加大对学生的管理。然而现实中却出现了这样的情况，每到区上领导来检查时，他们便临时邀请辍学的孩子回来上课，等检查结束后，这些孩子又离开学校。管理者们绞尽脑汁，想尽办法完成红寺堡实现零辍学率的目标任务。

教师：这里的大部分学生都是回族，回族自古就有经商意识，很多孩子上到四五年级就没心思在学校待了，就去外面打工赚钱，找到他们父母让孩子回来上学，家长也爱管不管的，睁只眼闭只眼，说孩子不是上学的料。

教务处主任A：女孩子的辍学率太高了，很多女孩子家里人都觉得没有必要读书，读书多了也还得嫁人，很早就不让上学了，再加上回族早婚早育的现象严重，很多女孩子都早早成家了，根本不让读书。

副校长：现在太发愁上面来检查，零辍学率太难完成。为了完成任务，不得不出钱请学生回来复课，但是这样有时还不能完成目标，不得不与家长搞好关系，就希望能支持我们完成任务。

表1—9　　　　　2017—2019年"零辍学率"政策一览表

颁布时间	政策名称	政策内容
2017年	2017年中小学入学新政发布《通知》	1. 各县（市、区）教育行政部门除加强对传统控辍保学重点群体监控外 2. 适龄儿童、少年未按相关规定入学接受义务教育的，学校及教育部门要立即落实失学辍学学生劝返、登记和书面报告责任
2018年	《吴忠市教育局关于做好2018年春季开学控辍保学工作的通知》 十三届全国人大《政府工作报告》	1. 建立控辍保学动态监测机制。利用全国中小学学生学籍管理系统，实施义务教育控辍保学动态监测，重点监测农村、偏远地区 2. 切实降低农村学生辍学率，着力解决城镇"大班额问题"，着力解决中小学生课外负担重的问题

续表

颁布时间	政策名称	政策内容
2019年	宁夏回族自治区教育工委教育厅2019年工作要点	以保障义务教育为核心，进一步降低贫困地区义务教育辍学率，稳步提升贫困地区教育教学质量

资料来源：根据调研数据整理。

第三节　红寺堡生态移民区基础教育的主要矛盾

一　免费教育供给与"有限择校"的矛盾

红寺堡生态移民区在国家政策的驱动下，实现了100%入学率，为西部地区整体受教育程度的提高发挥了重要的作用。2003年，国家教育部提出"两基"目标，即"基本普及九年义务教育""基本扫除青壮年文盲"，同时制订《国家西部地区"两基"攻坚计划（2004—2007年）》。同年，全国范围内对农村贫困家庭实行"两免一补"，通过免除贫困学生学杂费、书本费，补助住宿费的方式来切实解决农村义务教育问题。在两个政策的共同引领下，农村地区的受教育覆盖率得到了大幅度提升。2005年到2010年，国家向西部地区、农村地区和民族地区拨付专项资金，扶持西部地区基础教育发展。在2011年，中国西部所有地区完成九年义务教育普及工作，此目标的完成意味着所有学龄儿童都能享受基础教育，基本实现教育机会公平。随着基础教育的广泛普及，红寺堡生态移民区教育出现了学生日益增长的对优质教育的需求和基础教育不平衡、不充分发展之间的矛盾，现实中的反映就是免费基础教育与"择校"现象频繁之间的矛盾。"择校"现象表现为以下三种：一是"以分择校"。"以分择校"是根据学生考试分数的高低选择学校，分数高就能进入优质学校，分数低只能进入一般的学校。这一点在小升初、初中升高中的择校中尤其明显。"以分择校"看似公平，是一种依据个人能力获得教育资源的方式，实则强化了应试教育，强调"分数至上"。有时，几分之差就可能导致学生进入两所完全不同的学校，而这几分并不能全面代表学生的学习能力。这种形式的择校使学生从小就被套上考试的枷锁，不利于学生的全面发展。二是"以钱择校"。这种以经济资本作为进入优质学校的"通行证"的做法，在社会贫富差距日益扩大的今天，无疑加剧了社会矛盾，也导致了教育的不公平。而且以父母的财产状况来决定子女受教育的条件，从长远来看不利于学生的发展，也不利于培养学生正确的价值观。这种"拿钱买学上"的做法只会使教育日益商业化。三是"以权择校"。某些人利用自身享有的特权占有和享受社会公共资源，造成"关系大于能力""权力超过一切"的社会现象。很多家长通过"走后门""塞红包"等做法沟通相关权力主体，从而为子女选择优质学校。部分在机关单位担任要职的人员利用手中的权力为子女择校，也有优质学校的教师、管理者利用工作之便直接为子女提供入学机会。"以钱择校"反映了经济上的差距，"以权择校"则凸显了政治、身份和社会地位上的不平等。[1]

　　免费义务教育的普及，大大减轻了家庭的财务负担，让民族地区孩子的受教育权得到了切实的保护，实现了教育的相对公平。"择校"顾名思义就是选择更高水平的学校，从经济学的角度分析，优质的教育资源属于"稀缺"商品，义务教育属于"一般"商品，由于"稀缺性"而不可避免地引发了竞争，不管是利用个人能力（"以分择校"）还是利用外部经济条件（"以钱、权择校"）作为提高竞争力的手段，都是为了争夺稀缺资源。导致的结果就是分数越高的学生、家庭条件越好的学生就会接受越优质的教育，而芸芸众生只能接受普通程度的义务教育，长此以往形成恶性循环。需要深思的是在民族地区在发展优质教育的同时，如何合理分配优质资源，实现优质教育的均衡发展。一方面，在已全面普及的义务教育基础上，大力投入资金以及完善教育体制机制着重提高基础教育质量和教师队伍建设；另一方面，密切推进不同校际间的师生教学交流，共同探讨研究优秀的学习方法，教学方法，以及学校管理方法。还需要加大教育监管机制，不做"面子"工程切实保证政策落地。

---

[1] 赵贞：《中小学教育阶段择校问题的现状、产生原因和解决对策》，《教育观察（上旬刊）》2013年第2期。

二 社会结构变迁与移民教育选择的矛盾

中国现阶段的教育发展水平正在由高速度发展转向高质量发展，基础教育发展也更加强调个性化、精英化和素质化。面对如此的发展趋向，红寺堡生态移民区政府一直致力于通过主动制定并实施一些调整方案和保障措施来全面提升基础教育质量和水平。据了解，2011 年红寺堡生态移民区撤销原有各乡镇初级中学，把分散在各乡镇中学的资金、设备、教师等优质资源集中配置到城区初中，通过主动优化教育结构来实现教育资源整合，提高办学效益，协同推进学校扩容提质建设。通过近三年的持续工作推进，红寺堡生态移民区生态移民群体基本实现基础教育阶段的资源整合和城区学校的提质扩容，这一系列举措也使得该地区基础教育教学水平较之前得到了明显提升。

访问者：对红寺堡基础教育的经历与感触。

MG 家长：我是 2003 年来到红寺堡，当时就读于红寺堡中学初一年级，一晃 17 年过去了，红寺堡生态移民区的老师还是那么的敬业，学生还是那么刻苦朴实，整体教学环境也发生了很大的变化。据我观察到的就是学校础设施越来越齐全。17 年前，红寺堡中学是红寺堡开发区唯一的中学，校园内除了一排 4 层的教学楼，再就是一栋实验楼、一个餐厅、一个操场。现在，红寺堡中学已由原来的初中部升级为高中部，而且像什么校园功能教室、体育活动场所、教学楼都多了起来，教学设施也越来越智能化。

HX 家长：最大的感受就是大班额问题逐渐解决了。以前上初一时，我们班还是 60 几个同学，班级座位排列还不算拥挤。但是到初三时，我们班人数就到了 82 人，最后一排的学生贴墙坐，左右最边上的学生要想出去一趟，一排人都要起立挤挤才能行。收发作业都是一个耗费时间和体力的活。现在，我孩子上的红寺堡三中，不仅班级人数比我们少了一半，而且还是单人单桌，进出那叫一个"自由"，课堂纪律都好管理了，我们这些当父母的也能够少操点心。

HL 老师：怎么说呢，现在学校的老师都挺年轻的，而且真的是很有活力啊。以前，就是红寺堡正处于移民区刚刚起步阶段，我们的老师大多是各老县区调过来的，教师平均年龄偏大，年轻教师比较少。现在，通过国家招考的形式，红寺堡教师队伍吸纳了很多年轻的力量，对于新事物接受快、教学理念也新，为红寺堡生态移民区教育工作做了很大的贡献。

从以上访谈内容可以看出，红寺堡生态移民区为了让更多的学生享受优质教学资源，实行规模办学，尤其是扩大教学质量好的学校办学规模以及优质教育的覆盖面，让更多的学生享受到优质教育资源，在一定程度上提高办学效益的同时，为学生的多样性发展提供更多的选择空间。但是随着红寺堡生态移民区城镇化进程的快速推进，更多的农民进入到城市务工甚至定居在城市，学龄人口跟随进城务工的父母来到城市学校就读、随家迁移进城上学，农村义务教育阶段学生由家长陪护"钟摆式"进入附近城镇学校就读，使得农村中小学大面积面临"空心校"的窘境，与之形成鲜明对比的是城市义务教育阶段的"大校巨班""超大班额"现象，农村"空心校"普遍化是城乡义务教育失衡的重要表现之一。

随着红寺堡生态移民区大量乡村劳动力人口进城，农村人口日益稀少，早进城的大部分年轻农民工已经在城镇立足并有了城市户口，他们会把子女接到城镇学校读书，大批的随迁子女去了城镇后，农村就剩下小部分儿童，他们的父母只是暂时去城镇务工，没有能力支付他们在城镇接受教育的费用，所以，这类儿童只能在农村学校接受教育，称为"常住儿童"。由于农村学校生源人口大幅度减少，农村的小规模学校衍生了，老师面对学校仅有的几个学生，在教学上也出现了怠慢的态度，教学质量不断下降，这样一来小规模学校难以维持，有的学校甚至出现倒闭的现象，不得不与镇上的学校合并，"空心校"呈现的数量日渐上升。一方面，由于学校规模和班级规模的扩大，农村学生、问题学生、贫困学生、撤并学校学生得到学校和教师的关注减少，容易被忽略和边缘化，导致学生对学校归属感和依赖感降低；另一方面，在城区学校人满为患，学位日益紧张的状况下，农村学校生源日益萎缩，这都归因于城乡义务教育发展不均衡。目前，优质教育资源的供需矛盾在不断扩大。持续做大、做强优质教育资源，以满足更多人更高的需求，从而带动农村薄弱学校同步发展，成为红寺堡生态移民区今后一个时期义务教育发展的首要任务。因此，红寺堡生态移民区当前应集中解决规模办学与"空心校"之间的矛盾,这是促进城乡教育均衡发展最迫切的任务。

三 学前教育有效供给与现实需求的矛盾

学前教育对国家的长远发展和个体的健康成长都具有十分重要的意义。"家长对子女接受良好学前教育的需求与教育资源相对不足的矛盾"①,也是红寺堡生态移民区目前教育领域的主要矛盾之一。优质的学前教育发展,不仅要满足幼儿"有学上"的机会诉求,更要满足其"上好学"的愿望;不仅要关注教育伊始时投入的人、财、物等资源,更要关注教育的过程与成果,即我们应该更加关心幼儿在学习过程中遇到问题与解决问题的能力以及幼儿真正能够学到多少知识,通过这种方式增加教师、家长与小孩的联系机会,从而稳固教师、家长、幼儿三者之间的关系。

红寺堡生态移民区紧紧围绕"学前教育有保障、学前教育要普惠"的核心理念,全面加强学前教育控辍保学工作,为阻断贫困代际传递奠定扎实基础。随着红寺堡生态移民区家长教育观念的转变,出于让孩子接受教育、小孩在校安全等目的,很多家庭都想送孩子到学前教育机构接受教育的需求日益迫切,但由于红寺堡生态移民区当前没有足够的幼儿园,导致这一需求与其产生矛盾,虽然红寺堡生态移民区学前教学发展很迅速,但是由于起步较晚,资源方面并没有形成自己的地方特色优势,导致适龄儿童所接受的教育也有所差异,所以政府在对学前教育建设过程中,对于资源的分配,要重点考察资源分配是否均衡的问题,同时各个幼儿园也应努力提升自身实力,进一步缩小红寺堡生态移民区整体范围内的平均教学质量水平差距。

访问者:针对红寺堡生态移民区教育均衡情况分别从幼儿园、小学、初中、三个阶段做一下介绍。

HY 相关部门工作人员:学前教育"抓普惠":首先说到幼儿园,

---

① 满忠坤:《民生改善视域下民族地区义务教育质量优化研究——基于黔东南侗乡和凉山彝区的比较考察》,博士学位论文,西南大学,2015 年。

红寺堡生态移民区过去基本是民办幼儿园，现在逐渐转向公办幼儿园，而且目前已经实现了80%的普惠幼儿园标准。当时虽然开发区幼儿教育起步较晚，但发展很快。2002—2004年，开发区还没有正规的幼儿教育机构，仅有两所私立幼儿园，教育保育条件十分简陋，招生规模较小。为了解决广大移民群众热切期盼优质教育的需要，开发区教育部门在各小学附近设了学前班，学前人数最多达到6000多人。随着红寺堡生态移民区整个的建设发展，之后的这些年红寺堡工委、管委会通过招商引资，在城区新建了1所大型标准化民办公助幼儿园，其幼儿园的办学形式是由投资人出资建设教学设施，管委会派遣教师，教育行政部门纳入统一管理。未来，红寺堡计划于2025年，将完成红寺堡幼儿园建设达到国家的基本标准要求。就目前来看教师的能力短板也是急需解决的核心问题之一。但是，针对学前教育而言，存在的短板是师资的短缺，主要靠三支一扶、西部计划以及社会雇用几个老师来满足这种师资方面的需求。在2020年采取合同制大约已经招聘了600名老师，来缓解学前师资上存在的短缺问题。针对教师短板我们也在极尽所能地解决，但情况不容乐观，教师流动性太大。

从以上访谈中，我们了解到，学前教育阶段存在教师短缺问题。我们把原因归于红寺堡生态移民区学前教师流动性大，学生在接受教育过程中，教师更换频繁，这对形成幼儿的教育观念影响很大，因为每个老师的教学风格不一，也对学生的学习方法有一定的影响，红寺堡生态移民区幼儿园对师资保障方面不到位，幼儿园教师收入普遍低，严重影响到了教师队伍的稳定以及教学质量的提高。目前，红寺堡生态移民区幼儿园教师主要有公办临聘教师和民办教师两种，而且幼教教师年收入普遍在24000元—30000元，由于收入问题短时间内难以解决，幼教教师流动频发。据红寺堡生态移民区部分幼儿园园长反映，幼儿园教师的流动性已经占到很悬殊的一个比例，导致有长期任教意愿的教师往往无法安心投入工作，不仅浪费了宝贵的师资培养资金，也给幼儿园的教育管理带来困难，同时，面对幼儿园数量不多的局面，教师资源的缺乏也面临着严峻的考验。其次，《国家中长期教育改革和发展规划纲要（2010—2020年）》发布以后,通过政府和相关部门的努力,红寺堡生态移民区各乡镇中心基本都建立了公办幼儿园。但是除乡镇中心以外的农村仍然无力建成规范的幼儿园,那些偏僻农村的幼儿依旧无法接受学前教育。由于对学前教育重要性的忽视,红寺堡生态移民区现已建成的幼儿园中大部分缺少教学所需要的各种器材,部分幼儿园存在基础设施不规范现象,供儿童游戏的各种配套设施几乎空白,从而实现孩子的教育机会公平目标也因此改变了。

四 教师编制缺乏与超负荷工作的矛盾

随着中国教育体制的不断优化,老师的需求量越来越大。但是由于编制的原因,很多一线教师缺乏岗位编制,不得不离开原岗位。但是随着招生规模的扩大,同时还需要补充教师来完成教学任务,这样教学的重任就放在了现有教师身上,他们变成了全能、各科的全才,长此以往,导致教师队伍素质整体下降。

> SY 校领导:目前来看,红寺堡生态移民区基本实现各级中小学学校基础设备的完善。由于编制缺乏,在教师招聘方面,教育局会严格把关,着重考察应聘人员的基本学历、综合素质和个人履历等,同时根据应聘师资的综合表现以及实习期的持续考察,再去决定要不要聘用。这样每次正式招聘的员工数量逐年递减。

> MZY 学生:我还发现学校根本没有心理健康的老师,我们班之前就有同学因为一些事情有点抑郁,去城里看了心理医生看起来效果不错,那个同学乐观了好多。

> GSF 家长:老师整体素质高,但是正式老师的数量不多,所以孩子频繁换老师,三年能换三个老师。学校虽然开设了体育、英语、美术、计算机等课程,目的让学生德智体美劳得到了全面的发展。但是苦于没有老师很多课形同虚设。

> WN:我是学校的体育老师,每周25节课,相当于每天平均5节课,还有教研活动、备课、学校田径队的训练,工作量很大。学校在绩效工资考核方面,主要向初中老师、初三老师倾斜,还有向主要学科倾斜。我们属于不受重视的学科,比较弱势。因此,在绩效工资方面肯定是最低的。这几年,最低的时候,初三的老师是我们的3倍。

当然，这种情况还包括音乐、美术、地理、生物、信息技术等学科。总之，我们这些小学科感觉还是很受伤的，没有存在感。如果有选择机会，我愿意去一所小学或者初中都行。

从以上访谈中可以了解到，红寺堡近几年在综合素质教育发展方面的成果有目共睹，并且得到了校领导、家长和学生较高的评价。但是，教师的问题依然是很大的难题。教师缺乏编制，队伍不稳定，引起教学质量下降，学生成绩下滑。很多老师由于无编制，很容易产生"当一天和尚撞一天钟"的念头，从备课的方式到教课的模式都没有长远的规划，引起学生的厌学情绪。

五 移民群体繁忙与家庭教育缺失的矛盾

对于移民子女而言，家庭教育缺失是他们面临的最大问题。在访谈中发现：由于移民人群收入低，生活水平低，外出打工成为养家之道。外出务工时间过长，回到家中疲惫不堪，无心无力与孩子进行交流。由于与孩子之间沟通过少，导致父母与孩子之间存在沟通障碍，缺乏对孩子必要的引导。父母认为给孩子最好的物质条件就是给孩子最好的学校教育，而忽视了家庭教育。另外移民家庭的父母受教育程度普遍偏低，初中、高中学历的家长在孩子上小学时还能勉强辅导，但是一旦孩子升入初中和高中后，这些家长往往就会显得力不从心。总之，家庭教育缺失是所有移民家庭面对的最大问题。

> MZY 学生：我从小就是跟着爷爷奶奶一起长大，爸爸妈妈很少回来，只有过节才会回来，回来也就只买一些好吃的和衣服之类的东西，从来不问起我的学习和生活的情况，再加上长期不在身边，有什么心里话也不愿意跟他们讲。
>
> GSF 家长：我们外出打工，只有节假日才能陪陪孩子，有时也觉得挺亏欠他们的，但是又没有办法，不赚钱拿什么养活他们呢，所以学习上也帮不了什么忙，就只能给提供一些生活费，买些衣服，问他们在学校的情况，就说挺好的。
>
> WN：大部分的孩子都是留守儿童，跟着爷爷奶奶一起生活，父

母的陪伴很少。所以孩子有各种各样的问题，尤其沉溺于网络，很多孩子上课也玩手机，放学回家作业也不完成，就惦记玩手机。跟爷爷奶奶说了，老人也是说管不住。

产生这样的问题，原因在于移民家庭本身的局限性，移民家庭只能从事一些体力劳动，工资水平很低，而且经常会遇到拖欠工资的事情，使得易地搬迁家庭的收入水平不是很高，家庭环境也很差。另外，很多易地搬迁家庭父母本身的受教育程度不高，对孩子接受基础教育的关注度不够，普遍认为给孩子最好的物质便是对孩子最好的照顾，缺乏的陪伴通过物质就能补偿。[1] 他们更是认为教育是学校和教师的责任，更无心去培养孩子的兴趣和能力，缺乏与老师之间的沟通，有问题的时候也是非打即骂，这就导致了子女心理问题逐渐严重，更加无法融入城市生活。[2]

六 信息化资源充分与配置不合理的矛盾

教育信息化是破解教育资源分布不均衡、促进教育均衡发展的关键因素。教育与互联网的深度融合可以转变原有教学思维模式，推进学校现代化、智能化建设。近几年，"互联网+"思维和技术的快速迭代，不断催生学校管理者和教师群体对教育信息化、数字化和智能化的关注和改革。由此，红寺堡生态移民区各级中小学校的信息化资源配置及线上教学活动开展的有效与否以及教师主体的信息化素养提升问题，正在成为当地政府与学校等机构教学改革和创新面临的新挑战。

2018年，教育部正式发布《教育信息化2.0行动计划》，明确指出要全面提高学校信息化建设能力，尤其是保证学校的信息化设备配置合理齐全。红寺堡生态移民区自成立以来，基础教育领域信息化建设一直没有停止，一直为实现"人人皆学、处处能学、时时可学"的目标在做着多重努力。先后通过校安工程、改薄计划、校舍扩建等工程扩展微机室、语音

---

[1] 陈坚：《"比较制度分析"视角下的农民工随迁子女教育问题研究》，《教育科学研究》2017年第2期。

[2] Uyan-Semerci P. and Erdoğan E., "Child Well-Being Indicators Through the Eyes of Children in Turkey: A Happy Child Would be One Who…", *Child Indicators Research*, Vol. 10, No. 1, 2018, pp. 1–29.

室建筑面积，增加计算机台数，提高校园网出口带宽等具体动作，不断夯实教育信息化基础。例如：红寺堡区通过制定《吴忠市红寺堡区"互联网＋教育"工作实施方案（2018—2022年）》，增加学校多媒体、在线互动课堂、智慧教室、校园网等信息化设备覆盖率，提高学校空间、教师空间、适龄学生空间开通率，积极开展本地资源库建设，推动"在线互动课堂"应用常态化。但是，通过实地调研走访，我们发现红寺堡生态移民区各中小学校在信息化教学过程中还存在不少现实的问题：教师的授课软硬件环境与实际所需的配置出现不合理现象；缺乏持续高质量的现代信息技术培训；信息化设施设备配置与教学的耦合度之间明显矛盾。特别是农村地区教学信息化设备和现代信息技术远未发挥其应有的作用，基本充当教师新型"满堂灌"的教学效能工具，昔日教师的板书变成了一张张密密麻麻的PPT，昔日教师的"口灌"变成了"电灌"，多媒体教学技术或其他信息技术成为一堆高档的教学装饰物。究其原因主要是教师缺乏对信息化教育思想和教育理论的研究，缺少现代化教学方法的实践场景。此外，对于部分教师来说，在实际操作这些教学信息化设备方面不成熟、不灵活，没有将信息化教学设备等真正运用到教学活动中去，造成了工具方法使用与实际教学活动脱节等问题。

在"互联网＋"新时代背景下，教育信息化开展不断深入，学校教育教学对教师的信息化素养要求越来越高，也对教师信息化素养的培养工作提出了新的挑战。此外，《教育信息化2.0行动计划》文件中也明确提出要大力提升教师信息化素养，推动教师更新观念、重塑角色、提升信息素养、增强信息化能力，适应新时代教育教学改革发展，提高专业人才培养质量。红寺堡生态移民区也紧跟信息化时代浪潮的步伐，不断健全学校教师的信息化能力制度体系，例如，红寺堡生态移民区每年投入资金180万元对教师的基本素养、专业能力和信息化能力进行培训，不断完善教师信息化管理制度，特别是对青年教师的专业成长和信息技术能力的提升大有裨益。然而，调研发现，红寺堡生态移民区中小学教师信息化素养培养过程中存在的主要问题表现在：教师层面，信息化理论知识薄弱、信息化技能欠缺、信息技术知识与课堂和教学欠融合；学校层面，信息化素养培训体系尚未建立、信息技术应用的要求不明确、配套的管理考核制度和激励政策不健全，特别是教师在课堂上对教学信息化设备的实际使用情况与教师信息化素养之间的不匹配。另外，教师的教学信息化能力不单单是对教师信息技术掌握的范围和程度有要求，更为关键的是要实现信息技术与课程及课堂教学的融合，并通过课堂渗透促进学生学习发展能力的提升。问卷调查结果显示，42.4%的教师只是偶尔或从未将信息化知识应用于教学；65.2%的老师认为缺少信息化教学知识、缺少准备时间是其面临的最大困难。

七　行政管理模式与教育规律不适应的矛盾

在红寺堡基础教育发展过程中，存在行政规律与教育规律不匹配的现象。政策制定者是国家的立法机关、行政机关等。政策的特点在于政策的制定者在充分享有国家和社会的公共政治权威，在法律的授权下来主导教育政策，并对学生和老师产生一定的影响。一项教育政策的出台，需要制定政策、实施与执行、反馈与调整等过程。每个过程都是教育政策有效实施必不可少的环节。教育政策制定的目的是为了教育活动更好地开展。[①]所以教育政策应该是集教育性、公益性、政治性、文化性为一体的，而且要充分考虑到当地的历史文化来制定政策。在红寺堡区基础教育发展过程中，由于民族的独特性使得回族具有不同于其他民族的很多特质，他们的思想意识受文化的影响会表现出来很多异质性特征。所以政策的实施过程中会出现各种问题，而为了更好地实施政策就应该尽量满足不同利益者的需求。

家长：学校的老师都很负责任，很关心学生的学习，也随时跟我们沟通。尤其孩子辍学的问题，他们很是关心，一到孩子不去学校了，老师马上来到家里进行各种调查。

管理者：回族的孩子经商意识很强，很多孩子觉得读书没啥用处，总是想出去赚钱。我们还得从教育理念的灌输出发，树立孩子正确的人生观，让他们意识到学习的重要性，树立他们学习的目标，让他们从厌学变得爱学。

---

① 刘复兴：《教育政策的价值分析》，教育科学出版社2003年版，第175页。

一套政策的形成是从上到下，从内到外的。学校的政策实施受教育管理部门的制约和社会对教育质量的理解，而学生成绩是影响整个政策最核心的要素。在同一政策和教育主体个性化发展之间存在明显矛盾。教育主体的个性化发展实质上就是学校自主发展。首先，学校遵循党的教育方针，根据学校办学基础，结合自己的办学理念，整合和优化学校办学资源，在发扬优势、解决问题的过程中发展学校，逐渐形成自己独特的个性风貌。这是学校自主思考、自主建构、自主实施的过程，是学校自我发展意志的实现。其次，学校教师必要的专业自主权，即让教师能根据学校发展目标和学生特点，自主选择和开发课程，自主进行教研和教学，依法进行教育活动。然而在现实中，由于来自学校外部的具有功利性的往往滞后于学校特色发展理念的教育督导和教学评价，经常对教师的课程选择和实施造成干扰，导致教师无所适从——既要考虑学生发展需要，又要应付来自外部的各种考核和评价，并力求找到最佳的平衡点，这无疑对学校自主办学造成了影响。学校围绕办学理念提出"办什么样的学校"和"培养什么样的学生"的办学目标，制定出学校特色发展规划，提出符合学校办学实际的发展路径和不同阶段的发展目标。差异化评价要求教育管理者在先进教育理论的指导下，从各自学校的办学历史、师生情况、社区环境等出发，思考各自的教育哲学或理念体系。因此，教育政策的制定需要系统地对学校各种教育资源配置进行优化，使之能真正为学生、教师、学校的个性成长服务。

第二章

分析:主体特征与成因分析

教育的本质是一种有目的、有计划、有组织地培养人、塑造人的社会实践活动。教师与学生是构成教育活动的基本要素,如何看待基础教育中教师与学生的地位和关系问题,是教育学领域基本的理论和实践问题。围绕教师、学生在教育过程中的地位、作用和发展目标等问题,理论界和教育界经过反复的学术探索与实践检验,逐渐形成了颇有影响力的主体教育思想。这种思想认为,教育是学生在教师为其创设的学习生活环境中,经过自身知、情、意、行等身心活动,消化吸收内外各种因素的影响作用达到自我发展的过程,同时也是一种特殊的生活过程。由此可见,教育的主体性特征及其在教育过程中所扮演的角色、发挥的作用对教育发展的质量和水平影响显著。在传统的教育活动中,教师通常被认为是教育行为的主体,而学生则是自身生活、学习和发展的主体。其实,现代教育过程是教师与学生双主体协同活动的过程,其核心目标是培养和发挥学生的主体性,而实现这一核心目标的关键是真正建立平等民主、相互尊重的新型师生关系。本书在"双主体论"的启发下,进一步拓展了基础教育主体的内涵和外延,尝试从"教师、学生、家长、教育管理者"四个主体出发,详细解析红寺堡生态移民区基础教育发展中存在的关键问题及其内在成因。

第一节 教师主体特征与成因分析

教师是基础教育事业发展的核心资源,教师队伍的素质直接影响到整个基础教育的质量。改革开放40多年来,中国的教师队伍支撑着庞大的基础教育体系。但是，伴随着中国社会体系呈现出城乡二元结构特征，城乡割裂，无论是政策法规、资源配置还是教师队伍的建设成效等都呈现出显著差异。特别在少数民族生态移民区，教师资源的优化配置和队伍建设对区域基础教育事业的均衡持续发展以及经济社会发展的影响显而易见。文献梳理显示，教师队伍建设和资源优化配置对教育发展的质量水平影响显著。中国学者张继平认为教师资源结构性失衡是教育发展过程中的"绊马索"，影响教师权利等保障体系的构建，制约教育现代化事业的稳步发展；[1] Lochmiller C. R. 等提出教师流动现象是影响教育质量高低的重要因素；[2] Grissmer 把教师的年龄以及学校环境列入造成教师流动的主要原因，认为教师流动也会造成资源的结构性失衡；[3] 李宏亮提出教师的趋利性流动不足会导致教师资源互补机制的滞后等。[4] 因此，红寺堡生态移民区基础教育适应性提升的核心主体之一必然是广大的中小学教师群体。

一 教师的主体特征

（一）师资队伍结构整体呈现年轻化趋向，性别比例明显失衡

进入"后普九"时代，伴随着红寺堡生态移民区基础教育办学规模与层次提升、基础教育经费持续投入，该地区基础教育的整体发展与建设初期相比有了实质性的进步和改善。但同时，优秀教师急缺、教师资源结构性比例失调等现实问题依然明显，很大程度上制约了该地区基础教育高质量发展的步伐和后劲，这也成为"后普九"时代民族地区生态移民群体基础教育均衡和持续发展普遍面临困境的集中表征之一。如何尽快建立一支结构合理、专业对口、能力突出的高素质教师队伍便成为红寺堡生态移民区基础教育实现跨越式发展的重要引擎。据本书的田野调查，红寺堡

---

[1] 张继平：《高质量高等教育公平的主要特点及实现机制》，《高等教育研究》2016 年第 2 期。

[2] Lochmiller, C. R., Sugimoto, T. J. and Muller, P. A., "Teacher Retention", Mobility, and Attrition in Kentucky Public Schools from 2008 to 2012. ? *Regional Educational Laboratory Appalachia*, Vol. 11, No. 2, 2016.

[3] Grissmer, U. S. Department of Education, Institute of Education Sciences, National Center for Education Evaluation and Regional Assistance, *Regional Educational Laboratory Appalachia*, Vol. 17, No. 4, 2016.

[4] 李宏亮：《教师结构性缺编：问题表征与对策构想——以南京市义务教育阶段的调查为例》，《江苏教育研究》2018 年第 6 期。

生态移民区被访者的话语间接反映出当地教育资源,特别是教师资源呈现出的现实困境和个性化特征。SX 学校校长说:"我们学校今年招到的老师都是刚毕业的大学生,大部分都是女孩子。其实我们很缺男老师,有些技术活、体力活都需要男老师协助,但没办法很少有男孩子毕业后来我们这儿。"相关调研数据分析结果显示,红寺堡生态移民区的教师团队普遍年轻,女性教师比例显著高于男性教师比例,这一现象在学前教育、小学教育、初中教育三个不同的教育阶段同样适用。以小学教师性别比例结构分析为例,红寺堡生态移民区小学现任(聘)教师在 25—39 岁年龄段居多。其中,25—44 岁年龄段的教师占比约为 84%。其中,男性教师 463 名,女性教师 729 名,男女教师比例明显失衡。① 其次,从年龄结构比例来看,红寺堡生态移民区现有中学教师中有大约 79% 的教师年龄段分布集中在 25—44 岁,主要以中青年教师为主,整体教师队伍呈现出明显的年轻化趋势(如图 2—1 所示)。

综上,红寺堡生态移民区教师队伍的年轻化趋势明显,年龄结构和性别结构的相对失衡为不同教育阶段的教师队伍建设和教师资源的稳定性带来很大的挑战。"年轻教师有活力、有朝气、有干劲,这些都是其优势,但情绪波动大、稳定性差、'挑来拣去'的跳槽现象频繁,这些特点的存在使得红寺堡生态移民区近年来各个阶段教师队伍建设的整体质量提升和综合素质培养工作受到了极大的挑战。"红寺堡生态移民区中心小学 Z 姓校长的无奈似乎代表了不少学校管理者所面临的窘境。由此可见,红寺堡

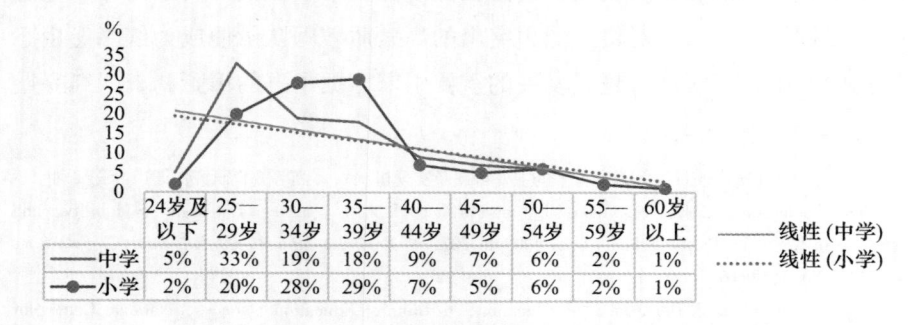

	24岁及以下	25—29岁	30—34岁	35—39岁	40—44岁	45—49岁	50—54岁	55—59岁	60岁以上
中学	5%	33%	19%	18%	9%	7%	6%	2%	1%
小学	2%	20%	28%	29%	7%	5%	6%	2%	1%

图 2—1 红寺堡区中小学教师年龄分布

---

① 注释:数据来源为红寺堡政府信息办统计数据。

生态移民区师资队伍相对年轻和性别结构比例失衡所隐藏的问题，给该地区教师队伍稳定性建设工作带来了极大的挑战，这也成为实现该区域师资队伍质量持续提升的主要制约瓶颈之一。

（二）动态补给机制不完善，各阶段教师编制严重短缺

从某种程度上来讲，教师队伍建设的最优原则是"储备一批、培养一批、使用一批、淘汰一批"，有效的师资来源保障和良性的师资补给机制是建设一支高质量教师队伍的重要抓手。陈小华等从心理学研究的视角提出，教师与学校的雇佣关系有一种主观心理约定，这种心理约定是教师流动中的关键因素。[①] 本书通过田野调查发现，红寺堡生态移民区教师流动性大，师资队伍不稳定的现象已经成为常态。其核心原因主要在于两个方面：首先，从基础教育现实需求的角度来看，红寺堡生态移民区作为全国最大的生态移民搬迁安置区，大量的多元化外来人口直接催生了本地区基础教育的现实需求。其中，除了政府统一安置的官方统计范围内的移民群体外，还存在大量的非搬迁性移民的自然涌入，再加上这一群体中将近一半以上的人口均为以回族为主的少数民族，近乎每家每户都有 2 个以上的学龄期孩童。需求的相对过剩使得红寺堡区教师资源的正常供给能力保障相形见绌。其次，从红寺堡生态移民区本身的师资队伍现状来看，年轻人居多的教师队伍往往会因为各种主观和客观的原因出现师资队伍建设的自发性调整。来自红寺堡区教育局综合科 W 主任的观点极具代表性："因为待遇或发展空间的问题，很多年轻教师真正留下来在这里踏踏实实教书的不多。好多非常优秀，甚至我们认为很有发展潜力和培养价值的青年教师很难留住，相当一部分人在学校待上几年就走了，即使部分老师签了合同，也由于各种原因申请主动调离到其他地方，教师流动性频繁，从而导致红寺堡生态移民区的教师'招不进''留不住'，特别是乡村学校教师结构性失衡现象严重。"通过实地走访 6 个不同的学校，并通过问卷调查的方式发现，红寺堡生态移民区的在岗教师中，主动表示愿意放弃当地幼教或小教工作的约占被调查教师总数的 42.40%，其中大多数教师表示主动或被动放弃继续从事该岗位的真实原因主要可归结为工资待遇差、晋升

---

① 陈小华等：《基于心理契约的教师流动现象分析及对策》，《中国电力教育》2009 年第 20 期。

空间小、工作强度和工作压力大等。此外，实地调研观察发现，红寺堡生态移民区很多中小学部分教师的实际接受能力与学校分配的班师比例、安排的教学课程偏差较大，也使得一部分教师容易出现心理落差，继而导致教师群体的流动性加大，基础教育教师队伍结构不稳定现象表现突出。这部分教师中大约27%以上的教师没有岗位编制，故而其身份认同感和岗位归属感相比较其他编制内老师明显偏弱。

中小学教师编制管理的举措事关稳定教师队伍的建设，对促进中国教育发展具有重要意义。[1] 学者左崇良等明确提出，教师编制问题关系到教师的职称、待遇以及社保、职后培养等方面，对教师的职业稳定感和安全感至关重要。[2] 由此可见，如何寻求教师队伍人员编制问题的合理解决方案是保障教师队伍稳定性、提升教师队伍质量建设和提高红寺堡生态移民区基础教育高质量发展的核心引擎。而通过我们的前期调研访谈发现，这一问题的解决似乎会受到红寺堡生态移民区很多现实因素的制约，似乎很难解决。红寺堡生态移民区教育局Y副局长说："红寺堡生态移民区制定当地教师编制只能按学生总数核算，如此一来，学生人数较多的学校往往占优势，尚能分到所需要的教师编制名额，但像一些学生人数相对较少的乡村学校就麻烦了，因为学生人数太少，按既定编制分配，甚至不够一个教学班一个教师。结果导致每个教师承担多个学科甚至多个年级的课程，或者只能聘请代课教师，教师编制短缺是我们一直以来的困扰所在，我们也多次跟政府及上级主管部门主动沟通解决此类问题，但有时候最多能解决部分学校的部分问题，整体来讲，结构性教师编制突破的难度极大。"我们的调研还发现，相对于中学教育，红寺堡生态移民区以幼儿园和小学为代表的师资配给的缺编现象尤为突出。红寺堡生态移民区公立幼儿园教师总数697人，其中在编人数只有24人，仅占总数的3.44%，这个比例跟民族地区其他区域相比显得非常扎眼。[3] 我们了解到，目前红寺堡生态移民区各个幼儿园的核心师资主要是以外聘教师为主，教师职业发展的相关待遇和上升空间很难得到稳定保障，因此其核心师资队伍表现出超过其

---

[1] 颜冯菁：《中小学教师编制管理研究》，硕士学位论文，南京师范大学，2019年。
[2] 左崇良等：《教师编制政策的制度变迁和路径依赖》，《教育学术月刊》2017年第1期。
[3] 注释：数据来源为红寺堡政府信息办统计数据。

他地区很多的高流动性。其次，红寺堡生态移民区小学现有1192名教师，其中在编教师人数971人，占总数的81%，但仍然低于国家关于小学教育最新教职工编制不低于91%的相关要求。最后，红寺堡生态移民区中学在编教师人员比例为87%，同样也低于国家教师编制要求的比例。

由此可见，红寺堡生态移民区教育领域学校师资的整体力量相对薄弱，教师编制缺口大，教师的工资待遇水平偏低、上升或发展空间相对有限，存在非常突出的结构性缺编问题，无法有效满足当地基础教育发展的现实之需。上述这些实际困难的存在造成当地各级各类教师资源动态补给困难，这在某种程度上已经成为遏制该地区教师稳定发展的"拖油瓶"，使得学校教学工作和教师发展呈现出一定程度的"教育生态紊乱"现象，严重影响了该地区基础教育的高质量发展、均衡发展和公平发展的全面实现。

（三）年轻教师的经验值和专业化程度亟待多渠道、多路径提升

基础教育中教师的学历结构是判断其教师来源和整体质量水平的重要参考指标之一。相对良好的学历教育往往能够较为直观地反映该地区师资群体的成长历程和受教育程度。知名的教育学者黄海泉等研究提出，学历结构在教师队伍结构中是一个重要维度，通常可以用来作为衡量教师的认知和判断能力以及综合素质等某些特质的标准。[①] 因此，在基础教育中，想方设法不断提升教师队伍的学历结构在某种程度上可以有效保证教师队伍的基本素质。红寺堡生态移民区某幼儿学校的园长说："我们现在比较困难的地方在于，很多外聘的无编制兼职幼儿教师的学历层次普遍不高，他们中很多人的专业知识和专业素养还有比较大的提升空间，好多青年教师缺乏对幼儿教育相关心理学基本知识的系统学习，这往往会导致其在跟小孩沟通过程中出现不少应对不当的情况，有些家长不能理解，往往会通过很多途径表达不满。在这一点上我们有时候面临的压力很大啊。"与此同时，通过对红寺堡生态移民区相关教育部门提供的相关统计资料分析，我们发现该地区以幼儿园为代表的学前教育师资队伍在文化程度和学历层次上的大概分布为：本科毕业的师资人数占比约为6%，专科毕业的师资

[①] 黄海泉等：《高校教师队伍结构的现状研究》，《北京高等学校教师队伍建设文集》，清华大学出版社1997年版。

人数占比约为79%，高中毕业的师资人数占比约为15%（如图2—2所示）。而且，很多幼儿教师并非幼儿或师范专业科班出身，这也为其专业能力的提升带来了不小的难度。主要以专科水平为主，"中间大、两头尖"的U字形结构基本反映了红寺堡生态移民区幼儿教师队伍的文化程度分布比例。整体来看，文化层次和专业化程度相比于周边城镇或者中心城市还是普遍较低。OECD发布的《强势开端Ⅲ》中将"师资队伍质量"列为提高学前教育质量的工具之一，同时提出在实践经验中表明，学前保教质量与幼儿教师的质量水平和其专业背景密切相关。① 可见，幼儿园教师专业背景是影响学前教育质量的关键因素，也是衡量教师质量的一个指标。本书的调研数据显示，红寺堡生态移民区学前教师队伍中学前教育专业背景的占56.2%，非师范专业的占43.8%，没有取得教师资格证的占30.6%，拥有其他资格证的占比9.9%，② 整体的学历水平和专业素养亟待提高。

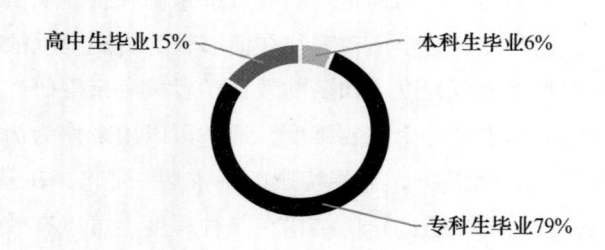

图2—2 红寺堡区学前教师文化程度分布

（高中生毕业15%；本科生毕业6%；专科生毕业79%）

教师队伍专业结构失调的问题不仅表现在学前教育阶段，红寺堡生态移民区基础教育阶段中的小学教师队伍建设也存在类似的问题。红寺堡生态移民区教育局Y副局长直言，"红寺堡生态移民区小学教育的整体师资力量的学历水平一般，特别是部分农村小学的师资队伍建设中存在明显的专业不匹配的情况。据我之前掌握的一些数据和资料来看，很多农村的小学，很多年龄较大的老师学历普遍都不高，多为大专以下。而年轻的教师

---

① 沙莉等：《OECD学前教育质量政策杠杆：背景、特点、八国实践经验及启示》，《现代教育管理》2014年第12期。

② 注释：数据来源为红寺堡政府信息办统计数据。

学历结构相对较好。农村的很多小学极度缺乏音乐、体育、美术、科学等非传统主课教师,很多课程都是由稍微有点相关特长的老师兼任。整体效果和质量自然大打折扣了"。由此可见,针对这种现实状况,如何着眼于现有师资队伍的专业技能提升或继续再教育就显得尤为重要。通过我们的调研访谈和相关的文件调查分析结果显示,红寺堡生态移民区农村教师一年期间没有参加过一次培训的教师占 13.70%、参加过一次培训的占 47.10%、参加过两次培训的占 26.20%、参加过三次培训的占 9.80%,参加过四次及以上培训的教师仅占 3.20%。在新生教师力量正常补给存在困难的基础上,如何有效运用内部培训、多种形式的外部培训以及网络培训等形式来提升现有教师队伍的内部质量建设就显得尤为重要。而相关数据反映的红寺堡生态移民区基础教育中农村师资群体的数量和质量提升都还存在较大提升空间(如图 2—3 所示)。

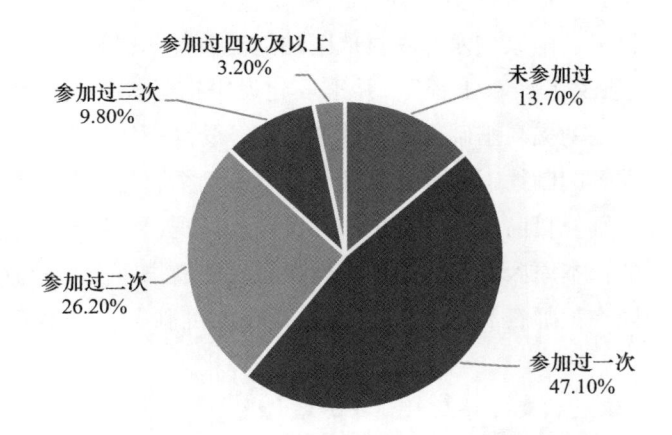

图 2—3　红寺堡区农村教师一年内参加培训情况

综上所述,红寺堡生态移民区各学校教师年龄结构、学历结构、专业结构、受教育程度在不同层次、不同区域、不同学校和不同阶段存在显著差异。由此衍生的教师专业性水平参差不齐,教学技能和基本素养等问题的现实存在将会在很大程度上导致部分区域或部分学校出现教师教育观念滞后、知识结构老化、教学方法陈旧、信息技术能力薄弱、专业化水平偏低等现象。而这些问题和现象的出现与红寺堡生态移民区本身所独有的移民属性、民族特点或多元文化交融等区域特点不无关联。其中,不容回避的事实是伴随民族地区生态移民基础教育基本办学条件的持续改善和基础教育资源配置均衡水平的不断提升,其整体的师资队伍建设并未获得与之相应的全面改善。尤其对生态移民区相对偏远的农村学校而言,教师资源的动态补给与合理配置和基础教育质量全面提升之间深层次矛盾还依然突出紧迫。生态移民地区部分家长或学生对学前教育的"不重视"或对义务教育的"逃离",从某种程度上也折射出该地区基础教育发展的"质、量"齐升的美好愿景并未完全出现,特别是由于师资供需不匹配的现实矛盾依然紧迫,成为当前民族地区生态移民群体基础教育发展普遍面临的本源性困境之一。

二 成因分析

红寺堡生态移民区建设至今20年来,国家先后实行了"两基""两免一补"政策,其中"两免一补"政策一直沿用至今。为早日实现教育现代化建设目标,国家在西部农村地区的基础教育薄弱和贫困地区启动了"国家贫困地区义务教育工程",并采取建设寄宿学校、远程教育及提供营养早餐等一系列提高基础教育条件的措施。受红寺堡生态移民区自然环境、经济条件等的制约,教师资源至今配置不均衡,且教师资源结构出现显著的地域差别。目前,红寺堡生态移民区所呈现出的结构失衡、配置不合理等特征的根本原因在于教师队伍建设与教育需求、教师专业性等差异较大,且中国在教师资源配置的财政倾斜投入机制上存在显著的地域性差异。

(一)地缘结构变迁导致教师年龄结构失衡

红寺堡生态移民区的乡村教师由于受地缘结构的变迁,外在生存的环境经历了翻天覆地的变化,由原来的恶劣环境搬迁到环境适宜的地区。但是据调查显示,72%的生态移民区乡村教师认为由于地域的变化其物质生活相对更加拮据。所以从红寺堡生态移民区教师的年龄来看,整体呈现年轻化特征,其普遍集中在25—40岁,且男性教师占比低。这归因于红寺堡生态移民区在经济发展、社会资源方面与经济发达地区相比存在一定的差距。在红寺堡生态移民区一些偏远的农村地区,由于生活条件艰苦,基础设施匮乏,导致优秀师资出现大量流失的现象。在上述背景下,教师既要面对学生繁重的基本教学工作,还要配合学校开展各项特色活动来提升学生整体素质，但相比于其他地区的相同岗位，薪资待遇并不高，导致大多数教师会选择留在城市或者更发达的地方去任教。此外，在红寺堡生态移民区新录用的教师中，名牌学校毕业的教师较少，而且这部分年轻老师中男老师因为工资待遇不高且升职空间小，只有很少一部分愿意长期留在红寺堡生态移民区任教。可见优秀教师资源不断流失与教师的提升空间、发展机会的不适应，与红寺堡生态移民区教育公平发展的要求也不匹配。

（二）社会期待较高导致教师流动性强

搬迁移民后，家长们由于失去了原有的土地，不得不走上打工之路。这时对孩子便寄予很大的希望，希望通过知识改变命运的意识更为强烈，这无形当中给老师造成了很大的压力。对大河村二年级的家长访谈如下：

> 访谈者："您认为孩子的成绩与老师的教学之间有关系吗？"
> 家长："当然了，好老师就是不一样，尤其是一些老老师，有经验，孩子的成绩就比较好。去年换了一个新老师，不怎么管孩子，作业也少，孩子成绩就不怎么好。"
> 访谈者："那孩子回去以后，你们家长能做什么？"
> 家长："哎，我们都不识字，就只能靠老师教了。"

从谈话来看，家长们把教育的重任完全抛给老师。孩子出现的各种问题，全部是由于教师教育的缺失。这就给老师们的工作带来了很大压力。另外红寺堡生态移民区教师编制短缺，动态补给不完善，且缺少对特岗教师的约束机制，导致很多特岗教师没有完成任期，就会调离至其他学校。而且大多数教师工资低、待遇一般，且动态编制机制不健全，年轻教师的编制需求无法从根本上解决，因此不愿长期留在红寺堡生态移民区。同时这里的教育相关部门的后勤保障工作不到位，使得代课教师的福利、保险、津贴等方面难以得到保障，招聘优秀教师更是难上加难。部分教师在入职前，也没有接受入职培训和专业培训，在职业规范和专业技能方面未能进行统一化考核，不能很好地适应民族地区生态移民群体基础教育建设发展的要求。因为社会期望过高，与实际教师待遇不相符合，也是教师流动性大的主要原因。

(三)"异乡人"意识强烈导致职业幸福感缺乏

由于红寺堡生态移民区地理位置特殊,移民学校的搬迁给红寺堡生态移民区的基础教育带来了巨大的变化,也加大了对教师数量的需求。红寺堡生态移民区的教师来源比较复杂,多为原乡村教师以及特岗招聘的大学生,当地的教师来源几乎没有。因此,大多数教师成为这里的"异乡人"。原有教师的专业能力与新招聘教师的专业能力存在较大差距。另外随着科技的普及,教师还需要掌握很多电子信息与多媒体信息完成教学任务。因此,原有的教师群体由于年龄偏大,对信息化的掌握充满恐惧感,深感无法跟上时代的步伐,产生了极大的心理压力。新招聘的大学生更是"异乡人"感异常强烈,他们受心理的归属感或认同感因素的影响,在融入新环境的过程中表现出不适应,对自己的能力也产生怀疑,因此严重影响了这一教师群体的幸福感水平。另外,教师教学任务繁重,名额有限,参加培训指标少,培训只能是轮流进行,或者让参与培训的老师将培训心得再分享给其他老师。而且部分培训内容由于实用性差、针对性不强而无法引起学校的重视,导致大部分老师专业能力无法得到提升,这也降低了他们的职业幸福感。

第二节 家长主体特征与成因分析

家庭教育不仅是学校教育的基石,也是学校教育的补充和延伸,而家长又是家庭教育的主导者。习近平总书记强调,"要关注家庭教育,努力使千千万万个家庭成为国家发展、民族进步、社会和谐的重要基点,成为人们梦想的起航之地"。此外,北齐教育家颜之推提出,在教育儿童时要尽早进行;教育方法要注重刚柔并济,言传身教;教育内容要注重德行的培养。① 红寺堡生态移民区是生态移民搬迁区,大部分人口来自深度贫困区,受家庭条件以及生长环境等因素的影响,呈现出教育观念滞后、重视短期收益和教育投资占比低、多子女分配不均这两大特征。同时,环境变迁和不同文化融合对家长的心理、观念、行为等方面带来了冲击,上述冲击和不适应的根本原因主要表现在经济、人力和社会资本三大方面,家长

---

① 颜之推:《颜氏家训》,重庆出版社2011年版,第68页。

不仅要积极适应迁入地的生活方式和现实困境，还要引导子女适应迁入地的教育，使整个家庭更好地适应外在环境，推动家庭教育不断演化，呈现螺旋式上升的态势。

一　家长的主体特征

（一）教育观念滞后，重视短期收益

教育产业作为中国的支柱产业，对人的影响是日积月累、潜移默化的，可以从根本上改变人的精神面貌和生活状态。而成功的教育是一个漫长的过程，需要学生、家长、老师共同努力，并投入大量的时间、精力和金钱。《乡村社会变迁》指出基于文化观念发现中层阶级的父母较下层阶级的父母更重视学校教育，他们孩子的学习能力也比出生于下层阶级孩子的能力强。[①] 在中国发达地区，受过良好教育及学历较高的父母，他们通过自身的经历意识到教育的重要性，因此十分重视基础教育在孩子成长过程中的作用。而生态移民区的家长由于贫困、思想落后等因素，认为凭体力劳动就可以创造美好的未来，对于子女的教育重视程度不高，这种短视的想法使得教育无法发挥应有的防返贫、阻断代际贫困的基础性作用。红寺堡区的移民××说道："我前几天听说我们村子有个大学生毕业都两个多月了，还没找上工作，你看，我小时候只上了小学，现在照样活得很好，所以孩子读书读到初高中能找个工作就行了。"这种落后的教育观念导致民族地区生态移民群体的受教育程度普遍偏低，吸收和交流知识的能力欠缺，接受新知识、学习新技能也存在时滞，只能从事机械性的重复体力劳动，从事中高端工作的人少之又少，社会结构难以得到完善，且在整个生态移民区代代相传。长此以往会使贫富差距日益扩大，形成恶性循环，直接影响红寺堡生态移民区的经济与社会发展。

习近平总书记《在东西部扶贫协作座谈会上的讲话》中强调："扶贫必扶智，治贫先治愚。贫穷并不可怕，怕的是智力不足、头脑空空，怕的是知识匮乏、精神委顿，脱贫致富不仅要注意富口袋，更要注意富脑

---

① ［美］埃弗里特·M.罗吉斯等：《乡村社会变迁》，王晓毅等译，浙江人民出版社1988年版，第66—67页。

袋。"① 教育投资属于长期投资，需要时间积累，无法在短时间内看到"收益"。而生态移民群体迫切需要改变当前贫困的家庭生活条件，需要用打工带来的收入支撑整个家庭，正如搬迁来红寺堡区十年的××先生说的那样："我看着这上学也没那么重要么，我们几代人大字不识一个还是活得美美的，我一大早摆早点摊已经够家庭花销了，还能余两个钱攒下换个大房子，有花钱上学的功夫，不如跟着我多摆摊，上学一天光费钱么。"这种注重短期收益的思想，使得生态移民群体只注重眼前的利益，无法用长远的视角来看待投入回报比，不能及时把握机会与机遇，也无法意识到教育对于个人发展的重要性。

（二）教育投资占比低，多子女分配不均

家庭是教育再生产的轴心，教育投资是家庭为子女竞争稀缺教育资源的重要方式，也是推动教育事业发展进程中重要的一环。教育投资的高低与家长对教育的重视程度和家庭的经济条件等密切相关，家庭教育投资不仅是家庭花在子女身上的教育费用，而且包含了教育支出、物质投入等货币性资源。②

红寺堡生态移民区作为新的移民搬迁区，家庭贫困现象较为普遍，家长自身文化水平低，缺少教育方法和学习的渠道。不少家庭在进行教育投资时，依然抱着低风险、高收益的传统思维模式。与此同时，红寺堡生态移民区的经济发展落后，大部分家庭的收入多用于家庭生活开支，只有很少一部分用在教育投资上，因此没有为孩子的教育提供更好的条件。红寺堡生态移民区是一个多民族聚集的生态移民区，少数民族占比较大，出于传统的想法孕育多名子女，加重了家庭的经济负担，家长能够提供的基本教育支出难以对多子女均衡分配，同一家庭的不同子女获得优质教育的机会不同，使得家庭整体的受教育水平偏低。因此，本书通过田野调查法对部分家长进行了调研（如表2—1所示）。

---

① 李贞等整理：《习近平谈扶贫》，《人民日报》（海外版）2016年9月1日。
② 刘保中：《"扩大中的鸿沟"：中国家庭子女教育投资状况与群体差异比较》，《北京工业大学学报》（社会科学版）2020年第2期。

表 2—1　　　　　红寺堡生态移民区家长主体访谈内容

访谈对象	访谈内容	核心要点
MYN 学生家长	我们家从祖上就是农民，上学有什么用呢，靠天照样能吃饱。再加上我们家庭条件差，对孩子上学的资助真的是少之又少	教育投入在家庭总支出中占比不高
JH 学生家长	我供养孩子上学就是为了让孩子以后能够养家糊口，读个差不多就可以了，读的时间太长花钱太多了，而且现在大学生读出来不照样没工作嘛	
YQN 学生家长	现在的幼儿园学费太高了，孩子在学校也就是和其他小孩子一起玩，而且我们都忙着打工、种地，我哪有那么多时间接送孩子呢	
FYL 学生家长	我家里有 5 个孩子呢，女孩子读那么多书不照样还是要嫁人嘛，还不如早早地出去挣钱呢，现在挣钱太难了，我也没那么多挣钱的法子，只能让儿子读书	家庭人口数量多，男女教育经费分配差异大
HY 学生家长	男娃娃么，我愿意掏钱供他读书，丫头片子学个手艺什么的就行了，学好了去打工还能挣点钱，补贴家用呢	

资料来源：根据访谈内容整理。

基于此，尽管红寺堡生态移民区的基础教育经过了 20 多年的发展，各项基础教育设施建设齐全、师资力量逐渐增强，升学率稳步提升，但受经济发展水平低和观念老旧等现实因素的影响，红寺堡生态移民区家长对于孩子的教育呈现出教育支出占家庭总支出的比例较低、教育投资不高和教育资源的分配在多子女中存在不平等的现象。从长远来看，上述特征会导致整个红寺堡生态移民区的基础教育不均衡、不平等，阻碍整个移民区社会、文化、经济等诸多方面的发展。

二　成因分析

家庭教育的主体是家长，他们在家庭教育中占据重要的作用。家长的价值观、行为特征都会影响孩子的行为。杨澜说："做父母的并非易事，身教比言传更有说服力，别把劲儿都使在孩子身上，如果自己充实、快乐，有责任感，有情绪管理能力，孩子会模仿你的。"在红寺堡生态移民区，家长呈现出独有的特性，主要原因如下。

（一）经济基础薄弱制约教育投资水平

家长的经济收入对教育支出有正向影响，相比富裕家庭，贫困家庭花费在子女教育上的投入总额相对较低，家庭教育支出占家庭收入的比例也比富裕家庭低，且不同的教育水平和所处的社会环境使得低收入家长与高收入家长在教育理念和提供给子女的教育资源上存在显著差异。同时，低收入家长由于长期外出打工，几乎没有时间和精力参与到孩子的日常教育中，在面对孩子学习中出现的问题时，往往力不从心，而教育方式也大多采取"自然放养式"与"棍棒式教育"，这极大地打击了孩子的学习积极性。由于红寺堡生态移民区的家长属于民族地区生态移民群体，该群体为了维持基本生活，将原有的积蓄基本全部用于购买房基地与生活所需品，而且他们大多以种植、养殖和打零工作为主要经济来源，家庭收入来源单一。除此之外，培养孩子的兴趣教育和个性能力花费的教育成本高，比如兴趣班、夏令营等，这些对于仅仅能维持家庭基本生活开支的普通家庭来说是一大笔支出，很多收入低的家长无力为子女支付此项教育成本。一般来说，子女接触的事物、人物的异质化程度越高，对其个人综合能力的提升越会产生积极的影响。因此，红寺堡生态移民区家长没有能力支付除学校以外的教育成本，更不可能选择校外教育的模式，并且许多低收入家庭的家长认为培养孩子应当是老师与学校的职责与义务，家长自身没有时间教育也没有能力教育，从而使得民族地区家长在教育投入的占比与当前孩子的教育需求发展不匹配。

（二）文化程度偏低造成教育理念差异

家长人力资本的本质是身上凝聚的知识、技能及其所表现出来的能力，且受教育程度越高，家长在社会中的地位也越高，更能体会到教育给个体带来的经济和非经济收益。同时，受教育程度越高的家长，文化程度也越高，掌握的技能越多，接触到的社会资源也会越来越多，吸收科学教育理念与能力就越强，并能合理科学地应用在自己子女的教育方面。家庭教育中，受教育程度高的家长对子女的行为奖惩可能更加灵活和合理，从而很好地促进子女的教育与行为发展。然而，本书通过田野调查法对红寺堡生态移民区调研时发现，红寺堡生态移民区学生父母学历程度大多处于小学到初高中之间，平均文化水平普遍偏低，且家长大多早出晚归奔波于生计，对子女的教育辅导力不从心，孩子的教育完全依赖于学校。家长由于受教育程度低，对子女的教育与行为指导模式单一，教育规划缺乏科学性，整体的人力资本较差，最终导致家庭教育结果较弱。综上所述，家长人力资本的匮乏导致子女的教育与受教育程度高的家庭差距较大，难以适应当前基础教育发展要求。

（三）社会资本欠缺影响教育资源分配

家长在与他人建立信任、规范、制度和责任等基础上的人际关系网络构建是家庭社会资本的关键所在，其中，家庭内成员之间的关系是家庭内社会资本的本质，例如父母对子女的期望、在子女成长过程中的参与程度、对子女教育的投入，包括时间和物质以及感情等。据红寺堡生态移民区调研可知，这里的大多数学生都是移民群体，家庭环境的变化对其心理有极大的影响，从而导致子女在对自身期望和未来规划等方面表现出不同，最终导致家庭教育的差异。然而家庭外的社会资本主要是指父母的社会关系，例如与老师、其他家长、朋友等一切社会人脉关系。家长作为红寺堡生态移民区的移民，其在迁出地的原有社会资本丧失，需要重新构建新的社会关系网络，因此不能为子女提供良好的外界交际氛围，无法有效地帮助子女与外界环境形成良性的信息交换网络，扩大子女的学习范围，增加子女学习种类的多样性。综上所述，少数民族生态移民区极度缺乏较为丰富的家庭内外部社会资本，且面临新环境下的社会资本重构问题，上述因素使得民族地区生态移民家长的社会资本薄弱，难以为子女提供优质的教育资源，与当前基础教育的发展要求适应性较低。

第三节　学生主体特征与成因分析

易地扶贫搬迁移民离开了他们原始的恶劣生存环境，尽管他们以前的村庄已经不复存在，但是仍属于他们精神世界的一部分，搬迁后的移民精神世界出现断裂、混乱和困惑，一切重新开始。[①] 所以易地搬迁给成年移民、未成年移民都带来了社会适应的问题。移民儿童跟随父母离开自己熟悉的生长环境，来到一个新鲜、陌生的学习环境中，给他们心理和精神上

---

① 熊培云：《一个村庄里的中国》，新星出版社2011年版，第91页。

带来前所未有的挑战,在享受移民地区优质教育资源的同时,也将面临一系列新的问题,特别是受教育适应性问题。由于受到文化的冲击、家庭的影响,使得其具有这一年龄阶段独有的特质。同时也面临着适应的过程,主要体现在环境适应、学业适应、关系适应和心理及行为适应等方面。

一 学生的主体特征

(一) 学习态度不端正,学习独立性较差

学习效果的好坏取决于客观因素和主观因素,客观因素主要包括学校建设、师资等情况,而主观因素主要包括学习态度、学习积极性、学习独立性等。就客观因素而言,红寺堡生态移民区作为移民新区,其基础教育经过20多年的发展已经取得了显著的成效。目前,红寺堡生态移民区幼儿园数量明显增多,2013—2018年,红寺堡生态移民区新增幼儿园13所,新增入园幼儿3581人,学前入园率由2013年的80%增加到100%,增长了20%;学前三年毛入园率由2013年的42.30%增长到65.00%,增长了22.70%;在小学教育方面,红寺堡生态移民区一直坚持教育优先发展战略不动摇,先后实现了"两基""教育强区"目标,截至2018年,红寺堡生态移民区的完全小学数为66所,班级数为636个,教职工数1209人(如图2—4所示);在初中教育方面,红寺堡生态移民区初中教育经历了从无到有,学校办学规模逐年扩大,办学质量逐年提高。截止到2018年,红寺堡生态移民区初中学校数为4所,班级数为229个,教职工数745人(如图2—5所示)。综上所述,红寺堡生态移民区的基础教育学校建设、师资等情况已足够满足区内学生的上学问题,且初中教育已成为红寺堡生态移民区基础教育的典型成功经验,因此在客观因素基本满足的情况下,学生学习效果的好坏取决于学生的主观因素。

就主观因素而言,学习态度端正、学习积极性高和学习独立性强的学生会更加主动、迅速地进入到学习的角色。良好、积极的学习态度是学生成长的关键,使学生拥有更好的发展。本书通过田野调查法对红寺堡生态移民区的学生群体进行调查时,SY学生这样说道:"我平时都是爷爷奶奶带着我,他们只管我的吃饭、穿衣,我学习上的事很少管,我平时就喜欢玩,学习上不是很能管得住自己,也不爱学习。"红寺堡生态移民区的学生大多学习态度不够端正,学习积极性不高。因此,在平

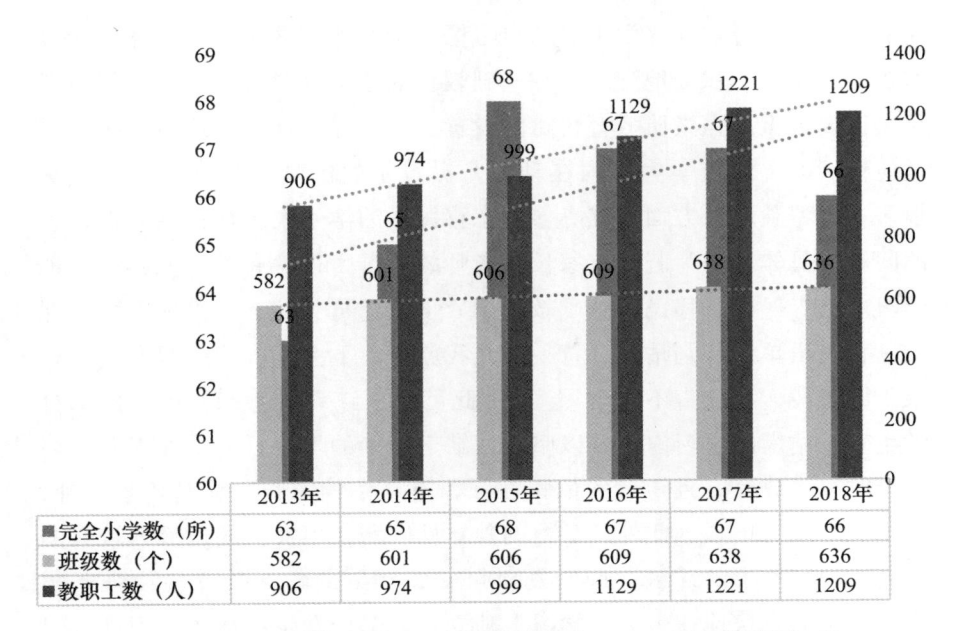

第二章　分析：主体特征与成因分析　／　111

	2013年	2014年	2015年	2016年	2017年	2018年
■完全小学数（所）	63	65	68	67	67	66
■班级数（个）	582	601	606	609	638	636
■教职工数（人）	906	974	999	1129	1221	1209

·······线性（完全小学数）·······线性（班级数）·······线性（教职工数）

图2—4　红寺堡生态移民区小学教育基本情况统计

	2013年	2014年	2015年	2016年	2017年	2018年
■初中学校数（所）	3	3	3	4	4	4
■班级数（个）	176	182	182	197	226	229
■教职工数（人）	555	590	623	643	695	745

·······线性（校数）·······线性（班级数）·······线性（教职工数）

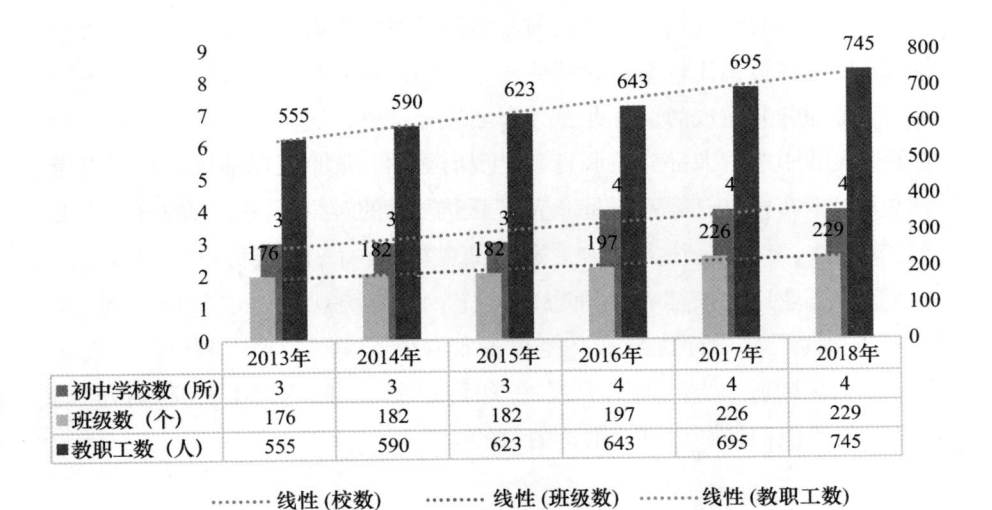

图2—5　红寺堡生态移民区初中教育基本情况统计

时的教学中要着重培养学生的学习习惯、帮助他们端正学习态度，让他们自觉、主动、积极地学习。在基础教育的课程设置方面，红寺堡生态移民区要着重加强素质教育科目的设置、丰富课堂模式，适时解决学习适应性问题，深挖学生的内在动力，提升学生的学习积极性和学习热情。在学习独立性方面，红寺堡生态移民区的学生大多存在独立性较差的问题，具体表现为若没有家长和老师的监督，很少有学生能够主动地学习。红寺堡生态移民区基础教育 HY 学生这样说道："我觉得背诵课文、背英语单词特别枯燥，背一会儿我就背不下去了，我爸妈和老师如果不盯着我，我一直不想学习。"由此可见，红寺堡生态移民区的部分学生对于枯燥的学习内容难以坚持，缺乏明确的学习目的，在遇到学习困难时容易放弃，且学习的依赖性强，不是依赖家长，就是依赖老师，自主学习能力不强。此外，学习的独立性问题在男女之间也呈现较大的差异。根据本书的访谈、调研资料可知，女生的学习独立性要强于男生，女生能更快地在生活、学习上独立。大部分女生在遇到学习问题时可以独立思考，理性地对待自己的学习，而男生在学习中缺乏主观能动性，学习比较随意，充满着偶然性。

（二）学习目的不明确，存在"上学读书不划算"观念

易地扶贫搬迁的居民搬迁之前基本都是贫困家庭，而且家庭中子女较多，家庭经济负担比较重，这就造成了他们搬到新环境后父母需要外出打工，使得部分儿童成为留守儿童，家庭教育缺失，这对他们的学习目的产生了很大的影响。大部分被调查者表现出厌学，读书无用的观点。所以当今的大学生在村里已经不再是令人羡慕和敬仰的对象，读书人的被尊崇感也逐渐褪去，结果是很多大学生家庭出现贫困，背上了沉重的教育债务，而且孩子毕业后也未能找到理想的工作。在传统观念中"学而优则仕""学而优则贵""学而优则富"是很多农村孩子读书的动力和目标，而如今"学而优则弱""学而优则贱""学而优则贫"的观点不断充斥孩子的脑海，使得他们怀疑读书、上学的目的。

> 我爸妈说了，读大学出来也找不上工作，不如早早出来赚钱，所以我初中一毕业就打算出去打工，赚钱。
>
> 现在的教育是免费的，但是高中教育是收费的，我家也没有那么

多钱供养我去读书，所以只能出去打工赚钱，供养弟妹。

由此可知，尽管红寺堡生态移民区的基础教育入学率、巩固率、升学率都很高，小学阶段更是在100%（如图2—6所示），但很多孩子面对义务教育的压力，被迫待在学校，他们早已是"人在曹营心在汉"，心思根本不在学习上，或者有很多孩子混了九年后，迫不及待地投入打工的阵营当中，认为离开学校去赚钱是最明智的做法。

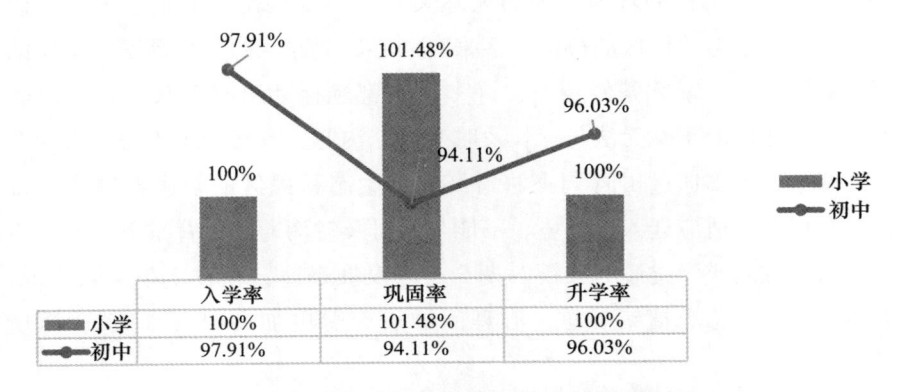

	入学率	巩固率	升学率
小学	100%	101.48%	100%
初中	97.91%	94.11%	96.03%

图2—6 红寺堡生态移民区义务教育指标情况统计

当学生认为他们在学校付出的努力与他们得到的回报"不划算"时，在学校学习一些与生活无关的"陌生"而"高深"的知识，便成为摆在他们面前的真实痛苦，辍学、失学、逃学也就难以避免。他们并非天生就厌恶学校、憎恶知识，读书的经历带给他们的不是自信而是自卑，不是希望而是失望，乃至绝望。毋庸置疑，一旦人们对教育失去信心，新的教育危机也就出现了，"读书无用论"开始在民族村落蔓延开来，人们对教育的价值产生了怀疑乃至否定。根据自我效能感理论，一旦群体出现自我效能感偏低的状态后，将会负面评价自己的情绪，出现消极情绪。①

---

① 黎兵等：《初中生时间管理倾向、自我效能感、学习归因与学业成绩关系的研究》，《心理学探新》2004年第4期。

(三）人际关系协调困难，存在陌生环境的"孤独感"

同学之间的人际关系融洽，能很好地满足个体的自尊感，且同学间的交流互动能给学生提供一个情感的宣泄口，使个体在情感方面得到支持，降低焦虑、孤独等情绪，使学生能较快地适应学校、环境等方面。而 Weiss 提出，孤独感是个体在交往过程中得不到满足，主观需求与现实交往之间出现落差的不良感受。[①] 而红寺堡生态移民区作为一个移民新区，大多数学生都远离了他们原有的生活环境、同学伙伴，需要重新认识新的伙伴，熟悉新学校的环境，因而人际关系得不到满足，孤独感加剧。此外，红寺堡生态移民区的移民大多来自同心、海原、西吉等高寒、干旱的深度贫困地区，家庭条件较差，许多家长都选择外出打工来提高家庭收入，使得他们的子女无法与家长及时交流、沟通，容易产生焦虑、孤独等不良情绪。本书通过田野调查法对红寺堡生态移民区的学生群体进行调查，发现在不适应迁入地环境、不能与父母及时沟通的大背景下，初中生处于由儿童向成年过渡的关键时期，身心发展迅速，相较于小学生来说，孤独、失望等悲观情绪加重，心理问题表现得更加突出（如表 2—2 所示）。

表 2—2　　　　红寺堡生态移民区学生主体访谈内容

访谈对象		访谈内容	核心要点
初中生	SY 学生	之前我家比较穷，我爸妈都出去打工了，家庭条件现在也好了，但爸妈也不在我身边，我有些话只能闷在心里	初中生的孤独感、焦虑情绪主要来源于：对新环境的不适应、父母不在身边、处于青春期
	HY 学生	我们家在搬迁到红寺堡之后，我以前的同学、朋友都不在我身边了，我只能重新结交新的同学，这对我很难	
	LJW 学生	我现在对新学生的很多事情都不太适应，尤其是我在这没交到好朋友，我时常感到孤独	

---

① Werner, G. G, Ford, B. Q, and Mauss, I. B, "High Cardiacvagalcontrol Isrelated to Better-subjective and Objective Sleep Quality", *Biological Psychology*, Vol. 106, 2015, pp. 79–85.

续表

访谈对象		访谈内容	核心要点
小学生	LW学生	我现在换了个新学校，交到了一些新朋友，正在努力和我的新朋友交往、适应中，有时候也会感到孤独，但我相信一切会变好的	小学生的孤独感、焦虑情绪主要来源于：对新环境的不适应、父母不在身边
	YF学生	我一直都是和爷爷奶奶在一起的，爸爸妈妈只能在过年的时候见一见，我觉着那些爸爸妈妈在身边的同学真幸福	

资料来源：根据访谈资料整理。

基于此，红寺堡生态移民区的留守儿童在孤独感、人际关系等方面存在的问题较大。留守儿童的父母长期在外务工，他们缺乏来自父母不可替代的关爱，也无法与父母交流，容易存在焦虑和孤独等问题。此外，由于缺少父母之爱，孩子感情上也缺乏依靠，内心的想法很难向外界倾诉。久而久之，会变得不善于与人沟通交流。经过调研发现，初中生的人际关系问题、孤独感等要高于小学生，因为初中生处于青春期阶段，面对新环境的不适应和青春期独有的复杂性使初中生更易陷入悲伤的情绪中，影响他们的人际关系和新学校的适应性问题。

二 成因分析

"适应"在心理学上一般指个体调整自己的机体和心理状态，使之与环境条件的要求相符合，这是个体与各种环境因素连续不断相互作用的过程。[1] 易地搬迁移民学生的适应性是指学生主体在受教育的过程中，结合自身的特点，不断地对心理和行为进行调节，使之与环境相适应的过程。国内对于学生适应性的研究主要集中在农民工子女在城市接受教育的适应性，选取的指标基本是生活层面、学习和教育层面、行为层面和心理层面四个维度。[2] 祁雪瑞在此基础上提出了学业适应、行为适应、情绪适应和

---

[1] 郑晓康等：《流动人口子女父母教养方式与学习环境适应性的关系》，《中国健康心理学杂志》2006年第5期。

[2] 陈怀川：《农民工子女城市生活不良适应的社会学分析》，《兰州学刊》2006年第5期。

关系适应等几个方面。① 结合前人研究基础，本书将从环境适应、学业适应、关系适应和心理及行为适应四个方面对红寺堡生态移民区学生主体的受教育适应现状进行简要的分析。

（一）地域的陌生与融入适应的平衡

从文化环境适应性视角来分析，移民子女跟随父母或者监护人从熟悉的地域搬进了新地域，他们所处的家庭环境、社区环境、学校环境都发生了变化，而且其风俗习惯、语言、社会文化都与其在搬迁以前（老家）产生了不同。这就使得他们的适应难度增加。移民子女搬迁之前所过的是那种无拘无束的生活，然而搬迁到新环境以后，其生活的方方面面就会受到新环境的影响。在社区环境方面：有近三分之一的红寺堡生态移民区安置移民学生群体有过被歧视经历，由此说明社区对这些学生主体表现出不公平的待遇，导致他们产生自卑感，同时对社区产生不友好的印象。但是也有部分调查数据显示这些群体中的一部分人没有受到歧视。另外，社区的调研显示红寺堡生态移民区安置学生愿意和原来社区的孩子交朋友，但是由于其方言导致了沟通的语言障碍，这表明他们对同龄人的交往并不排斥。

（二）文化的原生性与学习态度的平衡

大多数红寺堡生态移民区小学低年级的学生对学习不够重视，学习态度不端正，归根结底是因为红寺堡生态移民区的家长长期外出打工忙于生计，没有充足的时间和精力去照顾孩子，把孩子托付给祖辈或者亲戚等抚养，祖辈与孩子年龄差距过大，加之祖辈文化水平较低，思想观念落后，采用传统的教育方式，属于隔代教育，不具备引导学生的能力，一般是过于溺爱孩子或者批评指责，对于学生的学习情况关注度较低，只能满足孩子的物质需求，无法满足学生的精神需求。与亲戚一起生活的学生，亲戚只能照顾孩子的饮食起居，满足他们的日常需求，在教育的引导上不能像父母那样竭尽全力，缺乏对孩子学习的有效指引，从而使得孩子的自主学习动机弱。而学习动机会影响学习兴趣和学习态度，最终体现在学生的学业成绩上。然而红寺堡生态移民区初中学生的学习独立性不强，毅力差，

---

① 祁雪瑞：《"多重流动"境况对义务教育阶段农民工子女的影响》，《信阳师范学院学报》（哲学社会科学版）2009 年第 5 期。

归其缘由是学生还没有形成正确的学习观，对于学习的认识较为肤浅，在学习过程中觉得知识枯燥乏味，无法真正融入其中。同时，学校的管理人员只注重升学率等硬性指标，忽略对学生学习兴趣的培养，使得学生为了学习而学习，为了升学而学习。除此之外，学生在学习上难以坚持不懈，学习是一个不断积累的过程，学生由于一直处于老师和家长的庇护下，这使得他们在学习中既不能吃苦耐劳，又缺乏抗挫折能力。在学习中遇到困难时，当自己难以独自解决而又无法依赖他人时，他们很容易选择放弃。长此以往，学生会慢慢失去继续学习的动力，从而对学习产生厌倦心理，难以坚持学习。

（三）心理的自卑与向往交往的平衡

红寺堡生态移民区的学生群体大多是搬迁移民，搬迁过来之前的伙伴关系丢失，需要建立新的人际关系。加之面对的是一个全新的环境，新的环境会产生新的人际关系，新的人际关系会直接影响学生的适应性，从而会产生焦虑和孤独的心理问题。加之许多学生家长长期在外务工，无法与父母进行及时的交流与沟通，他们缺少了不可替代的父母之爱。由于缺乏父母的关爱，孩子在感情上也缺乏依靠，内心的想法难以和外界进行分享和倾诉，对遇到的事情也无法正确判断，久而久之，会变得不善与人沟通交流，从而使得学生心理健康受损，孤独感加剧。另外，因部分学生与新老师相处不融洽或者不喜欢自己的新学校，与自己的新同学相处不愉快，同学之间相互排斥，在交际中寡言少语、不够主动，缺乏积极性，最终导致学生缺乏归属感，没有树立红寺堡生态移民区的主人翁意识，造成认知意识上的偏差。在初中，由于红寺堡生态移民区的学校面临着升学压力，非必修课程的缩减，使得学生之间的交流时间也大大减少，这在无形中阻碍了学生彼此之间的交流。而且初中的学生正处于青春期，学生的身心会发生较大变化，学生家长不能及时发现他们内在的心理特征，也不重视孩子在青春期出现的问题，即使发现问题了，既没有很好地去解决，也没有及时反馈给学校和老师。父母无法了解自己的孩子，亲子之间又缺乏必要的沟通，这会使家长与孩子产生隔阂。这些原因都会导致学生在红寺堡生态移民区产生各种不适应。另外由于进入了新环境，他们比同龄人面对更多的来自学校、家庭、社会的压力，因而也更容易变得自卑、不自信。在探索的道路中，相对于居住地的原有居民子女，他们更加无法发现自我，自我认知度较差。一直使自己处于一种散漫的无所依附的状态之中，他们对未来方向彷徨迷惑，不知所措，没有目的、价值或打算，就会对自己产生怀疑，不能积极地进行自我接纳。这种不自信使得这些群体在学校里面不能充分表现自己独有的个性，导致他们的个性得不到全面发展，降低了他们的学校适应能力。同时这些移民学生还对自己角色定位不清晰，由于父母出去打工，他们在家庭中承担着不同的角色，尤其在很多隔代家庭中，学校角色与家庭角色不断转换，通常会出现各种负面情绪，增加了他们与老师和同学之间交流的障碍。

第四节 管理者主体特征与成因分析

教学管理主体是整个教育的核心，无论是教学目标的确立还是教学内容的选择与组织，或是课程实施及课程评价的展开，都是由管理主体所引发和决定的，而且学校教学管理主体作为课程的决策者、设计者和实施者直接制约着课程计划的适应性及实施程度。管理主体是引领教育质量提升发展的风向标。此外，对于学校管理主体的理解与支持，不仅反映了学校管理主体权责分配的内容变化，而且也会制约人们对教学理念与制度的全面理解与自觉实践。红寺堡生态移民区经过20年的努力探索，管理主体在自身发展的基础上也借鉴吸收了教育发达地区的教育管理经验，形成了自己独特的管理模式，但是红寺堡生态移民区的学校在教学系统外部环境与内部组织日益复杂的时代背景下，中小学校长领导能力空前复杂，呈现出教学管理注重形式，忽视学生综合素质，家校合作薄弱，忽视互学互助的特点。

一 管理者的主体特征

（一）政府重视基础教育的投入，促成民族地区人力资本的形成

基础教育教学管理工作已经发展成为义务教育中不可分割的重要组成部分，是教学工作有序开展的强有力保证。在某种程度上，基础教育教学管理工作是建设一流教育的重要内容，做好红寺堡生态移民区少数民族学生教育管理工作，各学校落实党的民族政策，履行人才培养职能，可以助力红寺堡生态移民区落实民族教育、扶贫教育、优质教育有机结合的实

践。因此，只有全面落实红寺堡生态移民区教学管理的核心价值，不断提升民族地区基础教育质量，才能推动红寺堡生态移民区基础教育的发展。政府的公共教育支出被视为除家庭教育投资外，人力资本积累的主要投入方式。

近年来政府不断加大对民族地区基础教育的投入力度。2016 年：全区财政教育支出 152.57 亿元，占当年财政支出的 12.20%；2017 年：全区财政教育支出 170.65 亿元，占当年财政支出的 12.43%；2018 年：全区财政教育支出预算安排 147.09 亿元，占财政支出预算的 13.49%（如图 2—7 所示）。在 2019 年政府工作报告中，李克强总理强调："要坚持和完善民族区域自治制度，全面贯彻党的民族政策，深化民族团结进步教育，促进各民族和睦相处、和衷共济、和谐发展。"在此背景下，宁夏增加了对民族学校的投资力度，尤其把重点放在民族地区农村义务教育上，教育重点工程资金 70% 以上用于农村中小学建设，目前民族地区农村中小学校舍环境发生了很多变化。持续加大对贫困学生的经费保障力度，完善家庭经济困难学生资助政策体系，建立了一整套针对贫困学生的各级各类教育资助制度，从根本上减少了贫困学生"上不起学"的难题。此外，还出台了义务教育阶段的学生享受免费教科书和教辅材料"三免一补"保障机制，同时为家庭困难的寄宿学生提供生活补助，针对普通高中的家庭困难学生设立每年资助 750 元的补助金制度。

	2016 年	2017 年	2018 年
全区财政教育支出（亿元）	152.57	170.65	147.09
占当年财政支出的比例（百分比）	12.20%	12.43%	13.49%

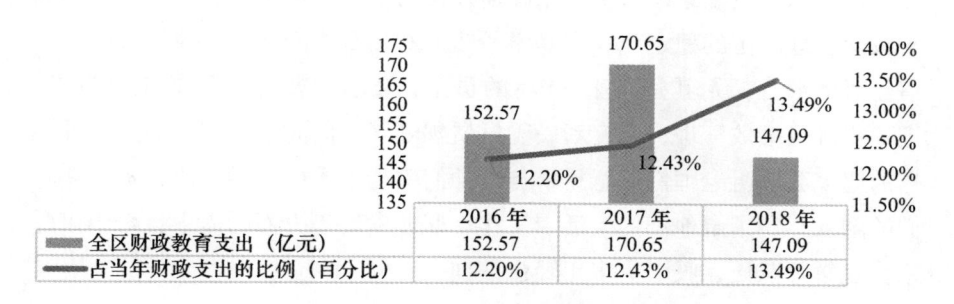

图 2—7　宁夏回族自治区财政教育投入

（二）学校积极探索现代治理模式，搭建对话平台

改革开放以来，中国基础教育领域进行了体制机制改革，随着教育现代化宏伟目标的提出，学校治理成为中小学"走进教育现代化"积极探

索的路径。习近平总书记指出:"治理和管理一字之差,体现的是系统治理、依法治理、源头治理、综合施策。"校长是学校治理的中间协调者,应该通过各种对话来进行信息传播、信息阐明(如政策)和信息解释完成。这样的角色认知可能更多的是将自己视为教育层级中的一个位置,而未将自己视为学校治理的责任人。红寺堡生态移民区某中学老师这样说道:"学校这几年进行了多方面的改革。尤其是薪金制度,保证了所有代课老师的基本权益,而且校长也积极地与各位老师进行沟通,了解我们的困难,使得我们能够后顾无忧的教学。"

作为西部民族地区的红寺堡生态移民区移民学校,近年来不断地实施教学改革,保证教学能进入正常的轨道,通过校长们积极探索学校治理模式,使得课堂教育教学发生明显变化,教师队伍教育教学理念发生转变,教学和学习状况发生变化,学校工作效益和教学质量明显提高。移民地区文化的特殊性,使得教师的稳定性较差。例如在访谈中发现红寺堡生态移民区教学管理队伍不够稳定,教学管理人员缺乏编制,尤其是一线教师的问题最为突出。2010年11月,吴忠市机构编制委员会批准设立红寺堡生态移民区人民政府督导室,为红寺堡生态移民区教育局所属事业单位,核定编制3名,其中主任1名,督导人2名。2013年3月增编2名。[①] 从教学管理人员来源情况访谈来看,通过应聘形式成为教学管理岗位的毕业生较少,且基本集中在教学管理工作年限少的人员中,校外调入的也少,由此可以说明,教学管理队伍的来源途径较为单一,岗位吸引力不强,不利于教学管理队伍的稳定与壮大。学校也积极探索如何与老师们进行沟通,搭建对话平台,尤其是对于90后的员工,要进一步完善绩效工资方案,进一步规范绩效管理,制定新一轮发展规划等。同时领导们还通过各种各样的座谈会倾听老师们的意见,与老师们进行平等的对话交流,提高老师们的融入感,了解他们的生活、工作、职业发展等方面的需求,希望以此来稳定教师队伍,吸引更多年轻血液加入。

(三)注重中小学师资培训制度的改革,提高教师素质

教师培训是现代社会发展的必然要求,在每一次教育革新过程中,经常会对有关老师的权威进行挑战,所以使得教师培训成为必然。

[①] 注释:数据来源红寺堡教育志。

从宏观角度来看教师的培训是为了教师能够在职业生涯上进行顺利转换,同时也为了教学满足社会发展需求。从微观角度来看教师的培训能够提升教师的个体素质,完善自身的职业道德。在教学的过程中报团探索达到明确的教育观。红寺堡生态移民区某小学一年级语文教师说:"这几年学校的培训很多,有请进来也有派出去,基本每个同事每年都有机会进行各种培训,我感觉培训效果特别好,而且我们还和银川市的很多学校签订了帮扶政策,每年都能接受他们一线教师的指导,我们都很满意。"

为了提高回族聚居的南部山区教师队伍的建设力度,政府加大了特殊倾斜政策,有效地提高了回族聚居区教育质量。同时还加大对回族教师的培养,扩大了少数民族教师的队伍。自治区政府还通过支教政策,鼓励年轻大学生去一线执教,先后选派数万人次到南部山区乡村学校任教,有效补充了南部山区急需的教师数量。

二 成因分析

教学管理人员是中小学教学管理的组织者和直接参与者,其素质和能力等能否适应当地培养模式改革的要求,将直接影响到教学改革和人才培养质量的成效。各中小学的教学管理人员在各自的岗位上,分工协作,各司其职,凝聚成一股力量,以学校的教学目标为依托,以各项教学管理的制度准则为基础,维护教学工作的正常运行,促进教学质量的稳步提升,推进人才培养质量再上台阶,促使基础教育事业创新发展,他们是中小学校教学工作保驾护航的中坚力量。但是通过对红寺堡生态移民区的教育管理主体的调查,发现仍然存在许多与教育发展进程不相适应的特征。究其原因在于缺乏完善健全的管理体制,学校过度重视教学的硬性指标,忽视了学生多样化发展,同时也没有使家校合作的模式全方位展开。

(一)移民群体复杂性导致的教育管理失衡

调研访谈结果发现,红寺堡生态移民区基础教育阶段的管理工作呈现出多样化、复杂化、综合化的趋势,教学管理兼有学习管理和行政管理的双重职能。所以目前的教育政策应该根据移民地区的特点,制定有针对性的政策。例如红寺堡生态移民区学校的教师考核制度,很多都是照搬发达地区的制度,缺乏根据自身实际情况进行地方化和民族化的变通,没有把体现本民族特色和地方特色的内容纳入考核标准，存在一定的不合理性。首先对于教师的考核体系，通常是一刀切的模式，很少能根据不同课程、不同年龄层或者学历层进行考核标准的设计，而且缺乏外界评价，使得很多老师牢骚满腹，影响其工作热情。另外红寺堡生态移民区各中小学没有建立起明确的家校合作制度，对于一些特殊家庭，学校也没有提供专业性的指导课程，仅仅重视教学成果，很少开展以家校合作培育为主题的活动或者座谈会，让教育工作者与家长共同参与，没有有效拉近家长与教师、学校之间的距离，忽视家长和学校间的良好互动，使得管理主体不能很好地适应基础教育发展目标的要求，从而导致红寺堡生态移民区家校合作薄弱。

(二) 社会文化"小传统"引发的教育失败

在红寺堡生态移民区移民群体中，存在着很多的"小传统"。移民问题、环境问题、宗教问题、男女教育不平等等问题使得生态移民地区乡村教师职业认同感低、受挫感增强，生存状态不佳。然而现实中却是需要招聘来的老师既能带数学、语文，也能带音乐和美术等，无视老师的专业方向，长此以往使老师的专业荒废。另外在课务繁重的情况下，很多老师不愿意接受培训，也没法接受新鲜事物。由此学校订立了各种管理制度来管理约束老师，这给教师、工作人员带来了挑战。在不断提高工作量、提升责任感的情况下，学校的奖励机制也没有得到充分的健全。引发了老师疲于教学，学生知识掌握不好，不爱学习，管理人员管理效率不佳的恶性循环，使得红寺堡生态移民区的教育不能很好地发挥其作用。

(三) 社会结构的变迁与民族教育的选择

社会结构变迁，民族教育要与文化相适应。红寺堡生态移民区不同民族的交融背后是多个民族独特的多元文化汇聚，相互融合又各具特色，整体呈现出明显的多民族属性。但是，当前很多学校的管理层，对民族优秀传统文化的认识度不足，不能深刻体会本民族传统文化的具体内容和精神内涵，组织的民族传统文化活动流于形式，缺乏传承和发扬传统文化的意识。甚至有些学校认为学习传统文化知识不属于考试内容，忽略对文化传播的设计。强调"升学率"的背后，对文化教育明显缺乏认识，这在一定程度上阻碍了民族地区优秀传统文化在学校教育中的传承与发展。另外，红寺堡生态移民区的孩子，很多还是留守儿童与寄宿儿童。父母平时忙于生计，对孩子的关心爱护缺乏，这导致孩子对知识的理解和认识大多来自书本，缺乏书本知识以外的其他学习收获，导致孩子们的视野严重受限。同时，大多数孩子和老人隔代生活在一起，监护人对他们进行放养式管理，这使得部分孩子出现性格孤僻的问题，或者养成一些不良习惯。

第三章

论证：环境因素与适应性分析

环境适应性差异是主体"自我"与环境因素之间的动态演化过程，主要源于环境中的各个参与主体对环境的熟悉与融入，这与个体的个性特征、行为经验、价值观念和思想立场密切相关，具体内化表现为相关参与主体在环境适应过程中的情感、行为和认知。针对红寺堡生态移民区生态移民群体自身的民族性、移民性和文化多元性等属性特征，其基础教育的核心主体教师、学生、家长和管理者在情感、行为及认知维度上的适应性具有一定的边界，因此可以通过实证分析进一步深入探讨环境适应性差异的复杂性程度及主体适应性的内在机理与演化机制，从而为生态移民区基础教育复杂环境下适应性提升的体系设计与路径选择提供解释和验证。

第一节　红寺堡生态移民区基础教育宏观环境

基础教育的良性发展需要内部主体和外部环境因素之间的有效匹配与协同。通常来讲，政府、学校、家庭和学生等内部主体关注的重点集中在区域教育机构建设、教育资源的优化配置、教学质量与教师队伍建设、家庭教育的氛围与环境、学习的自我动能与效能等微观问题。而宏观环境是影响学校教育生存与发展的重要外部因素，政策法规环境、人口地理环境、社会文化环境、科学技术环境构成红寺堡生态移民区基础教育的主要外部环境，这些力量和因素的存在直接影响着当地基础教育的发展水平和质量。本部分内容将会全面分析影响红寺堡生态移民区基础教育环境发展变化的内外部因素，指出影响当前基础教育生存与发展的有利和不利因素，为正确认识基础教育所处的状况、问题、潜力与引领方向提供理论与实践依据。

一 政策法规环境

生态移民区的教育发展史究其本质就是一部政策支持史。生态移民基础教育扶贫政策是党和政府促进基础教育公平的顶层设计，更是生态移民区教育实践活动的指导和依据。改革开放以来，中国基础教育事业发生了巨大的变化，与此同时生态移民区积极响应国家基础教育改革政策的号召，并取得举世瞩目的成就。基于此，本书根据基础教育扶贫政策的背景、重要内容和教育扶贫政策演进的关键事件等标准，将中国生态移民区基础教育扶贫政策的变迁历程分为初步探索阶段（1978—1999）、稳步推进阶段（2000—2009）及砥砺奋进阶段（2010至今），系统地呈现了中国改革开放40多年来生态移民地区基础教育扶贫政策的演变历程。

（一）初步探索阶段（1978—1999）

20世纪80年代，中国开始探索生态移民工程，同时也开始关注生态移民子女的教育问题。但由于当时经济落后、教育体系不完善等原因，中国基础教育扶贫政策处于初步探索阶段，同时生态移民搬迁工程更是处于萌芽阶段。所以，政府并没有明确提出有关生态移民区的基础教育扶贫政策。而为促进移民区教育发展，生态移民区教育部门主要遵循国家提出的政策，逐步实现生态移民区教育的稳定发展。该时期的主要教育政策如表3—1所示。

表3—1　　　　　初步探索阶段基础教育主要扶贫政策

年份（年）	政策名称	发布部门
1978	《全日制小学暂行工作条例（试行草案）》和《全日制中学暂行工作条例（试行草案）》	中共中央
1980	《关于普及小学教育若干问题的决定》	中共中央国务院
1985	《中共中央关于教育体制改革的决定》	中共中央
1986	《中华人民共和国义务教育法》	全国人民代表大会常务委员会

续表

年份（年）	政策名称	发布部门
1988	《印发（关于社会力量办学的若干暂行规定）的通知》	中华人民共和国国家教育委员会
1993	《中国教育改革和发展纲要》	中共中央国务院
1998	《面向21世纪教育振兴行动计划》	教育部

资料来源：根据相关文献整理。

1. 基础教育逐步迈向普及化

为适应社会主义建设的需要，基础教育的普及成为当时教育面临的首要问题。1978年重新颁布《全日制小学暂行工作条例（试行草案）》和《全日制中学暂行工作条例（试行草案）》，主要针对全日制小学、中学的领导和管理内容进行具体规定。改革开放后，经济快速发展，但由于中国小学教育尚未全面普及，人才培养无法满足和适应经济发展的需要。为了改变这种状况，1980年年底颁布《关于普及小学教育若干问题的决定》要求全面普及小学义务教育。为满足教育的需求，1986年颁布的《中华人民共和国义务教育法》中提出要保障适龄儿童、少年接受义务教育的权利，保证义务教育的实施。这项政策标志着中国政府教育扶贫在相当长的一段时间内是以普及九年制义务教育（简称"普九"）为工作主线。

2. 持续推进基础教育体制改革

教育改革一直是党中央高度关注的问题，邓小平同志提出只有教育体制改革，才能培养出满足社会主义建设需要的人才。在此基础上，1985年颁布的《中共中央关于教育体制改革的决定》确立"提高学校办学自主权、实行校长负责制且基础教育管理权属于地方"的规定。同时为实现党的十四大确定的战略任务和指导九十年代乃至下世纪初教育的改革和发展，中共中央国务院1993年发布《中国教育改革和发展纲要》中明确规定九十年代基础教育管理体制改革的方向和目标，主要是进一步完善分级办学和管理，这标志着中国基础教育管理权责下移。

3. 基础教育参与主体扩大化

国家为鼓励和支持社会力量办学，制定了一系列的政策。国家教委

1988年颁布的《印发（关于社会力量办学的若干暂行规定）的通知》强调社会力量办学属于地方教育事业，主要为本地区经济建设和社会发展服务。而且明确了社会力量办学地归属问题：社会力量举办的面向社会招生的学校或教学管理机构都要在其所属地的教育行政部门按照国家相关规定进行审批，且这些机构和学校都归地方教育行政部门管理。

（二）稳步推进阶段（2000—2009）

进入新时代以来，中国基础教育事业稳步发展，由政府倡导和扶助的生态移民工程进入推进阶段，而进一步推进基础教育扶贫科学化与多元化变得至关重要。教育扶贫从普及义务教育和提高基础教育升学率转向保证教育扶贫效果公平公正。这个时期的主要教育政策梳理如表3—2所示。

表3—2 稳步推进阶段基础教育主要扶贫政策

年份（年）	政策名称	发布部门
2001	《中国农村扶贫开发纲要（2001—2010年）》	国务院
2003	《国务院办公厅转发教育部等部门关于开展经常性助学活动意见的通知》	国务院
2003	《教育部2003年工作要点》	教育部
2004	《2003—2004年教育信息化发展概况》	国务院
2005	《国务院办公厅转发关于财政部教育部关于加快国家扶贫开发工作重点县"两免一补"实施步伐有关意见的通知》	国务院
2006	《易地扶贫搬迁"十一五"规划》	国家发改委
2008	《2008年省教育扶贫（移民）工程实施方案》	海南省教育厅、省财政厅

资料来源：根据相关文献整理。

1. 出台异地搬迁扶贫政策，改善移民子女教育

扶贫计划是建设中国特色社会主义的一项伟大事业，自1994年《国家八七扶贫攻坚计划》以来，生态移民区的贫困现象明显缓解。2001年国务院颁布的《中国农村扶贫开发纲要（2001—2010年）》中提出"对目前居住在生存条件恶劣、自然资源贫乏地区的特困人口要推进自愿移民搬迁计划"。为此，原国家计委《关于易地扶贫搬迁试点工程的实施意

见》中提出将宁夏、云南、贵州和内蒙古四省（区）作为开展易地扶贫搬迁工作的试点项目区。另外，为加快全国贫困地区的脱贫步伐，2006年国家发改委颁发《易地扶贫搬迁"十一五"规划》中提出"易地扶贫搬迁"（生态移民）是为了消除贫困和改善生态的重要扶贫举措。除此之外，2008年海南省在实施"教育移民（扶贫）"工程中安排生态核心区和偏远贫困地区农村子女到城镇就学。

2. 推进教育助学计划，提高学生资助水平

"十五"期间，在国家扶贫政策的支持下，助学活动取得一定成效。但由于生态移民区经济发展滞后，适龄儿童不能入学或难以完成学业情况时有发生。2003年教育部发布《国务院办公厅转发教育部等部门关于开展经常性助学活动意见的通知》中提出国家要加大教育投入，采取设立"国家义务教育助学金"以及在国家扶贫开发工作重点县实行免费为学生提供教科书等措施，帮助他们完成学业。为进一步贯彻落实助学计划，加强农村义务教育事业的发展，2005年国务院颁布《国务院办公厅转发财政部教育部关于加快国家扶贫开发工作重点县"两免一补"实施步伐有关意见的通知》，对国家扶贫开发重点县、处于义务教育阶段的学生全部免费发放教科书，同时落实免杂费和补助寄宿生生活费的责任。

3. 提高基础教育信息化水平

教育信息化是教育发展的重要环节，也是中国教育改革的必然选择。党的十六大以来，为进一步建立和完善现代化教育体系，教育部颁布的《教育部2003年工作要点》大力发展现代远程教育，推进教育信息化，通过在中小学建设"校校通"工程来提高其计算机配备水平，以此来推进农村乡镇学校多媒体教室的建设。国务院颁布《2003—2004年教育信息化发展概况》中指出实施"农村中小学现代远程教育工程"运用信息化的手段和方式，积极引入优质教育资源来缩小东西部教育差距。

（三）砥砺奋进阶段（2010至今）

中国基础管理体系系统改革是从党的十八大开始，同时，基础教育发展迈入奋进阶段，与此同时生态移民工程步入发展期，生态移民的基础教育也在中国教育扶贫政策的支撑下初见规模，发展日趋稳定。在这一时期，主要通过对政府教育管理权责转变和学校现代化管理制度建设促进教学质量和教育公平提升，该时期主要教育政策如表3—3所示。

表3—3 砥砺奋进阶段基础教育主要扶贫政策

年份（年）	政策名称	发布部门
2010	《教育部关于贯彻落实科学发展观进一步推进义务教育均衡发展的意见》	教育部
2010	《教育部2010年工作要点》	教育部
2010	《国家中长期教育改革和发展规划纲要（2010—2020年）》	教育部
2011	《宁夏"十二五"中南部地区教育移民实施方案》	宁夏人民政府
2014	《教育部办公厅、国家发展改革委办公厅、财政部办公厅关于印发全面改善贫困地区义务教育薄弱学校基本办学条件底线要求通知》	教育部联合发改委财政部颁布
2015	《乡村教师支持计划（2015—2020年）》	国务院办公厅
2016	《各地加快推进义务教育均衡发展》	教育部
2016	《教育脱贫攻坚"十三五"规划》	教育部联合六部门
2016	《关于统筹推进县域内城乡义务教育一体化改革发展的若干意见》	国务院
2017	《县域义务教育优质均衡发展督导评估办法》	教育部
2018	《盐池县教育扶贫精准发力》	宁夏教育厅
2018	《吴忠市红寺堡生态移民区"互联网+教育"工作实施方案（2018—2020年）》	吴忠市红寺堡区教育局
2018	《关于全面深化新时代教师队伍建设改革的意见（以下简称）《意见》》	中共中央、国务院
2019	《教育部基础教育司2019年工作要点》	教育部基础教育司

资料来源：根据相关文献整理。

通过上面的政策回顾，我们可以清晰地发现，以红寺堡生态移民区为代表的民族地区基础教育的发展史清晰地折射了党和政府根据贫困局面的变化，制定合理政策，调动社会各方力量，进行教育帮扶。正因如此，近些年，民族地区生态移民群体基础教育事业在理论和实践方面取得重大突破，而且呈现出如下明显的特征。

（1）政策强调教育公平。教育是民族振兴和社会进步的重要基石，随着基础教育扶贫政策的不断推进，中国教育事业取得了长足发展，越来越重视教育的公平性。在此背景下，政府出台了一系列教育扶贫政策。综合来看，在 2002—2010 年政策的主要内容是缩小因地区经济发展不平衡导致的教育资源配置不均衡等问题。为解决这一难题，国家及政府部门积极引入优质教育资源，给予贫困地区学校财政及教育资源的倾斜，从而促进教育事业公平发展。相比之下，在 2010—2018 年，中国基础教育扶贫政策强调重视"保基本，补短板"，除对极度偏远贫困地区有针对性的援助之外，还在前期扶贫基础上加大对教学资源、教师队伍建设的投资，使贫困地区办学条件得到改善、经费保障得到强化、办学水平得到提高，从而进一步巩固教育发展的公平性。

（2）政策内容之间连续性较弱。通过对政策内容的回顾与梳理，发现中国基础教育扶贫在政策层面得到了足够重视，但目前专门针对生态移民基础教育扶贫出台的政策较少，内容篇幅较短，并且新旧政策之间衔接性不紧密，连续性差。如：2010 年《国家中长期教育改革和发展规划纲要（2010—2020 年）》强调"把转变政府职能和简政放权作为重点，形成权责明确、政事分开的教育管理体制"。而在 2012 年《全面推进依法治校实施纲要》中再次提出要尊重和落实学校的办学自主权，转变学校的行政管理方式。由此可见，中国在教育政策制定方面存在重叠和跨度大等问题，并且政策制定很少基于以往政策的内容和其实施进度来制定新的教育扶贫政策，没有很好地保障新旧政策之间的连续性与系统性，不能为生态移民基础教育扶贫事业发展提供明确方向。

（3）基础教育扶贫政策有效落实。美国学者托马斯·B.史密斯在 1973 年发表的《政策执行过程》一文中提出用史密斯模型来描述政策执行过程。[1] 基于此，本书借助史密斯模型从政策本身、执行主体、目标群体和执行环境四方面分析政策执行过程（如图 3—1 所示）。

整体来看，基础教育扶贫政策本身合法、合理，并有明确的政策扶贫范围，针对性较强。红寺堡生态移民区实施教育扶贫移民工程，建设教育扶贫移民学校，把自然条件差、基础设施薄弱且经济水平落后等偏远村庄的义务教育阶段中小学生接入这些学校就读。政策执行人员重视和支持教育扶贫政策，责任分工明确，政策执行机制畅通且执行力度强。加之政策扶贫的目标群体是学校、家长和学生，他们对扶贫政策接受和认可程度

---

[1] Smith, T. B, "The Policy Implementation Process", *Policy Sciences*: 1973, p. 4.

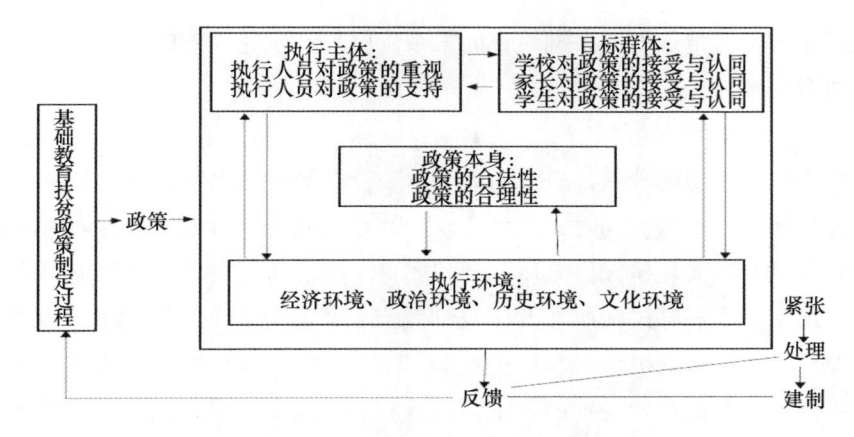

图 3—1 政策执行过程分析模型

高，同时有执行环境作为政策实施的有力保障。

综上所述，本书通过利用史密斯模型分析政策执行过程，整体回顾中国生态移民基础教育扶贫政策，这些政策的制定和相继出台构筑了中国生态移民区基础教育发展的政策环境，也指引着该生态移民区未来基础教育的走向。红寺堡生态移民区作为全国最大的生态移民区，其基础教育的从无到有，从全面落后到现在的逐渐赶上，充分享受到国家基础教育扶贫的政策红利。尽管现行基础教育体系和实际运转过程中还存在很多具体的问题，但这与基础教育发展本身的复杂性、长期性和阶段性特征紧密相关。因此，生态移民区未来的发展仍然需要相关政策的出台和支持，这一点将会在本书的第五章进行专门的论述。

二　人口地理环境

人口因素和地理环境是社会物质生活条件的重要构成因素，也是人类社会存在和发展的基础性因素。其中，地理环境是指人类生存和发展所依赖的各种自然条件的总和，是人类赖以生存的场所，为人类提供生活资料和生产建设的资源。所谓人口因素通常包括人口数量、质量、人口的构成、人口的发展、人口分布和迁移等各种因素的综合范畴，也是社会生活的必要条件之一。地理环境、人口因素在经济社会发展中的作用机理，要求我们在讨论生态移民区这样一个特殊区域特定群体的基础教育问题时，非常有必要关注该区域和群体所处人口地理环境，并在行为改进和策略优化层面重点考量如何使基础教育的未来发展与其所处的人口地理环境尽可能协调一致。

（一）人口环境

人口数量影响着基础教育的需求量和社会的教育供给，制约着教育发展的总体规模结构。同时，人口数量对教育发展的财力来源也有影响，制约财力供给的人均份额。人口数量和教育需求之间存在着高度的正相关关系。红寺堡生态移民区所在的宁夏回族自治区现辖银川、石嘴山、吴忠、固原、中卫5个地级市，9个市辖区、2个县级市、11个县。宁夏是一个多民族聚集的地方，少数民族中回族人口占比最大，同时还有维吾尔族、东乡族、哈萨克族等，宁夏人口增长表现出以下特征。

（1）回族人口增长速度快于汉族。同"全国第五次人口普查"相比，全区汉族人口增加47.88万人，增长13.34%，少数民族人口增加33.61万人，增长17.73%。其中，回族人口增加32.85万人，增长17.64%。

（2）宁夏回族自治区的回族和少数民族人口增长率均高于汉族。整体来看，宁夏自2005年以来，每年的出生人口数基本保持在8.7万—9.5万人之间，出生总量保持平稳。①

（3）人口年龄结构稳步转型，劳动力资源较为丰富。近些年，宁夏流动人口总量不断增加，人口分布重心由南向北转移，城镇人口和非农业人口大幅增加，城镇化步伐加快，具体表现为：北部引黄灌区人口比重上升5.56个百分点，南部山区人口比重下降5.72个百分点，中部干旱带人口比重上升0.16个百分点。截止到2018年年末，全区总人口688.11万人，其中城镇人口405.16万人，占总人数的58.88%，乡村人口282.95万人，占比41.12%，回族人口占比36.55%，16周岁以下人口有152万人，占比22.09%，60岁以上人口有94.55万人，占比13.74%（如表3—4所示）。②

---

① 宁夏统计局：《宁夏回族自治区2019年国民经济和社会发展统计公报》，http://www.tj.nxgov.cn/，2019年4月30日。

② 宁夏统计局：《宁夏统计年鉴—2019》，http:/www.tj.nx.gov.cn/，2019年9月21日。

表 3—4　　　　　　　2018 年年末宁夏全区人口数及其构成

指标		年末数（万人）	比重（%）
年末总人口		688.11	100.00
其中：	城镇	405.16	58.88
	乡村	282.95	41.12
其中：	回族	251.49	36.55
其中：	男性	346.95	50.42
	女性	341.16	49.58
其中：0—15 周岁（含不满 16 周岁）		152.00	22.09
16—59 周岁（含不满 60 周岁）		441.56	64.17
60 周岁及以上		94.55	13.74
其中：65 周岁及以上		62.69	9.11

资料来源：根据《宁夏统计年鉴 2019》整理。

红寺堡生态移民区自 1998 年开发建设以来，人口主要来自宁夏南部泾源、隆德、固原等地，截至 2019 年，红寺堡生态移民区统计口径的常住人口为 20.56 万人，其中男性 10.56 万人，女性 10 万人，城镇人口 7.05 万人，城镇化率 34.30%，乡村人口 13.51 万人，占比 65.70%，出生率 13.65‰，死亡率 5.19‰，人口自然增长率 8.46‰。[①] 同时，人口也是影响社会经济发展的一个最基础变量，近年来，红寺堡生态移民区人口形势发生了很大变化，人口总量缓慢增长，劳动年龄人口数量开始下降，受传统观念的影响，移民家里孩子比较多，适龄儿童人口比例快速提高。移民流动人口家长受教育程度普遍较低，工作岗位变换频繁，自身对再次教育的认识不够，没有对子女长远的教育规划，且对其子女的教育重视度也不高，学校的教育资源供给无法满足现实的需要。为了解决广大移民群众热切期盼优质教育的需要，红寺堡生态移民区教育部门在各个小学附近设了学前班，但是随着红寺堡生态移民区适龄儿童人数越来越多，基础教育事业发展仍然面临着有效供给不足的现实困境。据统计，红寺堡生态移民区目前在校生人数为 4.66 万人，其中包括高中 3877 名，职中 308 名，

[①] 红寺堡统计局：《2019 年红寺堡区主要经济指标完成情况》，http://www.hongsibu.gov.cn/xxgk/zfxxgkml/tjxx/tjsj/202001/t20200122_1930449.html，2020 年 1 月 22 日。

初中1.24万名，小学2.29万名，在园学前幼儿7113名。依据红寺堡生态移民区学前教育现状调研，2018年，红寺堡生态移民区在园学前幼儿7113人，3—5周岁公安户籍人口总数为8872人，入学率为80.17%，仍有近20%的适龄儿童没有及时入学，如图3—2所示。

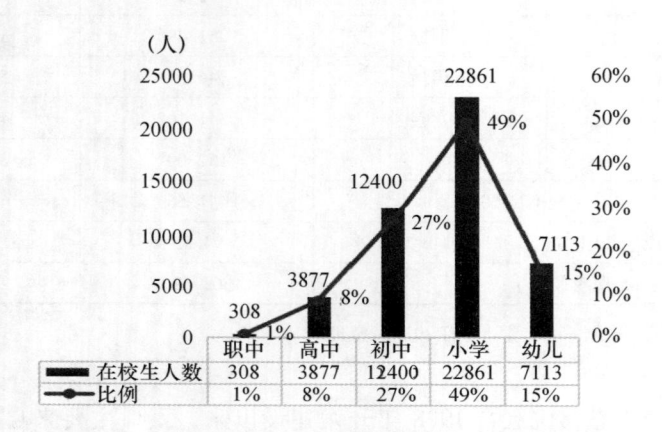

	职中	高中	初中	小学	幼儿
在校生人数	308	3877	12400	22861	7113
比例	1%	8%	27%	49%	15%

图3—2　红寺堡生态移民区不同教育阶段在校生人数

（二）地理环境

自然条件和生态环境的恶劣，往往会使一个地区陷入较落后的发展困境中。特殊的自然、历史等生态环境因素，使得民族地区生态移民群体的基础教育任务较为艰巨、特殊和复杂。对民族地区移民原先所处的生态环境进行分析是理解该民族地区基础教育现状发展的基础和前提。

红寺堡生态移民区是宁夏回族自治区党委、政府贯彻落实国家"八七"和宁夏"双百"扶贫攻坚计划，为从根本上解决宁夏南部山区群众脱贫致富而实施的扶贫扬黄灌溉工程（"1236"工程）的主战场，于1998年开发建设，2009年设立市辖区。行政区域面积2767平方公里，辖2镇3乡1街道65个行政村7个城镇社区。累计开发耕地70余万亩，搬迁安置移民23万人，是全国最大的易地生态移民扬黄扶贫集中安置区，在建成后先后实施了易地扶贫移民、易地生态移民、中南部生态移民等项目，是宁夏贫困地区群众脱贫致富的主阵地。红寺堡生态移民区位于宁夏回族自治区吴忠市，是吴忠市的第二个直辖市，"红寺堡"之名虽始于明代，但历史却源远流长，境内铁庄遗址为新石器文化遗存，距今已有4500多年的历史。红寺堡生态移民区北临吴忠市利通区、青铜峡市和灵武市，南至同心县，东至盐池县，西北与中宁县接壤，是连接宁夏东西南北的地理中心。红寺堡生态移民区境内有盐中高速、福银高速、定武高速3条高速公路和盐兴公路、黄同公路、滚新公路、恩红公路4条县道纵横交错，太中银铁路、滚红高速、福银高速公路和正在建设的银西高铁穿境而过，距银川河东机场、中卫香山机场均不超过150公里。[①] 红寺堡生态移民区扬黄灌溉工程是宁夏扶贫扬黄工程的重要组成部分，规划灌溉区地势平坦、连片，规划范围内常住人口少，安排移民开发极为有利，从宁夏扶贫扬黄工程总体组成的情况来看，红寺堡生态移民区可开发面积最大，安排移民人数最多，相较于移民之前的生存环境，移民后交通便利，信息畅通，尤其是红寺堡生态移民区的学校环境不管是外部还是内部变化巨大，基础设施更加完善。

红寺堡生态移民区土地面积为299.87万亩，自1998年开始大面积移民搬迁以来，水地开发面积逐渐增大，开发区可利用耕地126.28万亩，其中开发灌溉面积36.65万亩，待开发水浇地18.35万亩，占总面积的43.60%；牧业用地63.10万亩，占总面积的50%；其他用地8.18万亩，占总面积的6.40%。所开发的灌溉土地主要分布在开发区各乡（镇）的大小川道，称为川地。川地地势平坦，耕作条件较好。[②] 此外，红寺堡生态移民区自然资源独特，常年干旱少雨，昼夜温差大，年平均气温8.70℃，日温差13.70℃，全年日照时数2900—3550小时，是中国太阳能资源较丰富的地区之一。红寺堡生态移民区的移民原先大多居住在宁夏西海固地区，是回族聚居的少数民族地区，水资源短缺，自然条件和生态环境十分恶劣，最突出的特点是山大沟深、干旱少雨。农民靠天吃饭、靠天饮水已成为该地区生活的常态，当干旱年来袭时，农作物便会受到较大的影响，同时，乱砍滥伐、过度放牧等现象也导致西海固地区水土流失、山体裸露严重。因此，移民区迁出地"先天不足"的区位劣势，制约了民族地区生态移民群体基础教育的发展，自然条件和生态环境的恶劣导致与红寺堡生态移民区现阶段的社会文化环境不适应。据红寺堡生态移民区政

---

① 红寺堡区人民政府：《红寺堡简介》，http：//www.hongsibu.gov.cn/，2020年4月10日。
② 注：资料来源《红寺堡开发区志》。

府相关数据显示，红寺堡生态移民区实有耕地 61.11 万亩，水浇地达 52.04 万亩。加之红寺堡生态移民区优良灌溉土地面积有限，农民通过种植带来的经济收入也十分有限。由此可见，没有充足和肥沃的土地资源，农民收入就得不到保证，没有采取合理的风险规避措施，必然会制约红寺堡生态移民区经济的可持续发展。

三 社会文化环境

社会文化环境通常涉及社会结构、社会风俗和习惯、信仰和价值观念、行为规范、生活方式、文化传统等因素的形成和变动。在特定的社会文化环境中，人们的日常活动必然会受其影响和制约。其中，文化所蕴含的因素通常包含社会阶层、家庭结构、风俗习惯、宗教信仰、价值观念等。

就红寺堡生态移民区而言，文化因素往往折射出这个特定群体中不同成员的情感模式、思维模式和行为模式。任何个体都存在于特定的社会文化环境，其认识事物的方式、行为准则和价值观等都会深受其影响。本书将重点从民族文化、移民文化、校园文化三个层面进行针对性分析。

（一）民族文化分析

从民族方面来看，宁夏是国内回族人口聚集最多的省，红寺堡生态移民区内有回、汉、东乡、保安等 14 个民族，其中回族人口占 62% 以上。① 相关数据详见图 3—3。红寺堡生态移民区人口主要搬迁自周边五省及宁南八县 156 个乡镇 412 个行政村，人口构成复杂。② 据统计年鉴显示，红寺堡生态移民区内有回族 12.77 万人，约占移民区总人口的 62.60%；其他少数民族 245 人。③ 红寺堡开发区大部分汉族群众信奉佛教和道教，部分活动场所佛道相杂。④ 红寺堡生态移民区除回族汉族外，还有满族、土家族、蒙古族、白族、朝鲜族和东乡族 6 个少数民族。

由此可见，红寺堡生态移民区具有典型民族地区生态移民群体的特

---

① ［美］罗吉斯等：《乡村社会变迁》，王晓毅等译，浙江人民出版社 1988 年版。
② 红寺堡区人民政府：《红寺堡区基本概况》，http://www.hongsibu.gov.cn/zjhsb/hsbgk/hsbjj/，2021 年 3 月 29 日。
③ 宁夏统计局：《红寺堡区人口数据》，https://www.hongheiku.com/xianjirank/nxxsq/9475.html，2021 年 5 月 25 日。
④ 注：资料来源《红寺堡开发区志》。

征，其移民多维性具体表现在迁出地的不同以及多民族性。红寺堡生态移民区民族文化呈现显著的多元化特征，吸取融合其他少数民族文化形成特有的民族文化，是典型的多元共生文化。这就引起了当地群众伦理道德、思想意识、价值观念、行为习惯的产生和变化。"自从搬迁到红寺堡生态移民区以来的一段时间内，环境大变迁，起初对当地的政策制度的不了解，人际交往差，不能一下融入迁移区的工作生活中"，X村的一名村民Y说。除此之外，其他民族文化特征鲜明，文化包罗万象。例如在吃的方面，红寺堡区居民的饮食以米面、牛羊肉、炸食以及盖碗茶为主。在语言方面充分体现了移民的特点：移民群体大部分来自西海固，语言以固原方言为主，其中回民的语言通常夹杂着一些经堂语，年轻人多以普通话为主。对于教育制度文化而言：据调查显示由于当地回族对国家制定的民族政策的认知，由此更加注重对文化的学习和发扬，有利于回族特性的维护。从婚姻文化来看，回族人提倡早婚，反对独身，而且倡导回族之间的通婚。虽然时代在进步，但是早婚的观念仍然没有改变。大多数年轻人十七八岁必须结婚，而且重男轻女的思想很严重。最后回族人好经商，而且对经商有独特理念和价值观。

其他少数民族
245人
占0.12%

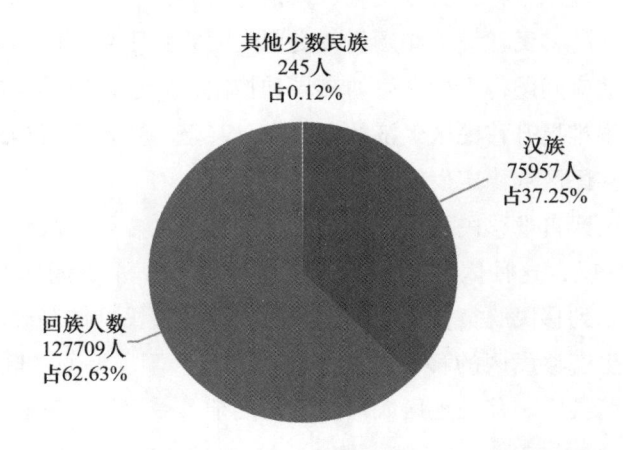

汉族
75957人
占37.25%

回族人数
127709人
占62.63%

图3—3 2019年红寺堡生态移民区主要人口民族比例

（二）移民文化分析

某种意义上来讲，文化往往会反映一个民族对周围自然环境和社会环境的适应方式。易地扶贫搬迁移民,面临的是全新的生活环境,其传统文化必然随着迁移发生变化,对其自身和迁入地都将产生深刻的影响和冲击。① 通常来看,移民文化主要是由物质文化即精神文化和非物质文化即制度、规范、观念等构成。生态移民文化面临着来自各方面的物质文化和精神文化的变迁,任何两种文化相互接触与交流时都有其不同的方式与特点。红寺堡生态移民区的移民文化不是一个文化单体,主要是由伊斯兰文化与中国传统文化相互交织、相互融合形成的复合型文化,正是如此内涵丰富的文化才具有多样的品质,生态移民中的文化呈现出适应与坚守并存、精神文化与主观文化发展相对滞后、文化依"原型"发展、受安置方式影响显著等特点。② 同样,文化也是人类社会生产和生活的产物,也是人类社会得以继续和进步的必要条件。③ 然而,文化的继承和发展必须依靠教育,文化与教育密切相关。红寺堡生态移民区的移民文化是由不同民族的文化组成,影响着红寺堡生态移民区基础教育的变革,特别是基础教育的内容、形式等方面的变革。所以,红寺堡生态移民区民族传统文化深刻的变迁对移民基础教育事业的发展至关重要。由于生态移民地区的移民多表现出民族交互融合的特性,信奉伊斯兰教的回族移民在与汉族移民的文化交融过程中,存在民族文化、风俗习惯方面的不适与调和。这些移民群体在全新的移民环境下必须要改变原先回族集中聚居的格局。如果搬迁移民心理适应问题得不到良好的疏导和控制,则会影响移民的心理健康发展,从而很难提升移民区经济的竞争力,甚至将严重阻碍当地的现代化程度和生态移民区的稳定发展。

生态移民区自发移民的占比较大,自发移民大多处在政策边沿,即所谓的"边缘户",这种因"悬崖效应"导致心理不平衡问题是不容忽视的,不仅关系到移民脱贫,更影响少数民族地区移民群体基础教育的稳定性。红寺堡生态移民区的移民主要来自西吉、彭阳、海原、隆德、泾源、原州、同心等县区。移民地区人口的结构复杂,受政策、家庭经济情况以

---

① 杨甫旺:《易地扶贫搬迁与文化适应——以云南省永仁县易地扶贫搬迁移民为例》,《贵州民族研究》2008年第6期。
② 周霞:《宁夏生态移民中回族文化涵化特点》,《民族艺林》2013年第3期。
③ 王升云:《少数民族移民的文化变迁与教育发展研究》,博士学位论文,中南民族大学,2012年。

及个人素质的影响，存在不同程度上的差异，导致迁移户心理失衡问题。

(三) 校园文化分析

文化作为一种社会历史现象，既是人类社会实践的产物，也是人类社会得以延续和发展的基本途径之一。学校作为文化高地，其第一任务是人才培养，把学生培养成为合格的建设者和可靠的接班人。校园文化建设为人才培养提供精神动力，也是社会主义精神文明建设的重要基地。[①] 校园文化也是学校办学理念和精神风气的重要体现，良好的校园文化能够营造浓厚的教育氛围，激发教师工作热情，促进学生身心发展，提升学校品位。[②] 关于校园文化，Whitt 等认为学校不仅是教育机构，也是社会组织。[③] 沈辉认为校园文化属于社会文化的一种，是以学生为载体，以与主导文化之间的宽松关系为纽带，在思维特征、价值选择与行为趋向等方面保持一定独特性。[④] 校园文化依附于社会文化，承载着学校独特的价值观念、团体意识、行为方式和思维模式，尤其对于红寺堡生态移民区，因其是个多民族，多元文化融合的聚集地，校园文化呈现出多元化的特征，这对红寺堡生态移民区基础教育的发展影响很大。此外，校园文化建设的重要抓手是校园制度文化，是衡量学校管理和发展水平的重要指标，它已成为校园管理、决策者提高管理效能的普遍诉求和师生群体发挥校园文化建设主体作用的前提要求。[⑤] 因此，建设校园文化对推进红寺堡生态移民区基础教育的发展具有重要的意义。

目前，民族地区基础教育学校的校园文化建设要考量其搬迁历史和发展进程，凸显一定的独特性。校园文化建设是所有师生实现个人价值的基础，校园文化的规划和建设是服务于全体师生的，不应该被资本绑架。红寺堡生态移民区的校园制度文化建设缺乏长期完善的发展规划。校园文化建设是一个长期缓慢的过程，需要完善的长期发展规划进行指导，红寺堡生态移民区学校的校园文化建设还游离在学校的中长期发展规划的体系之

---

① 蔡桂珍：《新时期高校校园文化建设研究》，博士学位论文，福建师范大学，2013 年。
② 黄珊：《小学校园文化建设的个案研究》，硕士学位论文，上海师范大学，2020 年。
③ Kuh G. D., Whitt E. J, "The Invisible Tapestry: Culture in American Colleges and Universities", *ASHE-ERIC Higher Education*, Report No. 1, 1988.
④ 沈辉：《校园文化浅析》，《青年研究》1986 年第 12 期。
⑤ 陶新珍等：《校园制度文化建设的认识论思考》，《当代教育科学》2013 年第 1 期。

外,只有初步的建设规划构想,仍未系统化,校园文化的建设未与其他建设协同运作,缺乏体系化指导。当地的某同学在采访中提到:"学校里面的管理是比较混乱的,出现问题的时候往往是这个不管那个推卸责任的,想反映问题都不知道找谁。还有感觉课表太乱了,经常是临时调整课,让人想专心上课都没办法,刚沉浸到上课的氛围里面就被各种各样的事情打断了。"从整体分析,红寺堡生态移民区学校基本可以满足当地学生受教育的基本需求,保障了移民子女接受基础教育,到那时学生校园文化环境对于学生的品格影响巨大,这使我们必须重视发掘校园的文化资源,以发挥环境的育人功能,此外,良好的校园文化环境还是塑造理想人格和素质教育的重要途径。

四 科学技术环境

科学技术环境是对基础教育发展有着极为重要影响的因素之一。科学技术的发展一方面为基础教育理论的发展提供了强有力的支持,另一方面,科学技术在教育领域的广泛深入运用又为现代教育技术的更新和迭代提供了新的工具和方法论的支撑。从某种程度上来讲,教育科学与教育管理从经验走向科学,现代科学技术和信息化技术的发展起了极大的推动作用。在当下的数字化时代,现代教育技术环境的变化对教育领域的组织机构、管理思想、运行方式等都产生了直接的影响,随着技术革命速率的加快,这种影响将越来越突出。我们认为,红寺堡生态移民区基础教育的未来发展必须要高度重视并重新考量信息化、数字化、智能化技术对其优质教育资源的整合高效利用、跨区域合作协同、基础教育管理和运行效率提升等带来的机遇和挑战。

(一)信息化环境

教育信息化提供公平的受教育机会,解决教育资源分配不均,推动教育在更高起点上实现更大发展的重要力量,加快教育信息化建设是红寺堡生态移民区教育事业改革与发展的必然选择。红寺堡生态移民区近年来不断加大教育信息基础建设,通过线路改造,流量扩容,设备升级等技术手段,进一步完善了各级各类学校和教育行政部门的网络基础设施。建成了覆盖区、校二级的教育信息化基础网络体系。截至2020年,红寺堡生态移民区中小学计算机总数达8.3万台,生机比例达到3∶1,所有农村小学也以不同形式接入互联网，红寺堡生态移民区教育信息化基础设施环境得到较大改善，但是在应用方面还缺乏与学校课程的对接。

从总体上看，红寺堡生态移民区教育信息化建设已取得了各方面的进步，但仍面临着一系列突出的问题。信息化基础设施建设仍处于低水平状态，缺乏统筹有效的投入机制，信息化基础设施不能有效满足各级各类教育的发展需求，在投入内容上，重建设轻应用的现象也普遍存在。宁夏南北经济发展不平衡，南部山区技术教育非常薄弱，师资水平不高，所以对教育信息化的效益要求更为迫切，在教育信息化大趋势下，红寺堡生态移民区各中小学先后投入资金进行信息化硬件建设，但学校硬件建设不足，应用职能部门各自为政，形成数据孤岛，数据上难以流通，处于硬件信息化，而管理纸质化，教学传统化的状态。红寺堡生态移民区 Y 校长说："我们红寺堡生态移民区虽然紧跟信息化时代步伐，尽量完善各乡镇学校的信息化体系，但是由于部分老师缺乏信息化能力，没有将购买进来的信息化设施设备真正灵活地运用在课堂上，来提升我们教学课堂质量，有些只是按部就班地进行简单用在课件上。"如何在现有教学硬件的基础上解决学校数据孤岛问题，为学校教学科研管理层面提供多层面，全方位的信息化服务，实现数字数据网络化，管理无纸化的数字校园，是当前红寺堡生态移民区实现教育信息化建设的重点。

（二）数字化环境

在数字化教学方面，红寺堡生态移民区的学校要考虑英语多媒体和网络技术实现高质量教学，促进学生的信息素养以及解决问题的能力和创新能力，但是还没有建立覆盖学校教学、科研、管理、生活等各个区域的宽带高速网络环境，同时没有建设高质量的数字化图书馆、档案馆、博物馆、艺术馆等，而教师计算机操作技能仍有待提高，其中县城教师技能要明显高于乡村教师，特别是乡村教师数字化技术素养和基本要求还有差距。教育局相关工作人员 Y 说："学校的信息技术老师比较短缺，一个信息技术老师带五个班级学生的课程，压力非常之大，对乡村老师的信息化实践应用培训机会提供得比较少，部分老师讲解自己之前学的信息技术等简单操作软件时候会出现专业知识储备不足的情况，农村学校的信息化设施设备基本配备齐全，但是老师们的信息素养差，有些老师不习惯用一些智能化设备，觉得简单的 PPT 等就可以满足学生课本上的需求。"

目前，红寺堡生态移民区相关学校领导在数字化建设工作的教育观念上重视程度不同，随着教育改革发展，大多数红寺堡生态移民区中小学校领导还是比较重视教学手段的现代化，但仍有部分的学校领导只满足于建立机房应对上级部门的检查，而未真正在学校大力开设电脑课程，鼓励教师进行计算机辅助教学，认为会影响正常教学和升学率。X教师说道："各学校没有建立专门管理信息化教学的部门，彼此独立，也比较混乱，没有形成一套体系，出现问题有时候却找不到负责的人员，互相推卸责任，机房使用率较低，大多只是应对上级的检查的时候才会投入使用。"

数字化技术的发展给教育带来了很多机遇和挑战，红寺堡生态移民区的基础教育应该依托数字化资源建设，摆脱传统灌输式学习方式的教育观念，充分考虑学生的需求，健全学校信息化建设管理体系，建立数字化条件下学习的新范式，充分发挥数字化教学资源多方面的媒体功能，采用简单且易操作的教学软件，为学生和教师提供学习工具支持，从而推进红寺堡生态移民区基础教育事业的快速发展。

（三）智能化环境

智能化教育本身是一个非常大的概念，而且概念本身的边界也在不断拓展，从2020年国家自然科学基金"F0701教育信息科学与技术"这一学科领域的申请态势来看，将智能化技术向教育垂直领域进行渗透的意识已然热切，理论与实践探索正在全面铺开，智能教育要想全面得到落地应用。红寺堡生态移民区学校对于智能化教育平台的搭建还在构想中，没有完整的智能化教育规划，所以在校学生的适应能力以及家长认知转变等一系列问题，需要不断积累经验，这是一个持续较长时间的复杂过程，让优质的教育资源能够覆盖到更大的范围，是当前智能教育发展的一个基础。Y校长说道："红寺堡生态移民区智能化建设，我们还有很长的路要走，现在有很大一部分老师的观念还停留在以前的教学中，不能在短时间内适应智能化环境下的教学方式，家长对智能化教育系统的观念落后，而学生在刚接受教育时就是传统的教育，如今需要花费很大的精力让学生接受并适应智能化教育也是不容易。"

依据以上对宏观环境的分析，发现红寺堡生态移民区基础教育经历了摸索期与成长期两个阶段,在这两个阶段中,政府政策对基础教育起到了非常重要的推动作用,这也是中国特色的教育扶贫史和伟大成就。然而,红寺堡生态移民区基础教育将迈向成熟期还面临着诸多问题,可以通过调查分析基础教育主体对环境要素的认知特征,探讨环境适应性的差异及其原因,有针对性地提出改进建议是这章的重要内容。

第二节 红寺堡生态移民区基础教育主体对环境要素的认知分析

已有研究表明,不确定环境下了解外部环境中的事件、趋势和关系是个体的一项关键信息活动。个体观察到环境变化后,会基于经验提出解释并进行验证和修正,最终形成新的认知。[1] 感知环境不确定性某种程度上而言是认知变化的前置因素,进行环境扫描是个体认知、适应环境的重要环节。[2][3] 一般而言,个体在感知到环境的某种不确定性时,往往会产生信息模糊和信息不足的认知,决策自信降低,进而产生知识需求,驱动学习行为和环境扫描行为,继而引致其自然的认知变化和行为改进。根据田野调研和深度访谈,我们发现红寺堡生态移民区基础教育主体(教师、学生、家长、教育管理者)与外部环境变化之间的认知对称和行为调试对其基础教育良性生态系统构建意义重大。由此可见,深入研究环境不确定性与基础教育不同主体的认知变化与行为存在现实的必要性。

一 基础教育主体对环境要素认知的实证分析

基于管理科学的定量分析方法,可以在主体视角下正确把握其对环境

---

[1] Maitlis, S. and Lawrence, T. B, "Triggers and Enablers of Sensegiving in Organizations", *Academy of Management Journal*, Vol. 50, No. 1, 2007, pp. 57 – 84.

[2] Teece, D. J, "Explicating Dynamic Capabilities: The Nature and Microfoundations of (Sustainable) Enterprise Performance", *Strategic Management Journal*, Vol. 28, No. 13, 2007, pp. 1319 – 1350.

[3] Kor, Y. Y. and Mesko, A, "Dynamic Managerial Capabilities: Configuration and Orchestration of Top Executives' Capabilities and the Firm's Dominant Logic", *Strategic Management Journal*, Vol. 34, No. 2, 2013, pp. 233 – 244.

要素的认知特征,但是由于主体在对基础教育环境产生应激反应时,往往存在诸多需要考虑的因素,一一分析并不现实,也不具有可操作性,那么如何从诸多考量的因素提炼出能够准确反映核心主题的内涵,就显得尤为重要。因此,本节从实证分析的角度,对红寺堡生态移民区基础教育主体对环境适应性的认知变量进行赋值,也就是定量化,进行因子分析,概括为从四个维度对主体认知特征进行深入探究,具有一定的科学性、可比性和可操作性。

(一) 实证分析

基于红寺堡生态移民区移民的背景,依据政策环境、民族文化、教育环境、技术变革环境等相关因素,从理论上进行抽象,主要包括移民性、民族性、多元化、差异化、独特性,并且从个体内在因素和外在因素,总结出可以度量的变量,从而进一步实证分析,从当地的现实提升至理论层面,构建针对红寺堡生态移民区教师、学生、家长和管理者的实证模型,如图3—4所示。外在环境可以分为政策环境、民族文化、教育环境和技术环境,并且具有移民性、民族性、多元化、差异化和独特性,从而形成影响基础教育主体对环境适应性的内在因素和外在因素,以下主要将外在因素提炼为13个变量进行考量。

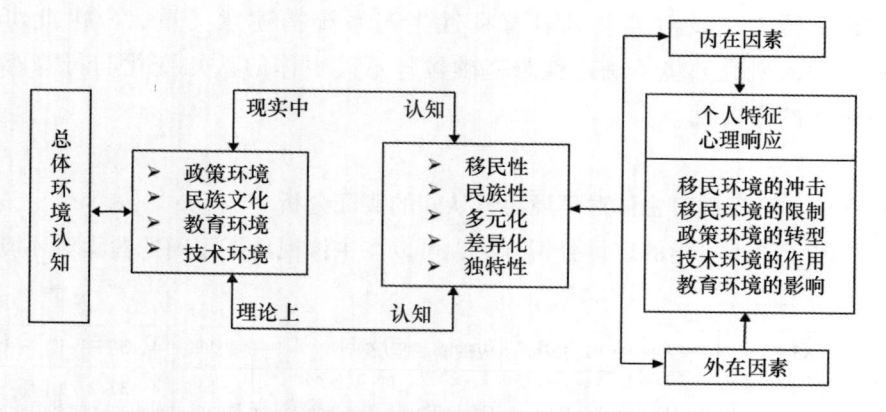

图3—4 红寺堡生态移民区基础教育主体对移民环境认知的实证模型构建

(二) 调研问卷设计与数据分析

1. 变量选取

红寺堡生态移民区立足当地特色产业，走出脱贫的新路子，所以被选择为宁夏的典型案例。① 研究环境适应性实质上是要分析居民对环境的外在要素的认知程度，首先选择可以度量认知程度的变量组成评价集合，针对环境认知的内容及其影响因素，依据复杂性环境系统的理论（CAS），考虑到四个主体与环境外在因素构成了一个复杂的动态系统，他们之间具有紧密关系，系统要素受主体内在要素及其相互关系的影响，"从定性到定量的综合集成"方法，将动态、有序态、随机态和混沌态等多样性行为通过变量赋值进行分析，可以清晰地说明状态、过程与变换之间错综复杂的关系，梳理出研究脉络。

选择13个变量，其中X1为教育理念的先进性，X2为教育观念的相对开放性，X3为教育资源供应的满足程度，X4为教育技能的掌握程度，X5为教育环境的归属感，X6为教育资源需求的满足程度，X7为对移民环境的熟悉程度，X8为对移民环境感兴趣程度，X9为移民环境的归属感，X10为受教育技术培训水平，X11为居住环境的满足感，X12为移民身份的认同感，X13为移民环境的稳定和持续性发展。设定评价等级为[非常认同，认同，一般认同，不认同，非常不认同]，并且赋值为[5，4，3，2，1]，通过问卷调研和深度访谈法对当地教师、学生、家长和管理者的基本情况进行探讨。如表3—5所示。

表3—5　红寺堡生态移民区居民对环境认知分析的变量选取

变量	变量名称	赋值方法
X1	教育理念的先进性	[5 4 3 2 1]
X2	教育观念的相对开放性	[5 4 3 2 1]
X3	教育资源供应的满足程度	[5 4 3 2 1]
X4	教育技能的掌握程度	[5 4 3 2 1]
X5	教育环境的归属感	[5 4 3 2 1]

---

① 谢华平等：《洛南华阳：拓展种桑养蚕产业链　精准扶贫显成效》，《中宣部城乡统筹发展研究中心（2014—2018）城乡发展要情汇编》2020年第5期。

续表

变量	变量名称	赋值方法
X6	教育资源需求的满足程度	[5 4 3 2 1]
X7	对移民环境的熟悉程度	[5 4 3 2 1]
X8	对移民环境感兴趣程度	[5 4 3 2 1]
X9	移民环境的归属感	[5 4 3 2 1]
X10	受教育技术培训水平	[5 4 3 2 1]
X11	居住环境的满足感	[5 4 3 2 1]
X12	移民身份的认同感	[5 4 3 2 1]
X13	移民环境的稳定和持续性发展	[5 4 3 2 1]

以上13个变量信息较多，通过因子分析进行降维处理，通过概括性的因素进行主体对环境的认知特征分析，这样既能够准确把握问题的本质，也更为具体。

2. 人口特性数据说明

在红寺堡生态移民区，共发放问卷260份，回收有效问卷232份，在有效样本中，得出人口统计学特征如表3—6所示。通过直观掌握当地人口特征，能够为探讨提升主体环境适应性的深层原因提供参考依据，同时可以针对不同主体的特征，提供改进策略的理论依据。

表3—6　　　　　　　　样本数据的人口统计学特征

个人基本特征	百分比（%）
性别	100
男性	64.3
女性	35.7
年龄（岁）	100
19—30	45.3
30—45	30.2
45—60	24.5
职业	100
国家机关、组织和部门的职工	21.3
国有企业、私立企业和个体经营的人员	25.5

续表

个人基本特征	百分比（%）
农民	53.2
文化程度	100
大学本科及以上	9.63
大专	25.3
高中及中专	34.2
初中及以下	30.87
居住时间（年）	100
>30	20.6
20—30	18.9
10—20	23.7
<10	36.8

从人口结构结果可知，作为移民区域，红寺堡生态移民区的居民居住时间相对较短，人口学历较低，人员以农民为主，所以对于当地的基础教育环境的接受能力和融合能力较弱，这必然导致基础教育主体对环境要素的认知存在差异性。

3. 研究方法

因子分析是用较少个数公共因子的线性函数与特定因子之和来表达原观察变量的各分量，以达到合宜的解释原变量相关性并降低其维数的多元统计分析方法。由于选择的13个指标中，有些指标之间有一定的相关性，对环境认知体系有相似的影响，并且为了使环境认知体系的预测误差尽量小，以上述环境认知体系的影响因素指标为基础，首先，运用主成分分析法，得到其他影响因素与环境认知体系的相关关系；其次，分析提取其他13个指标的主成分；最后，将主成分作为输入变量，分析其结果。具体的步骤如下：

（1）样本观测数据的标准化

假设有 p 个变量、n 个样品，则矩阵 $X = [x_{ij}]_{p \times n}$ 为样本矩阵。为了消除各原始变量量纲不同影响，笔者在实证研究中对数据归一化处理的方法为 $x'_{ij} = \dfrac{x_{ij} - \min x_j}{\max x_j - \min x_j}$，其中 $i = 1, 2, \cdots, p$；$j = 1, 2, \cdots, n$。

(2) 建立因子分析模型

环境认知体系的因子分析模型如下：（设降维为 m 个主因子）

$$X_1 = a_{11}f_1 + a_{12}f_2 + \cdots + a_{1m}f_m + k_1h_1$$

$$X_2 = a_{21}f_1 + a_{22}f_2 + \cdots + a_{2m}f_m + k_2h_2$$

$$\vdots$$

$$X_p = a_{p1}f_1 + a_{p2}f_2 + \cdots + a_{pm}f_m + k_ph_p$$

简记为 $X = AF + KH$，其中，X_1，X_2，$\cdots$，X_n 为各原始变量；A 为因子载荷矩阵，表示各变量在各个公共因子上的负荷；F 为公共因子；KH 为特殊因子，包含各变量不能被公共因子载荷的部分及随机误差。

(3) 计算得到相关系数矩阵、KMO 检验以及非零特征值，各因子的方差贡献率和累计贡献率。由因子分析模型分析结果对公因子命名，并将公因子表示为样品的线性组合，得出主成分得分系数矩阵，即

$$f_j = b_{j1}X_1 + b_{j2}X_2 + \cdots + b_{jp}X_p \text{ 其中 } (j = 1, 2, \cdots, m)$$

4. 结果分析

(1) 问卷数据的效度和信度检验

在有效样本中，收集有效问卷，通过问卷效度来考量统计分析结果与问卷设计预期目的的真实性，通过 SPSS 分析变量及影响因素的效度检验结果，计算特征值和贡献率，KMO 检验值为 0.810 > 0.7，说明指标数据适合做因子分析，如表 3—7 所示。

表 3—7　　　　　　　　　KMO 和 Bartlett 的检验

	取样足够度的 Kaiser-Meyer-Olkin 度量	0.810
Bartlett 的球形度检验	近似卡方	459.489
	df	78
	Sig.	0.000

(2) 基础教育主体对环境认知在 4 个维度上的贡献率

第一至第四主因子旋转方差载荷分别是 40.311%、18.979%、13.523% 和 9.038%（表 3—8），以及累计方差载荷为 81.852%，所以可以用四个维度的主成分对认知程度进行分析判断。那么，可以通过概括的四个因子的内涵分析主体认知特征。

表 3—8 解释的总方差

成分	初始特征值			提取平方和载入			旋转平方和载入		
	合计	方差的(%)	累积(%)	合计	方差的(%)	累积(%)	合计	方差的(%)	累积(%)
1	5.330	40.996	40.996	5.330	40.996	40.996	5.240	40.311	40.311
2	2.510	19.306	60.303	2.510	19.306	60.303	2.467	18.979	59.290
3	1.685	12.958	73.261	1.685	12.958	73.261	1.758	13.523	72.813
4	1.117	8.591	81.852	1.117	8.591	81.852	1.175	9.038	81.852
5	0.949	7.299	89.151						
6	0.528	4.060	93.211						
7	0.438	3.373	96.584						
8	0.207	1.589	98.173						
9	0.132	1.013	99.186						
10	0.051	0.393	99.579						
11	0.029	0.225	99.805						
12	0.021	0.165	99.970						
13	0.004	0.030	100.000						

(3) 因子得分函数

通过计算结果把所有的观测变量定为四个公因子, 共包含了原始变量81.852%的信息量, 能够代表原有观测变量进行进一步的因子分析。在进行方差最大正交旋转后, 得出旋转后的因子载荷矩阵, 如表 3—9 所示。通过因子分析, 得到表 3—9 中因子得分函数, 由系数的大小可知各因子与变量之间相关程度, 系数越大, 相关性越小, 反之亦然。

$F1 = 0.036X1 - 0.056X2 - 0.009X3 - 0.046X4 + 0.021X5 + 0.032X6 + 0.175X7 + 0.190X8 + 0.182X9 - 0.006X10 + 0.189X11 + 0.176X12 + 0.153X13$

$F2 = 0.234X1 + 0.376X2 + 0.065X3 + 0.260X4 + 0.363X5 - 0.101X6 - 0.015X7 + 0.015X8 - 0.065X9 + 0.030X10 + 0.048X11 + 0.018X12 + 0.030X13$

$F3 = 0.328X1 + 0.019X2 - 0.162X3 - 0.351X4 - 0.067X5 + 0.069X6 - 0.086X7 + 0.045X8 - 0.016X9 + 0.523X10 + 0.048X11 + 0.154X12 - 0.073X13$

$F4 = 0.129X1 - 0.076X2 + 0.684X3 - 0.236X4 - 0.005X5 + 0.550X6 - 0.002X7 + 0.008X8 + 0.043X9 - 00153X10 + 0.029X11\_0.023X12 - 0.011X13$

表 3—9　　　　　　　　　成分得分系数矩阵

	成分			
	1	2	3	4
X1	0.036	0.234	0.328	0.129
X2	-0.056	0.376	0.019	-0.076
X3	-0.009	0.065	-0.162	0.684
X4	-0.046	0.260	-0.351	-0.236
X5	0.021	0.363	-0.067	-0.005
X6	0.032	-0.101	0.069	0.550
X7	0.175	-0.015	-0.086	-0.002
X8	0.190	0.015	0.045	0.008
X9	0.182	-0.065	-0.016	0.043
X10	-0.006	0.030	0.523	-0.153
X11	0.189	-0.049	0.048	0.029
X12	0.176	0.018	0.154	-0.032
X13	0.153	0.030	-0.073	-0.011

（4）四个维度的内涵

由因子得分函数可知 F1 与 X7、X8、X9、X11、X12 和 X13 有较强的相关性，这 6 个变量主要是与移民内在的心理特质有关，所以概括为移民心理认知；F2 与 X1、X2 和 X5 有较强的相关性，这 3 个变量主要与移民对教育的认知有关，所以概括为教育理念；F3 与 X4 和 X10 有较强的相关性，这 3 个变量主要与移民接受教育有关，可以概括为受教育程度；F4 与 X3 和 X6 有较强的相关性，这 2 个变量主要与地区提供教育的程度有关，所以概括为教育供给质量。

在文化生态理论与复杂适应系统理论的视角下，深入挖掘这四个维度的认知特征，必然能够充分反映红寺堡地区基础教育主体对于环境适应性的差异特征，在提出逻辑结构与路径选择中做到有的放矢。

二　基础教育主体对环境要素的认知特征

考虑到影响基础教育主体对环境因素认知特征的外在因素相对较多，逐一分析较为分散。所以，本书尝试通过因子得分法，从前面得出的四个维度对红寺堡生态移民区居民对环境要素的认知特征进行深入分析,并对其中最主要的特征表现形式做如下分析。

（一）移民群体的身份尴尬与心理失衡

身份认同和心理归属是移民完全融入迁入地社会的重要标志。从身份认同来看,集中居住区移民的身份认同是作为新移民在迁入集中安置区后,对于其获得的新身份的判断和确认。身份认同系统的顺利转换有利于新移民更好地融入新居住地。然而有学者韩晓燕等指出流动人口普遍面临"身份认同危机"。① 相关研究发现,搬迁集中居住并未给新移民带来身份的自动转换,集中居住区移民的身份认同会出现一定程度的偏差,如在补偿制度、社会记忆、乡土惯习、居住条件等方面会对新移民身份认同的偏差认知。从心理属性来看,美国经济学家提出"贫困代际传递",认为在贫困阶层,父母将贫困通过亲属关系传递给子女,从而形成了长期贫困。但是,在代际传递的过程中,不仅传递的是贫困本质所带来的东西,而且也会将精神层面的东西传递下去,尤其面对人们生存环境的大转变,内心波动很大,甚至出现心理失衡。红寺堡生态移民区的移民性群体特性主要表现为:

1. 多民族融合地区特性阻碍移民的身份认同

由于搬迁地与原籍地文化、经济水平等的不同,使得搬迁移民在教育需求、接受教育水平等方面存在较大差异。学者 Alasdair 曾提及"我自己的生活史总是被纳入我从中获得自我认同的那个集体的历史之中。我最根本的就是我所继承的那些东西即一种特定的过去,它在一定范围内存在于我的历史之中。我把自己视为历史的一部分,从一般的意义上说,这就意味着我是一种传统的一个载体,不管我是否喜欢这种传统,也不管我是否认识到了这个事实"。② 随着红寺堡生态移民区的人口不断迁入,多民族文化的不断融合,为适应不同民族的生活特性等,在整个过程中因为现在的生活方式与他们之前的生活方式截然不同而产生各种矛盾,从而在多民族融合上阻碍了他们的身份认同。

---

① 韩晓燕等:《制度、文化与日常确证——外来移民及其子女的情景性身份认同》,《清华大学学报》(哲学社会科学版) 2016 年第 6 期。

② Alasdair C and MacIntyre A., *After Virtue*: *A Study in Moral Theory* (Third Edition), Indiana: University of Notre Dame Press, 2007, p.221.

2. 多方因素导致移民的心理失衡

从政策情况来看，因搬迁户户籍不在红寺堡生态移民区内，一些特殊的惠民政策、教育扶贫政策无法得到享受，与搬迁前承诺的标准出现偏差，直接导致移民抵触心理。而回族的政策优惠条件比汉族更多，如在升学阶段，回族学生均会有不同程度上的加分优惠，导致移民群体之间心理落差大，使自发移民脱贫问题成为难点，自发移民教育发展问题严重。

从家庭经济情况来看，若搬迁地的居住环境与原居住环境差距较大，例如人均面积、用水、用电、取暖，还有种植土地等方面，则会增加移民搬迁后的生活压力。此外，针对以务工为主的搬迁移民，受搬迁地经济发展落后的影响，就业机会很少，青壮年从内心的选择上，一般愿意在较为发达的地区打工谋生。

从个人素质来看，移民产生心理失衡的关键因素包括自身文化水平、掌握的技术能力、身体健康情况、承受压力的能力等，这些因素均影响移民适应环境的能力。适应环境能力强的移民，搬迁后跟随政策的帮扶，依靠自身的能力，勤劳致富。而对于自身素质差的移民，快速适应新环境的能力比较难，则会产生"等、靠、要"的想法，适应性能力的强弱会让移民内心产生不同的波动。

（二）民族性主体教育意识落后带来的观念偏差

红寺堡生态移民区主体受到搬迁之前地域的限制，对基础教育的认识还停留于以往的阶段，对学校的作用认识不清，所以整体观念差异较大。体现在以下两点：

1. 功利化的思想严重

一方面，红寺堡生态移民区家长急于求成，迫切想在孩子身上看到教育的成果，但是教育培养往往不可一蹴而就。家长的这种功利的思想导致了许多孩子不能接受完整的教育。另一方面，红寺堡生态移民区学校在"培养什么样的人，怎样培养人"这个根本问题上，没有正确的教绩观，重物质建设和形式主义，上级领导、家长、社会大众，甚至是学校管理者对于校园文化建设的态度浮躁，急于在短期内看到明显效果。而文化渗透是一个缓慢的，需要积淀的过程，不是一蹴而就的，这也受当前社会中急功近利思想的主导。

2. 文化观念体系落后，居民劳动力素质低

埃弗里特·M. 罗吉斯和拉伯尔·J. 博德格在其著作《乡村社会变迁》中基于文化观念发现中层阶级的父母较下层阶级的父母更重视学校教育，他们孩子的接受能力也比出生于下层阶级的孩子高。[①] 习近平总书记《在东西部扶贫协作座谈会上的讲话》中强调："扶贫必扶智，治贫先治愚。贫穷并不可怕，怕的是智力不足、头脑空空，怕的是知识匮乏、精神委顿。脱贫致富不仅要注意富口袋，更要注意富脑袋。"落后的思维跟不上时代的发展，文化观念得不到更新，面对机会与机遇，不能及时把握，就会使得贫富差距变得更大，从而影响下一代发展，形成恶性循环。正如舒尔茨所讲："受过教育的劳动力比没有受过教育的劳动力更容易获得恰当的经济信息"，更能意识到教育对于个人发展的重要性。

（三）基础教育主体受教育程度低

红寺堡生态移民群体劳动者受教育程度不高，生产能力低下，吸收和交流知识的能力欠缺，接受新知识、学习新技能存在时滞，多数居民缺乏专业技能，综合素质不高，不能科学合理地进行生产，只能从事机械性的重复体力劳动，从事中高端工作的人少之又少，社会结构难以得到完善，这不仅影响着个人和家庭的收入情况，也直接影响红寺堡生态移民区的社会发展。搬迁过来的Y这样说道："我这一把年纪不识字，脑瓜子也没有年轻人灵光，以前有把子力气就能养家糊口、发家致富，现在活也越来越不好找了，老板们看着我这老胳膊老腿的，要也给不了两个钱，争不过年轻人咯。"相反，那些接受过良好教育的高素质劳动者，则能凭借所学的知识来获取更多的信息，在持续的工作中提升自己的能力，使自身及家庭摆脱经济上的贫困和贫困代际遗传。现阶段，教育贫困导致民族地区生态移民群体人口劳动力素质偏低的现状，俨然成为限制民族地区社会经济可持续发展的重要制约因素之一。

（四）教育供给质量低

红寺堡生态移民区作为典型的少数民族生态移民区，在建立初期，生活水平的提高、公共事业的发展以及与其他地区之间差距等的出现，都制

---

① [美] 埃弗里特·M. 罗吉斯等：《乡村社会变迁》，王晓毅等译，浙江人民出版社1988年版。

约着红寺堡生态移民区域资源、社会、经济、人口的可持续发展，尤其在物质文化方面，与其他地区的整个社会经济发展相比有一定的差距。红寺堡生态移民区学校虽然在师资条件、设施设备等方面不及城市学校，但作为民族地区的移民区学校，自身拥有独特的文化资源优势，包括地域文化、民族文化、区域地理等，这些都是开发优质校园文化的源泉，如果能善加利用，将发挥出巨大的教育潜力。而红寺堡生态移民区学校常常忽略自身特有的这些资源禀赋，缺乏全面考察和科学论证，未能因地制宜和因校制宜，不善于挖掘和利用有利于学校发展的各种资源，未能从自身的资源禀赋优势规划校园文化建设的特定示范效应，而是盲目模仿发达地区、城市学校以及重点学校；另一种现象是学校急于凸显本校所谓的"特色"，但多数规划、成果等都随着学校人事变动而不断变化，没有校园文化传承的脉络与价值。

第三节　红寺堡生态移民区基础教育环境适应性差异的实证分析

基础教育环境的一个典型特征通常表现为稳定性与变化性共存，当外在因素发生变化时，必然会引起教育主体内在特质的改变。本节将从情感、行为和认知三个维度出发，通过深入访谈和调查问卷进行定量化，借用"环境距离"的概念，分析情感、行为与认知的定向积累，使实践教育扶贫政策内化于心，有效地达成情感、认知与行为的内在统一，提出新的思考。以求更为科学地探讨区域教育扶贫前后教师、学生、家长和管理者对基础教育环境变化所带来的改变程度，以及影响基础教育环境适应性因素的直接效应与间接效应，从而为深入探讨其辩证关系，提出适应性发展的逻辑建构与路径选择。

一　红寺堡生态移民区基础教育环境适应性差异实证模型

扶贫教育政策在当地的有效实施，不仅需要激活责任培育的情感机制，而且需要实现情感与行为之间的耦合，建立起行为与认知之间的有机联接，从而达成情感、认知与行为的统一，为提高情、知、行相统一的实践育人模式的实效性提供理论依据。

（一）方法与模型

在此基础之上，立足于红寺堡生态移民区四个主体视角下，对扶贫政策与移民政策实施前后的当地环境适应性及动力机制进行研究及检验。首先，构建实证方法与模型，包括提出假设、调研设计、模型构建、数据分析、结果说明。其次，数据分析过程包括四个方面：提出假设检验、问卷数据的信度与效度检验、结构方程模型检验及相关性分析。最后，分析当地四个主体的环境适应性差异的直接效应与间接效应，为下文的改进路径选择提供研究结论与依据。

1. 提出假设

实际上，环境认知是环境适应性的条件，环境适应性首先由动机因素引起，进而产生适应性模式，并且逐渐调节的动态过程。那么，如何在整个过程，达到基础教育环境因素之间以及外在因素与内在因素之间的适应性是本小节要分析探讨的主要问题。

基于当地的环境背景，环境特征与认知响应共同组成动态影响因素，所以环境适应性差异是内在因素和外在因素共同作用的结果，那么本节选择从四个主体的情感、行为和认知三个方面进行探讨。之所以依据情感、行为和认知三个维度，心理学家所说："认知是情感的源泉，以情感为导向；情感是行为活动的源泉，以行为活动为导向；情感最初是从认知中逐渐分离出来的，它又反过来促进认知的发展，行为活动最初是从情感中逐渐分离出来的，它又反过来促进情感的发展；认知、情感与行为活动相互渗透、相互作用、互为前提、共同发展。"因此，可以将情感距离、行为距离和认知距离作为指标测量移民前后基础教育环境变化适应性差异的深层次原因。提出以下研究假设：

假设1：红寺堡生态移民区教师、家长、学生和管理者对环境适应性在情感、行为和认知三个维度上存在差异，同时环境适应性策略具有不同的特征；

假设2：红寺堡生态移民区外在环境因素直接或者间接影响教师、家长、学生和管理者对教育扶贫后基础教育环境的适应性差异；

假设3：红寺堡生态移民区教师、家长、学生和管理者认知响应的内在因素直接或者间接影响教育扶贫后基础教育环境的适应性差异；

假设4：外在因素之间、内在因素之间，以及内外在因素相互之间存在间接效应直接或者间接影响教师、家长、学生和管理者对教育扶贫后基础教育环境的适应性差异。

2. 调研设计

针对基础教育主体对环境适应性的分析，进行教育扶贫前后的比较是十分必要的。首先对红寺堡生态移民区四个主体进行调查。采用问卷调查和深度访谈相结合的方法获取数据和相关资料，分别从教师、学生、家长和管理者主体的情感、行为和认知三个方面对教育扶贫前后环境适应性差异及其影响因素进行分析。调查问卷包括三个部分：一是个人基本情况，包括性别、年龄、文化程度、职业和在红寺堡生态移民区居住时间共5个问题（如表3—7所示），已做分析；二是环境适应性差异关于教育扶贫前的10个问题和教育扶贫后的10个问题；三是影响环境适应性的因素共11个变量。针对变量进行定量处理，进行赋值，建立变量量表如表3—10、表3—11所示，其中"1"表示主体完全认同教育扶贫前（后）的基础教育体系，"5"表示主体完全不认同教育扶贫前（后）的基础教育体系，倾向于教育扶贫前的基础教育体系，其他赋值为中间状态。

表3—10　　红寺堡生态移民区基础教育主体对教育扶贫前环境适应性的变量选取

维度	变量描述	赋值
情感	教育扶贫前基础教育环境冲击带来的认知压力程度	[5 4 3 2 1]
	对教育扶贫前基础教育环境的眷恋	[5 4 3 2 1]
	对教育扶贫前基础教育环境的厌恶程度	[5 4 3 2 1]
行为	对教育扶贫前基础教育方式的依赖	[5 4 3 2 1]
	选择教育扶贫前基础教育手段的程度	[5 4 3 2 1]
	日常参与教育扶贫前基础教育的频率和程度	[5 4 3 2 1]
	社会交流中采用教育扶贫前基础教育的频率和程度	[5 4 3 2 1]
	教育扶贫前基础教育对行为的影响程度	[5 4 3 2 1]
认知	对教育扶贫前基础教育的认可程度	[5 4 3 2 1]
	对教育扶贫前基础教育的熟悉程度	[5 4 3 2 1]

表3—11　　　红寺堡生态移民区基础教育主体对教育扶贫后
环境适应性的变量选取

维度	变量描述	赋值
情感	教育扶贫后基础教育环境的开放程度	[5　4　3　2　1]
	对教育扶贫后基础教育环境的喜欢程度	[5　4　3　2　1]
	对教育扶贫后基础教育环境的遵从度	[5　4　3　2　1]
行为	对教育扶贫后基础教育方式的依赖	[5　4　3　2　1]
	选择教育扶贫后基础教育手段对程度	[5　4　3　2　1]
	日常参与教育扶贫后基础教育的频率和程度	[5　4　3　2　1]
	社会交流中采用教育扶贫后基础教育的频率和程度	[5　4　3　2　1]
	教育扶贫后基础教育对行为的影响程度	[5　4　3　2　1]
认知	对教育扶贫后基础教育的认可程度	[5　4　3　2　1]
	对教育扶贫后基础教育的熟悉程度	[5　4　3　2　1]

这两个量表直观地反映出红寺堡地区基础教育主体的环境适应性差异受到内在和外在因素的共同作用，包括认知响应、制度变迁、技术环境和基础教育环境的冲击，从情感、行为和认知三个维度，所建立的变量能够体现影响主体环境适应性的内在因素与外在因素（如表3—12所示），分析得出产生直接效应与间接效应的因素。

表3—12　　　影响基础教育主体环境适应性差异
（情感、行为和认知）的因素选取

维度	符号	变量描述	赋值
情感响应	X1	主体对基础教育环境在情感上的接纳程度	[5　4　3　2　1]
行为响应	X2	主体对基础教育环境在行为上的行动力	[5　4　3　2　1]
认知响应	X3	主体对基础教育环境的认知程度	[5　4　3　2　1]
社会文化环境	Y1	民族文化对主体的影响程度	[5　4　3　2　1]
	Y2	移民文化对主体的影响程度	[5　4　3　2　1]
	Y3	校园文化对主体的影响程度	[5　4　3　2　1]

续表

维度	符号	变量描述	赋值
政策制度影响	Y4	国家扶贫政策的影响程度	[5 4 3 2 1]
	Y5	教育扶贫政策的影响程度	[5 4 3 2 1]
	Y6	地方政府的作用程度	[5 4 3 2 1]
技术环境影响	Y7	信息化的影响程度	[5 4 3 2 1]
	Y8	数字化的影响程度	[5 4 3 2 1]
	Y9	智能化的影响程度	[5 4 3 2 1]
人口自然环境影响	Y10	人口环境对主体的影响程度	[5 4 3 2 1]
	Y11	自然环境对主体的影响程度	[5 4 3 2 1]

3. 模型构建

为了验证 4 个假设检验，首先对教育扶贫前后对环境适应性运用变异系数赋权法进行权重赋值，其次计算教育扶贫前后基础教育环境要素之间的距离，最后运用结构方程模型分析影响环境适应性差异的因素，以验证研究假设。

首先，设 X_{ij} 为第 i 环境适应性指标对应的第 j 调研对象的值，从而建立变量矩阵为 $A = [X_{ij}]_{m*n}$，则环境适应性问题的变异系数为 $\omega_i = \dfrac{\sqrt{\dfrac{1}{n}\sum_{j=1}^{n}(x_i - \bar{x}_i)^2}}{\bar{x}_i}$，其中 $\bar{x}_i$ 是被调查者关于环境适应性指标的均值，设 $W_i = \dfrac{\omega_i}{\sum_{i=1}^{m}\omega_i}$ 为变量的权重。

其次，计算情感、行为和认知维度相对于环境适应性的得分，由 $\varphi_{ij} = W_i x_{ij}$ 表示。

最后，构建环境距离模型。根据教师、学生、家长及管理者在情感、行为和认知上关于教育扶贫前后对环境认知得分的差值，进一步计算环境距离，并将其应用于环境适应性差异的研究，具有理论和实证研究的价值性和可行性。计算公式如下：

$$D = \frac{D_1 + D_2 + D_3}{3}$$

$$D_i = \frac{(S_i - S_j)^2}{V_i}, \text{ 其中 } i = 1, 2, 3$$

其中，D 表示环境适应性差异的"环境得分"，S_i 表示主体在实施基础教育政策前在情感、行为和认知维度的环境适应性得分；S_j 表示主体在实施基础教育政策后在情感、行为和认知维度的环境适应性得分；V_i 表示环境适应性得分在情感、行为和认知维度的方差。环境适应性差异的距离取均值，情感、行为和认知在环境距离则取其各自得分的差值与其方差的比值。

最后，根据影响因素变量之间的 Pearson 相关系数，选择在1%和5%水平下具有显著性的变量，分析具有显著性变量的多元线性回归分析，构建影响因素和因变量的结构方程，分析影响红寺堡生态移民区基础教育环境适应性差异的直接效应和间接效应。

（二）结果分析

1. 问卷信度检验

检验问卷数据是否具有可靠性和一致性，可以用信度数据进行说明。由表3—13所示，环境扶贫前后的指标检验、情感变量、行为变量和认知变量检验均大于0.6，影响环境因素指标的检验小于0.1，证明所选择的用以分析环境适应性差异及影响因素的指标符合信度要求，可进行下一步的相关研究。

表3—13　环境适应性差异对应变量及影响因素变量的信度分析

红寺堡生态移民区环境适应性的信度分析		Cronbach's Alpha	Standardized Cronbach's Alpha
教育扶贫前的环境	指标检验	0.771	0.811
	情感检验	0.656	0.715
	行为检验	0.618	0.662
	认知检验	0.673	0.733
教育扶贫后的环境	指标检验	0.721	0.723
	情感检验	0.621	0.701
	行为检验	0.714	0.768
	认知检验	0.702	0.651

续表

红寺堡生态移民区环境适应性的信度分析	Cronbach's Alpha	Standardized Cronbach's Alpha
总体指标	0.819	0.788
影响环境因素指标的检验	0.014	0.027

2. 问卷效度分析

通过问卷效度的分析是考量统计分析结果与问卷设计预期目标的真实性，如表3—14所示，效度指标均大于0.4，说明数据质量较好，可以进行下一步的研究。

表3—14　环境适应性差异对应变量及影响因素变量的效度分析

红寺堡生态移民区环境适应性效度分析		KMO measure of sampling adequacy	Standardized Cronbach's Alpha		
			Bartlett's test of Sphericity	df	Sig.
教育扶贫前的环境	总体检验	0.733	673.983	67	0.000
	情感检验	0.600	34.893	45	0.000
	行为检验	0.613	376.937	133	0.000
	认知检验	0.479	16.000	10	0.000
教育扶贫后的环境	总体检验	0.688	376.89	32	0.000
	情感检验	0.602	35.87	56	0.000
	行为检验	0.571	25.89	22	0.000
	认知检验	0.561	34.98	3	0.000
总体指标		0.491	675.77	324	0.000
影响环境因素指标的检验		0.510	85.801	44	0.000

3. 结构方程模型构建与检验

计算环境适应性影响因素的变量因子载荷值和Pearson相关系数矩阵，根据表3—15所示，所选择的变量因子载荷均大于0.5，所以选择变量构建4个结构方程模型。

表 3—15　　　　　环境适应性差异的影响因素的相关系数

变量	Y1	Y2	Y3	Y4	Y5	Y6	Y7	Y8	Y9	Y10	Y11
X1	0.563	0.452	0.223	0.123	0.110	0.230	0.012	0.028	0.093	0.523	0.429
X2	0.455	0.256	0.353	0.200	0.631	0.511	0.271	0.263	0.259	0.485	0.366
X3	0.694	0.367	0.520	0.562	0.532	0.455	0.023	0.241	0.051	0.781	0.458
变量	Y1	Y2	Y3	Y4	Y5	Y6	Y7	Y8	Y9	Y10	Y11
Y1	1										
Y2	0.563	1									
Y3	0.780	0.056	1								
Y4	0.363	0.026**	−0.238	1							
Y5	0.230	0.219	0.356	−0.389**	1						
Y6	0.657	0.211	0.367	0.283	0.089	1					
Y7	0.420	−0.410	0.070	0.183	0.007	0.477	1				
Y8	−0.031	0.075	0.167	0.333	0.378	−0.453	0.002	1			
Y9	−0.133	0.281	−0.031*	0.560	0.298**	−0.378	0.181	0.440	1		
Y10	0.693	0.019	−0.367	0.331	0.300	0.550	0.066	0.378	0.374	1	
Y11	0.571	0.450	0.279	0.392	0.356	0.423	0.289	0.094*	0.189	0.233	1
环境距离	0.506*	0.298	0.093	0.330*	0.008	0.522**	0.309	0.493	0.499*	−0.256*	0.235

注："*"和"**"分别表示在5%和1%置信度水平上显著。

构建结构方程模型如下：

模型1：主体对基础教育环境的接纳程度（X1）、主体对基础教育环境在行为上的行动力（X2）、主体对基础教育环境的认知程度（X3）、人口环境对主体的影响程度（Y10）、自然环境对主体的影响程度（Y11）为自变量，环境适应性的距离为因变量构成。

模型2：主体对基础教育环境的接纳程度（X1）、民族文化对主体的影响程度（Y1）、移民文化对主体的影响程度（Y2）、校园文化对主体的影响程度（Y3）为自变量，环境适应性的距离为因变量构成。

模型3：主体对基础教育环境的接纳程度（X1）、国家扶贫政策的影响程度（Y4）、教育扶贫政策的影响程度（Y5）、地方政府的作用程度（Y6）为自变量，环境适应性的距离为因变量构成。

模型4：主体对基础教育环境的接纳程度（X1）、信息化的影响程度（Y7）、数字化的影响程度（Y8）、智能化的影响程度（Y9）为自变量，环境适应性的距离为因变量构成。

在此基础上，对4个模型进行有效性检验（如表3—16所示），可知模型2、模型3和模型4检验通过，可以进行红寺堡生态移民区环境适应性差异的中介效应研究。

表3—16　　　　　　4个结构方程模型检验

拟合值		参考标准	模型1	模型2	模型3	模型4
绝对拟合值	x^2	P>0.05	7.780	0.000	0.030	0.078
	AGFI	AGFI≥0.90	0.677	0.998	0.998	0.921
	RMR	尽量的小	0.002	0.032	0.028	0.010
	RMSEA	RMSEA<0.05	0.177	0.000	0.008	0.200

4. 情感、行为和认知维度主体对于环境适应性的倾向分析

基于情感、行为和认知分析发现，分析红寺堡生态移民区教师、学生、家长和管理者对基础教育环境适应性差异的倾向性具有一定的规范和意义，并且主体之间存在相对明显的认知差异。基于此，本书通过建构环境距离的核心概念来反映基础教育不同主体对外部环境影响因素的适应性差异。

表3—17　　红寺堡生态移民区基础教育主体对基础教育环境
适应性的加权得分及倾向性

主体类型	情感		行为		认知	
	加权得分	倾向性（%）	加权得分	倾向性（%）	加权得分	倾向性（%）
教师	33.3	47.3	26.5	72.3	48.6	79.6
学生	40.0	45.1	19.2	22.3	23.6	29.1
家长	23.6	30.3	15.5	22.0	25.3	26.7
管理者	36.9	61.6	55.2	80.5	53.4	75.6

由此，可知民族文化与移民文化对环境适应性差异的影响具有稳健

性，红寺堡生态移民区基础教育扶贫，对于主体在情感、行为和认知方面均产生了积极的影响，尤其是教师和管理者在对环境的适应性上正面性反应较为强烈。结果表明，在基础教育环境发生变化时，教师和管理者在情感、行为和认知方面提升更快，更积极，但是存在一定的限制，教师的内动力不足，以学生和家长为单位的家庭对全面素质教育还欠缺基本的认知，学生学习潜能难以激发，所以他们对于环境适应性相较于家长和学生差异更小一些，这也说明在提升环境适应性方面，以家庭为单位，家长对学生有一定的影响，整个地区教育环境氛围还是没有完全建立起来，应更关注家长在情感、行为和认知三个维度上对环境因素的适应性程度，挖掘具有直接效应与间接效应的因素，进行积极引导。

5. 红寺堡生态移民区基础教育主体对教育扶贫前后环境适应性差异分析

外在因素与内在因素之间存在必然的联系，它们之间错综复杂的联系可以通过"距离"的测度进行考量。对红寺堡生态移民区教育扶贫政策实施前后的环境适应性在情感、行为和认知三个维度的加权得分分别作差，计算它们之间的 Pearson 相关系数，结果显示情感的环境适应性差异与行为、认知维度的环境适应性在显著水平为5%下，Pearson 相关系数分别为 0.233 和 0.270，所以它们之间相关性较小，而行为环境适应性差异与认知环境适应性差异相关系数为 0.578，所以它们之间相关性较大。可见环境适应性存在表层和深层差异，原因主要是情感相较于行为和认知更为复杂。因此，在提升环境适应性的对策与路径分析中，必然要挖掘其中的深层原因。

表3—18　教育扶贫前（后）基础教育主体的环境距离统计特征

	教育扶贫前主体的环境距离			
	情感环境距离	行为环境距离	认知环境距离	总的环境距离
最小值	0.001	0.001	0	0.128
最大值	12.373	5.785	6.780	4.957
均值	4.783	1.222	1.570	3.055
范围	5.877	2.883	2.267	3
界外值	4.894	—	—	4.55

续表

教育扶贫后主体的环境距离				
	情感环境距离	行为环境距离	认知环境距离	总的环境距离
最小值	0	0	0	0.102
最大值	9.330	5.093	4.551	3.879
均值	2.897	1.209	1.522	2.773
范围	3.777	2.830	2.219	2
界外值	6.951	—	—	4.03
教育扶贫前（后）主体的环境距离差值				
差值	-1.886	-0.013	-0.048	-0.282

"环境距离"能够正确反映红寺堡生态移民区教师、学生、家长和管理者在实施教育扶贫政策前后的环境适应性差异，环境距离越大表明主体对教育扶贫前后的适应性差异越大（如表3—18所示）。红寺堡生态移民区基础教育主体在情感的环境适应性差异较于行为和认知对环境适应性差异较大，复杂性也较大，其中计算的环境距离可以作为引起环境适应性差异直接和间接效应研究的因变量。

由以上的距离对比，说明红寺堡生态移民区教师、学生、家长和管理者在情感、行为和认知三个维度上，对环境适应性均缩短了一定的差异，这也说明教育扶贫政策在当地实施起到了非常积极的作用，为后续政府开展基础教育工作奠定了理论和实践基础，也增强了当地移民主体的信心。但是，为了缩小情感、行为与认知在环境适应性的差异程度，实现三者的有机统一尤为重要，主要体现在以下几个方面。

（1）情感与行为耦合

在红寺堡生态移民区的教育扶贫过程中忽略了行为与情感、认知之间的关系，尤其忽略了情感对缩小主体环境适应性差异的影响。教师、学生、家长和管理者在基础教育过程中往往面对的是不同的情境，有着各自的价值取向和价值判断，在这背后深层次的原因是认知层面的教育知识，以及保障基础教育顺利进行的行为规范，不仅仅是从认知到行为的简单转化，而且主体从价值自觉到价值践行的过程应更加注重情感维度的驱动，从而使教师、学生、家长和管理者从单向发挥主观能动性，到在群体共同利益的前提下，防止出现对环境适应性狭隘的感知和信念。

（2）行为与认知合一

由于当地基础教育资源的限制，教师、学生、家长和管理者难以在真实的社会情境中通过学校的课程学习，构建完整的教育结构体系，所以难以有更加直观和深刻的体验和认知，往往在认知与行为之间产生冲突和矛盾，这就必然需要慎重审视理论与现实之间的分歧点和脱节之处，探讨行为与认知合一的内在逻辑和增长点，从而深化认知，改进主体的行为以提升对环境的适应性。

（3）情感、行为与认知的统一

以上分析指出基础教育过程中包含着情感、认知和行为三个维度的双向互动。情感与行为的耦合能够在对红寺堡生态移民区教师、学生、家长和管理者进行有效基础教育时，通过隐性的机制发挥积极作用，培育主体在行为上的责任感；认知作为基础教育的前提，对真实教育情境进行认知和理解，反向增进主体对环境因素的适应程度；行为作为情感与认知的落脚点，同时也是其增长点，必须将当地教师、学生、家长和管理者从理论层面引导到实践层面，建立新的基础教育模式。

二 影响红寺堡生态移民区基础教育环境适应性差异的效应分析

基于构建的四个结构方程模型与环境距离分析，表现在情感、行为和认知三个维度会产生直接或者间接的效应，以上分析表明红寺堡生态移民区四个主体在情感和认知维度的环境适应性具有不可模仿性。然而，在行为维度的环境适应性差异程度相较情感和认知维度没有预想的大。所以，情感和认知维度在指定环境适应性战略中相对复杂程度高，具体分析如下。

（一）直接效应分析

相关性分析发现，红寺堡生态移民区主体对环境适应性差异可以用5个变量进行解释（见表3—19）。选择置信度水平为5%和1%，与环境距离直接相关的变量是主体对基础教育环境的接纳程度（X1）、主体对基础教育环境在行为上的行动力（X2）、校园文化对主体的影响程度（Y3）、教育扶贫政策的影响程度（Y5）、人口环境对主体的影响程度（Y10），相关系数分别为0.506、0.330、0.522以及-0.256。基于此，主体对基础教育环境的接纳程度（X1）、校园文化对主体的影响程度（Y3）、教育扶贫政策的影响程度（Y5）、人口环境对主体的影响程度（Y10）为自变量，以环境距离（D）为因变量，进行多元线性回归（见表3—19）。

由此可知：主体对基础教育环境的接纳程度（X1）、校园文化对主体的影响程度（Y3）、教育扶贫政策的影响程度（Y5）对红寺堡生态移民区环境适应性差异具有直接效应，且在1%水平下均具有显著性，回归系数分别为0.322、0.159和0.306，说明这三个变量均可促使环境适应性差异缩小。然而人口环境对主体的影响程度（Y10）的回归系数对应的P值为0.329，不具有显著性，所以对环境适应性差异不具有直接效应。

因此，经验证假设4存在，外在因素之间以及内在因素与外在因素之间会直接影响主体对环境的适应性差异，其中内在因素主体对基础教育环境的接纳程度（X1）对红寺堡生态移民区环境适应性差异具有直接效应，经验证假设3中外在因素校园文化对主体的影响程度（Y3）、教育扶贫政策的影响程度（Y5）对红寺堡生态移民区环境适应性差异具有直接效应，其他变量不产生直接效应。

表3—19　　　红寺堡生态移民区主体环境适应性差异直接效应回归分析结果

Variable	Coef.	Std. Err	t	P > |t|	[95% Conf. Interval]	回归模型检验
Y1	0.506	0.118	1.610	0.090	0.378	Number of obs = 122
Y4	0.330	0.167	2.011	0.007	0.562	Prob > F = 0.001
Y6	0.522	0.110	2.710	0.218	0.286	F (3, 122) = 7700
Y10	−0.256	0.172	−2.102	0.329	−0.933	R − squared = 0.233
− cons	3.10e−10	0.181	0.000	1.000	0.210	MSE = 0.828

那么，对于环境适应性具有直接效应的外在因素与内在因素，这些变量是能够缩小主体环境适应性差异的最为直接的因素，对于提出逻辑建构与路径选择是最重要的影响因素，也是提升环境适应性的关键所在。

（二）间接效应分析

结构方程模型2证明民族文化与移民文化对环境适应性差异的影响具

有稳健性，结构方程模型3说明国家扶贫政策与地方政府的作用的弹性系数分别为-0.677和-0.241，所以它们共同对主体环境适应性差异具有间接效应，可以缩小主体对环境适应性的差异。结构方程模型4表明数字化和智能化的影响程度对环境适应性差异不具有稳定性，而自然环境对主体的影响程度的弹性系数为-0.157，所以自然环境可以间接作用于环境距离，缩小环境适应性差异。因此，经验证假设2和假设3存在，外在因素以及内在因素会间接影响主体对环境的适应性差异。如表3—20所示。

表3—20　　　结构方程模型显示红寺堡生态移民区主体的环境适应性差异的路径分析

模型	路径	USTD	S. E.	C. R.	P	STD
模型2	Y1→环境距离	0.451	0.211	2.682	0.090	0.377
	Y2→环境距离	0.156	0.127	1.221	0.003	0.390
模型3	Y4→环境距离	-0.677	0.237	-1.812	0.772	-0.035
	Y6→环境距离	-0.241	0.124	-2.392	0.094	-0.302
模型4	Y7→环境距离	0.155	0.149	2.129	0.219	0.229
	Y8→环境距离	0.206	0.091	2.933	0.367	0.217
	Y9→环境距离	-0.157	0.120	-2.470	0.300	-0.022

结果说明，产生间接效应的变量可以作为探讨提升主体环境适应性的路径所在，必然也能起到缩小环境距离的作用。首先，依据模型2，在基础教育整个系统中，民族文化和移民文化对教师、学生、家长和管理者的间接效应主要表现为在红寺堡地区的真实情境中缺乏基础教育理念体系建构，从而导致教师内动力不足，学生潜能发挥受阻，家长教育理念不清楚，管理者认知不深入，而这种差异可以通过鼓励"共享"全新的教育理念来缩小；其次，依据模型3，国家扶贫政策和地方政府在红寺堡生态移民区多元主体中的收效还没有完全体现出来，也是因为当地基础教育根基薄弱，移民文化倡导不足，所以需要通过不断推进教育扶贫的开展，加强教育的宣传，提升主体对教育的重视程度，进而缩小主体对环境适应的差异；最后，依据模型4，校园现代化教学手段的实施在基础教育中还未得到有效的发挥，间接效应主要体现在优质教育资源如何分配，如何充分

利用等方面，所以需要通过打造适合红寺堡生态移民区的教学平台来实现。

综上所述，基于情感、行为和认知三个维度，对教师、学生、家长和管理者四个主体，本书对教育扶贫实施前后基础教育环境适应性差异进行了比对性分析，同时综合运用调查问卷法、环境距离模型和多元线性回归模型等量化研究方法进一步关注和深度分析其中的直接效应和间接效应。相关主体对外部环境的适应性其实是对基础教育环境变化的一种响应，环境内相关主体的情感、行为和认知调整，将会不断提升环境适应性的动态过程，这也必然是深入研究基础教育环境适应性困难的思维工具和学理基础。

第四节 红寺堡生态移民区基础教育环境适应性困难分析

当前，红寺堡生态移民区基础教育发展处在一个爬坡阶段，主体环境适应性的主要矛盾是主体对外在环境因素在情感、行为与认知维度上的适应周期与当下基础教育扶持目标之间的矛盾，这主要受制于两者之间的信息不对称、体系不完善和资源整合不到位。基于此，本书对红寺堡生态移民区基础教育环境适应性困难的具体分析如下。

一 基础环境条件的瓶颈制约

基础环境建设是保障基础教育发展的根本性条件和力量，也是基础教育发展的核心内容与主要任务。在国家和区域教育扶贫政策的支持下，红寺堡生态移民区的基础环境建设取得了前所未有的成就，但也存在一些不可忽视的现实问题和瓶颈，这些问题和瓶颈的有效解决和突破直接影响该区域基础教育发展的程度和水平，也在某种程度上间接影响着整个基础教育的均衡发展和高质量发展。

（一）重视硬件设施的建设，忽略软件设施的改良

在硬件方面，红寺堡学校近年来不断地修建新校舍、新操场，提升了教学场地的质量。使许多薄弱学校的物质性教育资源配置得到明显改观，却未能根本消除"薄弱学校"现象。究其缘由，薄弱学校改造的政策取

向及改造措施的偏差是其根本原因所在。因此，仅仅改善办学条件，如学校的就餐条件和生活设施，支持县镇学校扩容，配置图书、教学实验仪器设备、音体美器材以及多媒体远程教学设备来对薄弱学校进行改造，显然是很难消除薄弱学校现象、实现政策目标的。只有将薄弱学校的办学条件改善与教育质量提高有机结合，尤其是提升薄弱学校的管理水平、教师素质以及自我发展能力，构建完善的校园文化体系，营造良好的校园文化氛围，这样一来薄弱学校的问题才会得到根本的解决。

（二）信息化经费投入不足

信息化设施设备是建设现代校园文化的重要工具，经费投入一直是困扰民族地区基础教育信息化发展的主要因素之一，民族地区的基础教育对地方财政依赖性很大，而民族地区的地方财政对基础教育仅满足基本支出，地方财政每年用于基础教育信息化建设的费用严重不足，致使许多信息化质量提升的进度缓慢，甚至停滞，这在某种程度上已经严重限制了民族地区基础教育信息化的持续发展。同时，在现有设施设备资源方面，虽然大部分的民族地区中小学都配备了专用机房或多媒体教室等，但在大部分时间，教师还在按照传统方式教学，从而导致这些信息化设施设备没有物尽其用，资源严重浪费和闲置。

（三）教师培训制度不完善，培训内容单一

对于红寺堡生态移民区的老师，由于很多是特岗招聘的大学生，没有经验，所以培训制度的制定就变得尤为重要。但是目前很多学校缺失培训制度，即使有也是形同虚设。没有针对这些教师的特征制定合适的培训制度，在短时期内提高他们的思想认知、教学技巧等。另外少有的培训内容也很单一，没有从思想、教育技术、育人之道等开展培训，使得教师们在教学的过程中，不能很好地掌握教学技巧，面对移民区孩子的特点，无法应对，从而产生职业倦怠感。

（四）校园文化建设缺失

红寺堡生态移民区大部分校园建构方案中仅仅存在对愿景的美好展望，忽视了理论指导下实践的重要性，即在大量调研后做出的符合当地可持续发展战略的因地制宜的发展规划方案，这必然会导致学校的校园文化建设零散杂乱，进而导致了校园文化缺乏传承的内驱力和高效的教育教学制度。红寺堡生态移民区学校与更发达地区学校的区别不仅在于师资和生源质量方面，还体现在红寺堡生态移民区家长对于孩子的学习及综合素质的重要性的认识程度层面。从更宏观的角度来说，上级教育行政管理部门的工作没有到位，也就没有对红寺堡生态移民区当地的教育工作起到指导、监督和完善的作用，使得他们的工作只停留在保证教学活动的正常运作层面。甚至，有些学校教学时间安排混乱，违背教学工作的规律，教学时间弹性化也就是随意增减课时；且存在将学生的人格培养和性格塑造排除在教学内容之外，只重视文化课成绩的现象。同时，任职于红寺堡生态移民区学校的教师比起认真钻研教学内容、不断提升教学水平和科研水平，更愿意追求更好的工作调动机会。因此，教学工作的发展陷入了这样的瓶颈之中，即教育教学制度不追求行之有效，只愿意维持现状。

二　基础教育供需结构失衡

红寺堡生态移民区教育现存的最大问题是教育资源的需求与供给之间的失衡。一方面，由于适龄入学人口基数大，增速高，所能提供的教育公共服务已难以满足需求侧的效用需求，导致了红寺堡生态移民区基础教育资源的需求与供给呈现不平衡态势；另一方面，政府的有效供给不足导致城乡教育存在很大差异。国内基础教育存在明显的区域差异和城乡差异。经济发达地区的孩子所在的学校无论是办学条件，还是社会教育资源，都远优于经济发展落后地区的孩子。这种由于经济发展水平差异导致的教育不公，是难以避免的。

（一）教育资源的短缺

教育事业需要时间、经验、投入等的不断长期积累，不能一蹴而就，教育公共服务建设同样需要长期发展。而生态移民区大多建设时间短，自中央批示红寺堡开工建设至今，只有整整20年，而基础教育发展只有10年。红寺堡生态移民区近些年在不断地努力缩小因经济发展水平差异而导致的教育不公差距，它集中优质生源，出台相关政策吸引了更多优秀的年轻教师前来任教。年轻的教师精力充沛，教学方法新颖，学历高，有利于提高红寺堡生态移民区升学率，提升教育质量。同时为了留住更多的优秀人才，政府也应该做好保障工作，落实教师编制，提高教师工资，增加教师补贴，为优秀教师的安家落户工作提供便利和支持。归其缘由，红寺堡生态移民区学校的品牌效力、学风、校风、师资队伍建设和硬件设施建设等方面的建构是学校需要长期积累发展的，这样一来才能吸引和留住人才，促进学校向更高的方向发展，才能更好地诠释红寺堡生态移民区出现不适应教育公共服务现阶段需求的适应性。总之，在教育积累效应的影响下，民族地区生态移民学校发展之间的差距短期内无法得到消除，需从政策支持、教育机会等方面不断探索。

（二）教育公共服务的需求量大与有效供给不足

教育公共服务是改变以往教育只由国家插手干预，提供资金支持，进行教育基础设施建设、师资力量匹配以及各种普及义务教育形式等的状况，引入非政府公共组织和企事业单位共同参与到教育事业的发展中来，教育由国家"一手抓"的局面亟待打破，从而满足人们在教育公共产品方面的需求。在对红寺堡生态移民区的调研中发现，教育优质资源大多存在于某些好的学校，而其他学校的优质资源很少，导致资源分配不均，引起了教育优质资源分配的失衡，择校现象严重。同时学前教育数量短缺，公立幼儿园入园紧张，私立幼儿园收费太贵，教育资源的不均衡现象严重。

三 移民结构的多维性差异

红寺堡生态移民区地区的移民多维性不仅表现在迁出地类型各异，还表现在其移民群体的多民族性。在教育方面，回族比汉族享有更多优惠条件，如在升学阶段，回族学生享有一定的加分优惠。但是大多数移民均来自于地域封闭的落后山区，人口结构复杂，并且受交通条件限制，思想观念落后，所以对教育的重要性认识度不高，不够重视。加之优秀师资力量得不到补充。红寺堡生态移民区Y初中学校的一名主任在受访中说道："因为红寺堡生态移民区是个多移民融合的地区，民族文化复杂多样，学生家长思想比较落后，部分学生认知不足，学校针对不同身份的学生培养管理和服务工作难上加难。"

移民在非自愿且被迫搬迁时，就会产生较为消极的心理状态，抵触移民区的社会文化，与移民区居民会产生一定的心理距离，容易出现社会文化及心理适应问题，阻碍其文化适应的进程。与此同时，这种心理失衡也会削弱学生接受新学校教育的适应度，学生一旦出现跟不上老师讲课进度的情况，则会出现厌学甚至自卑等心理问题。

一位学生说："刚开始来到红寺堡生态移民区的时候，起初的教学环境没有现在这么好，虽然每一任代课老师都能全心全力地为同学们教学，让我们感受到了温暖。但是，这里的教育水平和我之前居住的地方还是有一定的差距，这也让我心里总觉得不舒服，比较失落，还是觉得以前的学校好。"当学生感知到迁入地的教育条件不如之前居住地的教育条件时，会形成心理落差，导致心理的不适应，进而影响学习效果。

四　多元民族文化融合的困难

红寺堡生态移民区是回族文化与移民文化相融合的多元文化产物。这样的文化随着交流的增加会更加呈现出多样性，而且会产生不同的结果。随着互联网的发展，各种文化的交融更加多样化，并且呈现出一元主导与多元并存的局面。红寺堡生态移民区在生态环境、宗教信仰、经济水平上的差异以及对于基础教育认识的不同，导致移民在教育需求程度、接受教育的水平等方面存在较大的差异。在民族文化融合的过程中，所对应的融合模式、规则、流程和制度并没有可以借鉴的理论和实践基础，如何保证多元民族文化融合的顺利进行，并且达到一定的预期目标，就存在一定的难度。教师、学生、家长和管理者作为基础教育的主体，以移民的身份来到红寺堡生态移民区时，就会面临对外在环境的适应问题，而从原有的价值观和思维意识转变为多元文化相融合后的观念，必然需要一定的时间，其间必然产生矛盾甚至冲突。通过完备的基础教育体系对其进行深远的影响，还需要四个主体与环境之间进行适应性的协调过程。融合有一定的适应困难，那么选择正确的适应性机制就显得尤为重要。

五　教育主体参与不足

红寺堡生态移民区学校校园文化并未探索出属于移民区农村学校校园建设的特色化道路，忽略了将人、文化和环境三者看作共生一体在校园文化建设中的重要性，未发挥出民族地区的文化优势，使得自发移民中适龄学生的教育得不到保障。另外，新意和艺术性在文化教育内容中出走，疾步前行的时代潮流推动着基础教育不断推陈出新，新鲜的血液流淌于内容和形式之中，放眼红寺堡生态移民区学校的校园文化建设，随处可见的是很多故步自封，一定程度上象征学校门面的各类饰物，如宣传画报、标语口号等内容单调；公告栏和展板中的各类信息没有及时更新，不能做到传达新鲜资讯和吸引学生的目的；未能完全发挥网络等多媒体工具在校园文化建设中的重要作用，师生参与度不高，积极性不强，内容过于单一。社会分层化导致地区教育需求的差异化和多样化，当地多子女的人口观念，劳动力负担系数大，另外主要表现在教师和学生身上，由于红寺堡生态移民区土地开发伴随着土地使用权的转移，土地开发的受益者可能不一定覆盖移民区的所有原居民，从而会使移民区群众产生抵触心理。少数民族生态移民区的多数家庭，出于传统的想法孕育多名子女，反而加重了家庭的负担，使得整个家庭疲于应付生计，难以负担培养孩子成才的费用。在家庭总体收入一定的情况下，家庭人口数量越多，劳动力负担系数就越大，直接造成人均收入低。家里孕育了五个子女的Y先生在采访中说道："家里五个孩子个个都要花钱，上学的要买资料，不上学的要去技校学手艺，没断奶的等着吃奶粉，成年的又得给张罗着出嫁娶媳妇，买个苹果都得一大袋子，不然又要打架说我偏心了。哎，这手心手背都是肉的，家里大孩子争气，给我考上大学了，一年学费生活费就好多，我这两个血汗钱没捂热就得给出去，还不够得问人借。"

反之，如果家庭人口数量相对较少，劳动力负担系数则越小，家庭人均收入就会越高。积极响应国家独生子女政策的X先生则轻松地表示："我家就一个丫头子，其实现在小子丫头子一样的么，丫头子我看着还更心疼。我们夫妻两个挣两个钱给娃娃买点好吃的好耍的，报个兴趣班，一家三口和和气气地比啥都好。这不今年还给送出国去了，叫好好锻炼写字。"

总之，多子女的人口观念，使得其所需生活与教育支出增加，每个家庭需要负担的经济压力增大，使得贫困家庭能够提供给子女的基本教育支出难以维持。那么，贫困家庭子女就缺少能享受优质教育的机会，受教育的整体水平就会降低。由于自发移民数量大，结构复杂，各类矛盾问题集中，加之乡镇、行政村规模过大，各类行政管理人员、专业技术人员严重缺乏，远远不能满足管理服务需要。红寺堡生态移民区基础教育供给缺口大，难以满足当地居民的基础教育需求。尽管近年来该地区基础教育供给总体得到增长，普及程度有所提高，但是教育资源普遍向更发达地区倾斜，教育资源供给方法单一，基础教育供需矛盾突出。红寺堡生态移民区人口增长的速度超过了基础教育发展的速度，导致已有的办学条件与当前的教育需求不相适应。由此使得教育管理主体的压力增大。另外，由于移民是最为特殊的群体，教育管理者在执行任务时，不但要受到来自移民政策和行政政策的双重限制，还要受到移民各利益主体的监督，这就造成管理者在教育过程中缺乏规划和目的性，从而造成教育资源分配不均衡和资源浪费，影响了教育扶贫政策的可持续性和系统性，从而导致"教育政策的失衡"。

综上所述，红寺堡生态移民区教师、学生、家长与管理者四个主体环境适应性差异的影响因素不仅发生在个体层面，而且也发生在群体层面，不仅存在于内部主体层面的不适应，也存在于外部环境的不适应。通常情况下，在个体层面上的环境适应性主要是意识形态、价值观和自我认同等方面，在群体层面上主要表现为情感、行为和认知。而其基础教育环境的变化主要体现为政策法规环境因素、人口自然环境、社会文化环境、科学技术环境等外部力量和因素所引致的复杂性。这些因素和力量的存在通过其直接效应与间接效应，反向影响了红寺堡生态移民区基础教育的主体适应性。因此，可以考虑借助内外部因素的系统整合与生态体系建设在一定程度上降低环境适应性的差异，这也为本书进一步为红寺堡生态移民区基础教育复杂环境适应性系统的逻辑构建与路径选择提供学理层面和实证检验上的依据。

第四章

应对:逻辑建构与路径适应

基础教育作为国民教育的根基,对推动我国教育事业进程有举足轻重的作用。在"强政府"式教育发展和教育扶贫政策的推动下,以红寺堡区为代表的民族生态移民区基础教育的发展取得了前所未有的伟大成就。但考虑到教育行业本身的特点和基础教育自身发展的内在规律,这一过程中出现阶段性的主体与环境不适应、不协调或不匹配实属正常现象。深度思考少数民族生态移民区如何合理利用其相对独特的区域、文化和民族特点,趋利避害、扬长避短,继而通过各种教育资源、社会资源和科技力量的有效协同,努力促使该区域基础教育的各方主体在进行自我改进与优化的基础上,实现与其所处区域的政策法规、人口自然、社会文化、科学技术等外部环境之间的交互融合和互动适应,继而构筑能够适应复杂环境的基础教育协同系统和差异化路径体系是本章关注的焦点。

第一节 基础教育复杂环境适应性系统逻辑建构

如前所述,当前少数民族生态移民地区面临着诸如教师资源结构性失衡与动态补给困难、家庭教育的显著缺失、移民学生群体的身份尴尬与心理失衡以及教育管理体制不健全等一系列问题。因此,我们认为该地区的基础教育质量提升和均衡持续发展,必须要全面考虑民族地区不同主体的属性特征、基础教育环境适应性及基础教育长期持续高质量发展之间的依存关系,把"办多民族交互融合的优质教育"作为基础教育变革的出发点和落脚点。费孝通曾提出:"把科学研究和实践政策联系起来是正当的，甚至是必要的"。① 基于此，本章将遵从文化生态理论和复杂适应系统理论的核心思想和思维逻辑，从民族地区生态移民群体基础教育适应性角度出发，尝试提出复杂环境下基础教育适应性系统的建构逻辑和整体思路。

一 文化生态理论视域下的逻辑建构

文化生态理论将自然生态、个体生态和文化生态融合为一个整体进行审视，追求人、文化和环境三者之间的和谐共生是其最终要达到的目的，即更加注重营造"群体文化"，关注"环境""氛围"对人的影响。良好的文化生态系统可以成就人的道德、理性、审美等社会意识与属性。因此，本文以文化生态理论为依据，探讨如何将人与环境之间的关联性、渗透性与整体性应用于基础教育实践当中，尝试推进实践育人、文化育人和思想育人的改革与创新，努力建成基于人、文化和环境和谐共生的基础教育适应性生态系统。

红寺堡区作为典型的生态移民安置区，其相对独特的区域属性、移民属性、民族属性及多元文化融合属性，必然引致并构筑其相对独特的教育生态系统。其典型表现形式在于基础教育主体与其外部环境之间的有效互动匹配，由此形成"强政府"支持体系下的政策溢出效应以及基础教育资源的协同发展，继而形成相互联系的基础教育底层环境。这意味着基础教育必须既要重视显性教育，也要注重隐性教育，在潜移默化之中塑造教师、学生、家长与管理者的人格；整体性是学校必须将育人目标与政府、社会、家庭相联系，形成有机结合的统一体，由此提出生态移民区基础教育文化生态体系的逻辑建构，如图4—1所示。

该体系中，基于"强政府"的教育扶持政策，生态移民区基础教育的参与主体与外部环境之间的适应性发展，要通过资源整合、文化融合、协调机制和氛围营造等方式形成整体的一致性和协同性，从而构建其基础教育良性发展的底层逻辑。因此，从基础教育发展与治理的现实困境出发，建构以文化生态体系构建为核心的整体逻辑，是解决民族地区生态移民群体基础教育长期健康、持续、高质量发展的应有之义，具体思路

---

① 费孝通：《江村经济》，上海人民出版社2007年版，第505页。

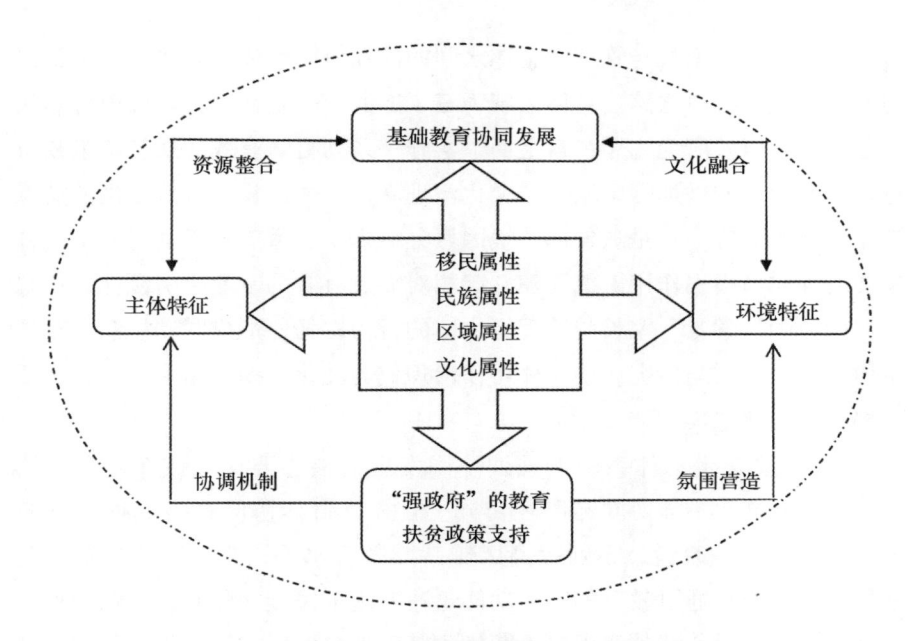

第四章 应对：逻辑建构与路径适应 / 177

图 4—1 基础教育文化生态体系

如下。

（一）文化生态系统理论是基础教育可持续性发展的理论基础。在以往文献研究与实践中得到的启示是：首先，该理论为基础教育发展指明了目标和方向，即以全面健康的基础教育内外部生态环境建设为目标，重点通过文化环境系统的合理构建推动教育主体与环境因素之间的协同式发展；其次，实现基础教育主体与宏微观环境之间的协同发展，在本书中主要特指生态移民区的教师、家长、学生和教育管理者与其所面临的政策法规、人口地理、社会文化、科学技术环境之间的良性协同发展；最后，基于文化生态系统理论的整合思维与宏观视野，将区域基础教育的发展过程作为一个动态的生态系统进行分析，重在探讨外部宏观环境要素对基础教育参与主体的交互式影响。

（二）协同机制构建是区域基础教育均衡发展的必由之路。如前所述，各级政府通过软硬件基础设施建设和大量人力物力的持续投入，最终实现了红寺堡生态移民区基础教育从无到有的突破，取得了非常明显的成效。但在对其实施效果的具体分析中不难发现，红寺堡区基础教育的均衡发展和高质量发展仍然存在诸多制约性、瓶颈性问题亟待解决。由此，通过教师、学生、家长与管理者主体之间的内在协同形成合力效应，实施协同治理就成为必由之路。具体表现为三个方面：一是在完善基础教育的建设过程中，以政府为主导，自上而下实施一系列行之有效的扶贫政策或教育扶持政策，积极加强区域性的文化治理举措，由此释放可持续性的文化教化或辐射效应；二是从外部环境因素分析入手，重点考虑其对基础教育发展的导向与指引作用，继而建立起相对完备有效的专业化引领体系；三是明确教师、学生、家长与管理者主体的行为责任，形成联动机制，减少主体之间的矛盾与冲突，使主体协作治理成为文化生态视角下基础教育质量提升的必然选项。

（三）文化生态体系中所强调协同发展的核心要义应该在于目标协同、内容协同、主体协同与路径协同。首先，目标协同是指依据"强政府"的教育支持政策，不断提高区域基础教育水平，紧跟时代发展，使移民区居民能够通过教育的教化功能迅速实现多民族文化融合，从而形成正确的价值观念与精神意识，不断优化基础教育发展的社会文化氛围，从而建立相对稳固的环境基础。其次，内容协同是指结合文化环境建设的现状，明确基础教育发展的内容主体与核心要义。在文化生态理论的指引下尝试将基础教育与区域文化的内在关系进行重塑或优化，将基础教育植根于地区社会文化建设体系中，引导教育与文化的有效整合，充分释放二者深度融合后的文化规约与教化功能，进一步完善其基础教育体系；再次，主体协同主要是指改进修复教师、学生、家长与管理者主体之间的内在逻辑关系，形成正确有效的合力效应，充分发挥学校教育的育人功能与地区文化的融合，实现稳定的、无法替代的、独特的文化治理机制，从而实现地区基础教育的活力释放与和谐有序；最后，只有当政府、家庭、学校与个人形成聚合效应才能推进区域基础教育的内涵式建设与高质量发展，所以必须以正确的教育价值导向为引领，落实文化环境建设，不断探讨行之有效的发展路径，克服基础教育发展过程出现的各种困境，形成基础设施完善、秩序井然、人际和谐的区域文化环境。

二 复杂适应系统理论视域下的逻辑建构

根据复杂适应系统（CAS）理论的核心要义，本书尝试将生态移民区基础教育体系作为多个适应性主体相互作用的复杂适应系统进行分析，将其基础教育体系解释为主体适应性行为的多样性和非线性所引致的差异化发展。其中，适应性主体由学生、教师、家长和管理者构成，他们之间相互作用、彼此协同，同时与外部环境因素之间进行物质与信息的交换，内外合力不断推动整个基础教育系统的动态演化和持续完善。随着社会文化、地理人口、政策法规和科学技术等外部宏观环境的不断变化，学生、教师、家长和管理者适应性行为的多样性和非线性受此影响也会产生相应的变化或调试，由此形成了各自不同的特质，并且各个主体会根据自身的行为规律，不断进行心理和行为层面的适时调整，在组合与分离、竞争与合作中促进主体与环境因素的有效适应，继而推动整个基础教育的健康持续良性发展。

　　对以红寺堡区为代表的生态移民区群体而言，其所面临外部环境的持续变化必然会导致其基础教育主体要不断适应并根据外部环境的反向作用力来进行主体调适。在调整优化过程中，各主体之间的有机联系和互动协同催生了一系列反馈和辐射效应。家长希望通过优质教育资源的合理配置来实现相对的教育公平或教育均衡，学生希望通过多种形式的教学改革激活其学习内在动能，学校希望通过教育信息化助力基础教育的现代化水平提升，教育管理者希望通过一系列精准扶贫措施和教育支持政策倾斜来推动民族地区基础教育的快速发展。由此，各教育主体之间的相互联结、相互作用促使教育主体与外部环境之间进行信息、理念、需求等要素的交互，最终促使基础教育理念和模式的转型升级。就红寺堡生态移民区来讲，其基础教育各参与主体呈现出明显的独特性和差异性，且多样性的教育观念和教育行为、多样化的教育扶贫政策、多渠道的信息资源配置使得红寺堡区基础教育得到了前所未有的升级与优化。从历史文化的角度来看，红寺堡区的社会文化环境呈现出明显的多元化异质特征，大量的移民搬迁群体对迁入地的居住环境、文化差异和经济状况不熟悉，因而造成一定时间阶段内原有文化和现有文化之间的明显冲突或不适。与此同时，信息化，数字化、智能化以及新媒体技术的出现，打破了原有移民地区"信息孤岛"的现象。新理念、新思维、新视角正在融入基础教育的主体理念和行为中，正在助推红寺堡区基础教育由基本均衡走向优质均衡，从低位均衡逐渐迈向高位均衡，这使得红寺堡区的基础教育正在从传统的教育模式逐渐转向现代化。

因此，本书将基于复杂适应性系统（CAS）的核心要义与主旨思想，提出在生态移民区基础教育的长期健康、持续、稳定发展过程中，应该尝试构建一整套基于复杂环境适应性提升的生态系统。其中启动元是启动该系统的首要环节，即教师、家长、学生和管理者四个主体率先接受社会文化、地理人口、政策法规以及科学技术的外部环境系统刺激，并做出反应，从而发挥带动辐射和适时反馈效应。同时，当外部环境发生变化时，主体要主动进行适应、调整和反馈。教师主体要突破守旧的教育观，提升专业水平；家长主体应该转变家庭教育观，加大对子女的教育投入；学生主体应改变移民观，积极融入校园文化环境与课堂；政府与学校等管理者主体要做到统筹全局，多方面促进红寺堡区教育优质发展。该系统的建构要最终实现基础教育不同参与主体与外部环境因素在相互适应过程中有效协同，继而达到人、文化和环境三者之间的和谐共生，基本逻辑详见图4—1。

第二节　注重内涵建设以激活主体新动能

在推动民族地区基础教育发展的进程中，教师、学生、家长、教育管理者始终是开展各项教育活动的关键要素，也是各项教育活动的核心主体。从辩证法的角度来看，内因是事物发展的根本原因，外因是事物发展的必要条件，内外部力量的对立统一推动了事物的运动、变化和发展，这是唯物辩证法关于事物发展动因的基本观点。就基础教育发展动力而言，教师、学生、家长、教育管理者等主体力量应该是整个生态移民区基础教育发展的决定性因素；而政策法规、人口地理、社会文化、科学技术等外部环境因素同样是基础教育发展不可或缺的必要条件和推动力量。从这个角度来看，生态移民区基础教育发展的重心既在于如何进行主体行为改变，更在于如何努力创造条件，实现主体与环境因素之间的互动匹配，互为支撑、相互协同，从而释放发展过程中的最大效能。

一　改善教育管理机制，释放教师内生动力

在推动民族地区生态移民基础教育发展的进程中，教师是开展教育活动的关键要素，也是教育活动的主体。师资配比与师资质量对提高其基础

教育发展起着决定性作用。然而,"缺师少教"一直以来是我国民族地区生态移民基础教育常态化的制约瓶颈。以红寺堡区为代表的民族地区生态移民学校教师配置也长期存在"编制缺乏、结构配置不均、专业水平参差不齐"等问题,其基础教育师资补给机制严重滞后,加之生态移民区经济发展与其他地域存在明显差距,这使得优秀师资"逃离"等诸多问题不断出现。因此,需要采取更为积极的改革措施尽快优化改善生态移民区基础教育管理机制,采用灵活的调整措施与机制,逐步优化学校师资队伍的建设,想方设法营造良好氛围,有效解决师资队伍建设的结构性失调问题。

如前所述,师资短缺一直是生态移民区学校基础教育教学事业发展的显著痛点。为打破这种瓶颈,很多学校尝试通过聘请大量临时性代课老师的方式来着力解决。短期来看,这种方式虽然在一定程度上缓解了师资紧缺的问题,但同时也导致了"批量式"临时性代课现象的出现,造成各级学校整体教学质量的直线下降和教师队伍管理难度的加大。基于此,本文在对红寺堡生态移民区的主体特征和环境因素进行深入对比分析的基础上,建议各级教育管理部门、学校要主动通过各种方式和渠道,积极提升并有力保障教师薪资和各项福利待遇,全面落实《义务教育法》中关于"教师的平均工资水平应当不低于当地公务员的平均工资水平"以及"民族地区和边远贫困地区工作的教师享有艰苦贫困地区补助津贴"的要求,从待遇留人和福利留人的方式寻求突破,真正从体制机制的源头治理上下功夫,为移民区师资队伍建设保驾护航。

生态移民区中小学特别是乡村学校的"缺编少编"现象突出,而迁出地的区域编制则相对过剩。针对这种易地搬迁和人口结构调整所引发的区域性"缺编"和"超编"问题,可以考虑借鉴"编制银行"的教师队伍人才建设思路来进行科学动态调整。具体来讲,根据民族地区的生源分布、学校资源的区域分配和未来城区发展的整体规划等,通过实行"编制利息"的方式动态调节教师队伍的数量,通过配置"师资存货"的方式解决教师编制闲置问题,从而保障生态移民地区教师队伍的稳定性、积极性和融入感。实际操作过程中,强烈建议各级政府或教育管理部门牵头制定"生态移民区定向储备教师计划",尽快制定并出台当地及周边市县的定向师范生培养政策,鼓励移民区高考生积极报考区内外各级各类师范学校。同时，建议各类中小学、幼儿园等相关学校必须要主动尝试并积极推进师资队伍联合建设、基础教育资源联合体、校产学研用深度融合平台等相关工作；出台制定红寺堡区基础教育核心骨干师资联合培养计划或骨干师范类人才联合实施培养选拔方案等，确保中小学"骨干储备教师计划"能成为该地区各级各类师范人才队伍建设的常态化工作和相对稳定的教师来源通道，从而有效推动生态移民区基础教育师资队伍建设的供需匹配和动态调整，真正能实现"储备一批、培养一批、使用一批、淘汰一批"。另外，要高度重视编制外教师的内部管理和机制留人问题，建议各级党委、政府和教育部门应该积极主动，争取创造各种有利条件以保证其在岗位期间工资水平、福利待遇和晋升机会等基本的待遇保障，并通过持续的团队建设和专业能力提升计划等进一步强化编制外教师的教育职业理想和职业操守，从根本上解决这些教师的后顾之忧，多方举措提高其工作的积极性，真正提升其职业的融入感、归属感和幸福感。

二 摆脱传统文化桎梏，提升家庭教育"温度"

教育观念是影响家庭教育行为的核心，同时也直接影响学龄前儿童家庭教育的整体质量。家庭是孩子的第一个课堂，父母是孩子的第一任老师。家庭教育是教育的出发点，也是家庭建设的基础。与其他教育形式相比，家庭教育在教育体系中处于较为特殊的地位，具有长期性、稳定性和无法替代性等特点。对于民族地区生态移民群体来讲，家庭教育的质量直接关乎学前儿童与中小学生对迁入地区基础教育教学方式的适应能力。在新经济形态下，社会的发展变化为家庭教育带来了新的机遇，家庭教育的内涵和形式得到了不断的更新与发展，家庭教育的内容也由此不断丰富。本书通过调查分析发现，民族地区生态移民群体大多自来于极度贫困地区，移民家长文化水平素质较低、思想观念落后，这与现代家庭教育存在着明显的差距。红寺堡区家长常年外出打工导致教育方式单一，缺乏对孩子学习方面的关注，特别是多子女家庭对孩子教育投入分配不均，对家庭教育的重视程度明显不够，这与当前基础教育优质发展的整体环境要求明显不适应。因此，生态移民区基础教育事业的家庭环境建设势在必行。具体而言，建议家长必须要转变传统的家庭教育思维，不断改进与优化教育方式，充分发挥家庭教育在基础教育中的应有效能，主动适应教育环境变化对家庭教育的新要求。

首先，家长必须改变以往相对陈旧老套的教育思维，充分认识到家庭教育在孩子未来成长中的重要性，由此形成或塑造一种积极向上、充满正能量的家庭教育观念。这就要求家长们不仅要适应移民环境，更需要与新时代的家庭教育观念无缝对接。而且，要创造各种条件积极引领广大家长充分尊重孩子成长规律和性格特点，对孩子的成长和关注给予全方位的参与，同时结合自己孩子的实际情况，因材施教，进行有针对性的教育。

其次，家长应该努力构建一个以信任沟通为前提的家庭氛围。在实施家庭教育的过程中，要结合自己孩子的成长特点，加强与孩子之间的沟通和交流，在交流当中洞察孩子的兴趣爱好，找到正确培养孩子的方向，力争避免以往粗暴打骂、恐吓式等相对传统的教育形式和沟通方式，避免与孩子心理产生隔阂。此外，家庭成员要想方设法营造出"和谐、开放、民主"的家庭教育轻松环境，使孩子乐于在潜移默化中接受家庭教育。一方面，要根据自己家庭的实际情况，给孩子创造相对民主、宽松的生活和教育环境；另一方面，家长在日常生活中要充分注意自己的言行举止，做到言传身教，帮助孩子树立并形成正确的人生价值观。

最后，随着互联网技术的不断发展，数字技术和网络技术等新媒体进入大众的视野，这使得生态移民区家庭教育的内容更加丰富，家庭教育的方式更加灵活。因此，建议生态移民家庭应积极主动学习使用新媒体平台，通过构建学习型家庭的方式寻求解决生态移民区家庭教育的形式单一问题，继而推动家庭教育与环境适应的内在融合。基于新媒体、社交媒体和自媒体等渠道搭建的各类学习平台对家庭教育有着深远的影响，这要求家长们努力实现新型环境下家庭教育的"工具性"与"情感性"的有效融合，尝试通过借助各种新型家庭教育工具和渠道，提升家长对学生教育的参与度，使得家长能够主动融入孩子的学习生活中，从而实现亲子关系的双向互动，增进情感交流，争取实现家庭教育与学校教育交相融合的理想状态，最终促进教育环境从"以学校为中心"转向"以学校为主、家庭为辅"的良性循环。

三　推进创新素质教育，激活学生学习潜能

托尔斯泰曾经说过"成功的教学所需要的不是强制，而是激发学生

的兴趣",有效激发生态移民区基础教育学生主体的学习潜能和自我意识可以帮助其树立正确的学习态度。学习态度不仅是改变其学习状态的起点,也是提升基础教育整体适应性的重要内容。通过前面的田野调查和相关的数据分析表明,红寺堡生态移民区中小学学生的心理特征、行为特点与移民区整个基础教育环境的稳定、发展有着直接的关联。学生群体相对正面乐观的心态显然对整个生态移民区基础教育质量提升影响显著,而学生群体相对负面消极的心态很有可能会阻碍移民区基础教育的长期健康和持续稳定的高质量发展。因为,孩子的教育从本质上来讲并不是一个单纯的教育问题,而是与很多主体及环境因素都有关联的复杂性生态系统。一般来讲,适应性被普遍认为是个人的一种心理能力,是与外界已经变化了的环境保持和谐发展的能力。① 但本书认为,适应不仅仅是个体改变的事情,还牵扯到相关个体如何进行最优化的自我调适后,尽快适应或融入全新的外部环境中,实现主体与环境之间的良性互动与彼此适应,继而推动整个基础教育事业的良性发展。该生态移民区学生主体的基础教育提升不仅仅涉及如何提高学生的知识水平能力,还有一个重要的使命在于培养不同区域和不同民族的中小学生对多元文化的认知、适应与融合。有效的多元文化教育有利于激发教师的创造力,提高教学水平,同时也有助于帮助民族学生在轻松和谐的教学氛围中追求新知,与汉族学生共同进步、协同发展,进而共同推进该地区学生的创新素质教育。

能否在民族地区有效推进创新素质教育,很大程度上取决于移民地学生对新文化与新环境的接受及适应程度。地域的搬迁只是扶贫手段,而扎根拔穷根才是目标。但当今的时代发展变革使得不同文化间的各种矛盾及冲突愈加频繁强烈。因此,民族地区生态移民学生的跨区域人员流动和跨民族文化交流能力在其创新素质教育过程中能否得到完整的体现和贯彻落实显得至关重要。由此看来,生态移民区的基础教育本身承载了与其他地区不同的教育使命,在这一教育使命践行和教育体系构建过程中不应只是给予学生知识层面上的多元化、多样性选择,更需要学生在多民族融合的社会背景下,充分激活其自主学习的内生动力,能够提升创新能力以及对

---

① 陈玉燕、邓鑫、苏芮:《就小学生的社会适应性探索》,《当代教育实践与教学研究(电子刊)》2017年第11期。

这种多元文化的高度适应性。因此，红寺堡区的移民群体在迁入后面临的首要问题之一在于对移民群体心理进行科学引导和梳理的同时，想方设法地增强其融合感、归属感和快乐感，最终实现教育协同融合发展，帮助移民区学生更快地融入全新教育环境，提高学习兴趣，为创新素质教育的推进奠定心理基础。首先，移民学生要对自己进行合理的角色定位，找准自己的位置，主动学习，以尊重和认同民族文化为前提，让少数民族学生能更快地融入移民地的生活环境以及适应当地的教育方式。这需要移民学生积极地学习汉族文化，尽快进行自我心理调适，逐渐融入不同的民族文化当中，加深对不同文化内涵差异性的理解。国家应该根据民族地区基础教育的现实情况，出台一些适当地向民族地区移民学生倾斜的教育政策，使他们更好地结合自己民族的特色，真正与汉族文化融为一体，增强自我认同感。其次，要树立迁入地主人翁的心态，主动参与到教育教学活动中去，并以积极的心态面对在学习和生活中遇到的各种压力和挑战，不断克服自身缺点，发挥自己的长处，加快文化融入的步伐。最后，学校内部应制定相关政策与制度改变教师的态度与期望、教学策略、教学方式以及教学氛围，全面推动创新基础素质教育，最终帮助不同文化背景的学生获得全面发展。

四 发挥多元主体作用，构筑科学管理体系

尽管在中国式"强政府"政策支持下，民族地区生态移民基础教育事业克服了难以想象的困难，取得了举世瞩目的成绩。但不可否认，以红寺堡区为代表的很多生态移民区依然面临着基础教育均衡发展与高质量发展预期之间巨大的差异，其发展理念、发展方式、发展路径和发展模式还有待进一步优化完善。因此，应该明确区分基础教育资源配置和均衡发展的价值主体和服务主体。在这些区域内，迁入地的环境与原生环境大有不同，群体结构复杂，民族特征突出，多元文化交织，这些因素的共同存在使得该区域实际办学效果与基础教育资源的优化配置之间存在明显的不匹配。因此，更加需要政府、社会和学校发挥多元主体的作用统筹规划，综合运用现代教育技术手段推动基础教育的均衡发展，以此形成动态的管理机制，构建科学的管理体系，真正推动各教育主体与所处基础教育环境的融合和适应。

民族地区当地政府作为义务教育的供给主体，同时也是基础教育资源合理化配置的主体。围绕着生态移民地区基础教育的均衡发展和公平发展，需要从管理体系的源头治理上予以真正的优化和完善。第一，政府要从宏观层面上以政策形式出台"优质教育资源"的具体标准，以适应当地的教育文化环境，从而确保基础教育资源按照"优质"的标准对教育薄弱区域进行优先供给。第二，各中小学校应该依据自身实际状况与教育需求量，在学区范围内优化调配优质基础教育资源，将基础教育作为地区发展的重点工程，大力推动基础教育均衡发展。第三，要通过对现有资源的激活与利用，主动寻求与其所处教育环境的交互匹配。要将这些优质的资源结合自身学校特色进行改造，使其适应学校发展规律。第四，不断健全基础教育的激励机制和规章制度，有效防止国有资产的流失和教育资源的浪费，提高优质资源利用率。第五，要做到不定期抽查各种硬件设施的使用状况及完好率，深化完善规章制度，例如奖惩结合制与责任追查制，使得民族地区管理主体能够积极接受与适应新型管理方式。

与此同时，教育资源的配置也必须要适应民族地区的环境空间规划与教育发展目标。教育资源配置应当把推动少数民族生态移民区教育均衡发展作为一项重要目标。首先，要充分考虑相关教育资源的辐射半径，打破传统的常规配置路径，避免资源全部集中在某一区域，扩散覆盖面，保证每一所民族地区的中小学都有教学教具、教学课件、教学硬件等基础教学资源的合理化配置，有效解决移民区日益增长的教育需求与优质教学资源供给不相适应问题。其次，为了改善民族地区生态移民群体基础教育发展不平衡、不充分的现状，建议基础教育资源配置的调整重心也进行相应的改变，更多地转向增加优质教育资源的供给。例如，当地政府部门可以适当增加对移民区发展相对缓慢的中小学教育经费支出，为当地各中小学校建立电子阅览室、舞蹈教室、体育馆等促进学生全面均衡发展的硬件基础设施，保障学生的德育学习能够顺利进行，从行动上尽可能缩短与发达区域的距离。同时，采取系统化的资源整合途径，提高教育资源的利用率，以输出的方式来反向补给教育失衡地区，使得红寺堡区内各学校之间的优质资源配置均衡，真正实现统筹规划教育均衡。另外，从教育全局出发，还可以考虑通过学校与学校之间基础教育信息的互通，基础教育资源的共享，基础教育条件的共建等渠道形式来实现优质教育资源灵活分配、调整,以及与移民文化和民族文化的深度融合,充分发挥基础教育的教化功能和文化张力,继而促进民族地区基础教育不同区域、不同主体的和谐共生。

第三节 重视政策导引以重塑环境新氛围

基础教育发展是一个持续的长期性过程,基础教育行业是一个典型的"慢热"型行业,其发展面临的内外部环境日益复杂。伴随着生态移民区整体建设工作的推进,其基础教育发展所面临的外部环境因素及其影响也在不断发展变化。无论是政策法规的优化完善、社会文化的融合再生、人口结构的逐步调整、地理环境的快速变迁,以及科学技术的突飞猛进,都使得生态移民区基础教育所面临的教育环境资源纷繁复杂,动态变化。特别是信息化、数字化和智能化思维及技术的全面变革、人工智能构建的教育应用场景化普及,正在潜移默化地影响传统的基础教育形式以及生态移民区群体的结构类型和行为方式,生态移民区基础教育似乎在隐约中面临着继生态移民搬迁后的"二次转型"需求。因此,如何从主体与环境相适应的视角系统思考基础教育的均衡发展问题和持续发展问题显得尤为重要。

一 出台专项政策法规,重点扶持移民教育

一直以来,国家对基础教育的发展十分重视,相继出台了一系列的支持政策,但针对民族地区生态移民群体的基础教育专项扶持政策略有欠缺。通过回顾我国基础教育扶持政策的演变历程,不难发现我国民族地区生态移民基础教育扶贫政策始终依附在国家整体教育扶贫政策的羽翼之下。生态移民区政府和教育部门等相关机构主要是通过印发和响应国家的扶贫政策,缺乏根据生态移民区的实际情况制定针对性的政策设计,缺乏系统化的生态移民基础教育扶持政策体系。因此,立足于我国生态移民区的实际情况,并结合国外移民教育扶贫政策的成功经验制定符合我国生态移民区现实情况,特别是针对民族地区生态移民群体的基础教育扶持政策意义重大。

要因地制宜地制定并出台针对性较强的专项政策。首先,国家要通过

制定统筹全局的生态移民区基础教育专项扶持政策，起草有关法律、法规草案，明确该区域基础教育扶持主体的权力、义务和责任，并对生态移民区基础教育扶贫的相关内容采取硬性规定，促使基础教育扶持主体各司其职，明确基础教育在生态移民地区的重要性，从而引发全社会对民族地区生态移民基础教育的持续关注。其次，生态移民地区各地方政府要因地制宜，结合本地的实际情况与当地的地方特色制定基础教育扶贫法规，明确规范保障与扶贫机制等，并通过对基础教育扶持工作的实际执行效果中存在的问题进行立法，确保基础教育扶持建设相比之前能够取得更大的成效。例如政府在制定相关法规与条例时，政策注意力应适当地向家庭教育法规倾斜，从根本上提升生态移民区家长对于孩子教育的重视程度，有针对性地对家长进行养育孩子的知识培训。最后，各级政府及教育主管部门要尝试通过使用远程教育和移动互联网等平台，为资源相对匮乏的民族地区生态移民群体提供优质的教育资源，通过专项政策推动区域基础教育稳步开展。

要全力保障已有和未来即将制定相关政策的切实落实。政策落实是政策过程中不可或缺的环节，必须要高度重视民族地区生态移民基础教育各项支持政策的有效落实与监督评价。要尝试建立与完善符合民族地区系统化的教育政策监督体系和评价体系。首先，相关政策监督部门应该根据民族地区基础教育的总体任务，制定硬性的考核目标，对政策执行过程中各参与主体进行监察与考核，把执行权和监督权明确分离。其次，可以考虑利用大数据和互联网＋技术建立教育政策网络监督系统，通过构建互联网监督平台追踪各部门经费使用情况，并通过新媒体平台及时报道和反馈，避免出现地方政府和学校私自挪用和贪污。最后，要实施相配套的奖惩机制，例如加大该地区的教育资金投入，以此确保基础教育扶持政策有序、有效，落实到位。

民族地区生态移民基础教育扶持政策是否有效主要取决于政策评估的标准和体系。然而，目前民族性生态移民区基础教育相关政策的执行效果评估体系还不够规范，评价标准比较单一，并且以往的政策效果评估参与主体基本都是政府，社会各界参与度较小。这容易使政策效果评价片面化，所以需要制定多元化的评价体系。具体来说在评价机制方面，应该更加侧重政策实施过程的评价，形成从政策制定、政策实施到政策监督一体化的评价体系，真正做到公开透明和公正有序；在评价主体方面，以地方政府的评估为主，同时，合理借鉴社会大众对政策实施过程中的意见与建议，从而政府可根据反馈意见对政策有针对性地进行修改和完善，最终保证民族地区生态移民基础教育扶持政策更加民主与透明。

二 强化基础设施建设，夯实基础教育根基

某种程度上来讲，生态移民地区的教育基础设施建设和配套也关乎教育公平与教育均衡。至今，我国还没有适用于生态移民地区的基础教育设施配置标准，特别是传统"自上而下、分级配置"的基础资源模式导致的城乡割裂现象，很大程度上忽视了民族地区不同区域基础设施的需求差异，无法有效引导基础教育设施向基层延伸，从而实现区域范围内的相对均衡。我们在红寺堡区的实地调研中发现，红寺堡区基础教育资源配置相对紧缺，移民家庭子女受教育难度较大，基础教育设施相对投入不足的现状极大地限制了区域人力资本积累，直接造成了有限资源的配置低效。基于此，建议各级政府、各中小学及幼儿园应针对薄弱环节，做到精准合理配置教育资金建设的投入，加强基础设施建设，在硬件设施上进一步夯实民族地区生态移民基础教育的发展基础。

首先，民族地区生态移民基础教育设施建设需要科学布局、合理规划。特别是一些关键性基建设施的投资建设既需要考虑满足现阶段的需求，还需要满足基础教育中长期发展规划的需求，竭力避免短期政绩工程造成的资源浪费。通常来讲，政府是基础教育服务提供的主要供给者，也是中小学基建设施建设标准的主要制定者。因此，针对同一个行政区域存在的地区差异、城乡差异等客观现象，当地政府或教育主管部门应科学合理规划和分类分级建设。要着重针对基础设施条件相对薄弱的民族性生态移民区域进行整体布局和重点支持。此外，为有效应对短期政绩工程造成的区域基础教育可持续发展能力不足、政府公信力部分受损和无谓的基础资源浪费等现象，要充分发挥上级政府对地方政府的纵向监督作用，特别是要想方设法加强对地方政府"一把手"的监督制约，预防"政绩工程""形象工程"的滋生蔓延。同时，在对地方政府工作绩效评估时，要重视无形的、不容易量化的"潜绩"，突出对长期政绩的考察，建立健全综

合、全面、人性化的评价体系，杜绝看单一指标考察的模式，从根本上杜绝短期政绩工程的出现，引导政策制定和实施向着中长期、全面等方向发展。

其次，生态移民区的基础教育设施投入须持续加大投资力度，相比其他地区在规模和标准上甚至可以有一定的超前。政府部门在进行教育经费的投入时，应当发挥宏观调控的作用，对基础教育硬件设施配备欠缺的学校，增加物理、化学实验室、阶梯教室、体育教室等，对教室内的温度、采光、照明等环境质量严格把关，应当符合国家相关标准。进而对基础教育资源进行合理分配，让民族地区基础教育不断趋向均衡化与公平化。同时，民族地区学校的良性发展也离不开政府部门的监管，对于城乡基础教育设施建设的失衡，政府部门应当加大对区域内各学校的监督管理。综合考虑多种因素，慎重对待少数民族移民地区小规模学校的合并和取缔，积极支持偏远地区恢复小学、幼儿园数量和教学点，合理布局规划区域内的寄宿制学校，在政府大力支持下为学生提供便捷的交通环境，在住宿方面予以一定程度资助，杜绝因学校布局不合理而导致学生上学难，甚至辍学的现象发生。

最后，学校应以整合理念引导科学教育基础设施建设萌发出新的形态。现存的科学教育基础设施虽然形态多样，涉及音乐、美术、生活实践等方方面面，但缺乏整合，没有充分发挥协同的综合效益。特别是当前基础教育向着科学化与综合化的方向发展，生态移民地区的课程资源开发与整合、科学教师能力提升、科学课程研制等都面临巨大的挑战，需要专业的教学力量参与、专门的信息平台来支撑。因此，初中学校，甚至各级小学有必要建立科学教育综合实验室，为区域科学教育提供综合化服务，其功能包括但不限于科学教育实施平台、课程资源开发平台、课程资源交流平台、师资培训平台、科教力量汇聚平台、科学教育基础设施建设研究平台的打造与运营，从整合化、协同化视角夯实基础教育根基。

三 倡导移民文化精神，塑造特色校园文化

红寺堡区在人口移动中，由于当地居民面临的生存环境发生了巨大的改变，这使得其生存能力和外部空间都发生了显著的改变。生活方式不再是以前的单一化，生存能力也由原来的种地变成了拥有一定手艺的打工

人，在生存意向上大量农民开始向往城市人的生活方式。这一切都迫使当地居民不断对其原有文化进行改造和创新，以便满足他们日益变化着的各种需要。另外，还有部分居民外出打工，通过模仿、学习和借鉴有效拓展了其原有的生存哲学和文化空间。在这样的互动过程中，因为主客体互动催生的一种全新文化生态，成为一种值得高度关注的文化现象。这种现象的结果在于社会结构和主体能动性之间的互动衍生出一种动态适应关系。在红寺堡区易地搬迁的过程中，社会得以延续的原因是通过文化不断的再生产来维持自身平衡。同时，新生的移民文化也是各种力量博弈的结果，所以具有融合性。还有学者认为文化迁移过程中会形成一个场，这个场不仅受到国家政策的影响，还受到场内各种力量（回、汉村民）的相互较量，最后形成了红寺堡区的移民文化方向。

在移民文化理念的影响下，打造红寺堡区基于复杂环境的基础教育适应性系统显得既现实又必要。首先，创新教学理念。由于长期受应试教育的影响，在红寺堡区基础教育教学过程中，老师们只是注重教学理论的讲解，很少通过讲解当地的文化来激发学生的学习兴趣，所以在这样的情况下，由于受到外界文化的冲击，很多孩子面临着各种价值观的碰撞，会产生一些不好的想法。这就需要老师把当地文化理论融入文化知识中，让学生对再生文化产生文化自信。这就要求红寺堡区的教师在备课的过程，寻找恰当的知识点，把中华优秀传统文化、当地的再生文化相融合，取其精华，融会贯通于教学过程，让学生在创新中继承当地的文化。

随着经济全球化、价值多元化与文化多样化势头的涌现，多元化的教育事业发展既是教育公平的内在要求，是对社会多元价值追求的回应，也是适应世界教育多元发展的趋势。针对目前民族地区学校同质化严重，缺乏多元化办学理念和文化交融等现象，倡导以移民文化和民族文化深度融合为标志的生态移民区基础教育发展就是鼓励不同地区、不同学校，尤其是少数民族生态移民区的学校根据各自的实际情况，创造性地探索适用于自己特色的发展道路，最终实现文化的多元化和区域的特色化发展。基于此，我们建议生态移民区在基础教育过程中要充分体现对不同民族文化的包容性，要尝试通过学校的课程规划、校园活动以及学风校风建设等多渠道和多路径来实现多元文化教育的和谐共存与协同发展。要想方设法帮助移民学生切实感受到基础教育公平与机会均等，打消自己是"外来户"

的本我想法；同时，考虑从教学语言、教学方法、生活习惯等方面优先考虑少数民族学生的困难和需求，重点关注这类学生的成长，帮助他们在学习和生活中收获自尊和自信；其次，加强生态移民地区学校中小学生的多元文化理念和跨文化交际能力的训练和培养，以帮助学生在校园内获得良好的人际关系，摆脱其无法融入集体的孤独处境；最后，针对少数民族地区学生的实际情况，尤其是其与迁入地学校主流文化的差异，应当有针对性地定期开展专题心理辅导，加强移民学生之间的交流与互动，解决他们文化适应过程中的实际困境，从而真正有效地转变少数民族移民学生的心理压力和冲突，最终促进其身心的健康发展。

四　运用现代教育技术，打破教育信息孤岛

"互联网+教育"给基础教育领域带来了创新和改变，尤其为民族地区基础教育信息化质量的提高带来了重大机遇。"互联网+基础教育"能够突破生态移民区原有封闭的办学体系，跨越时空的限制，在网络协同共享的过程中，实现各类基础教育资源的可用性和通用性，从而带来教学资源整合与配置效率提升。因此，政府需建立专门统筹管理教育信息化的工程建设与管理协调中枢，对生态移民区教育信息化资源使用和配置进行全局考虑，整合规划现有资源和新建资源，从而实现已有资源相互利用，提高资源利用率，打破教育信息孤岛。要探索建立健全资源整合开发机制，旨在通过一系列完善的规章管理制度，规范相关人员和项目建设的行为，统一建设目标。最后，针对教育信息化需求机构，深入透彻做好需求与现状调研是整个管理过程中重要的环节，这样才能保证项目投入按需建设。同时，对于已经投入使用的资源，教育机构应及时反馈使用效果与使用建议；另外管理机构要做好收集、备案和整理工作，为资源整合与建设提供依据。

当前，我们必须承认民族地区智慧教育推进的核心困境是割裂和孤岛。构建良好的区域教育信息生态的关键首先是技术架构转变，从孤立系统到联合系统，让信息和数据能够在不同的软硬件系统中无缝流转，形成生态链条。其次是推进模式转变，转变技术思维为应用思维，构建基于教育信息生态模型应用方案。最后是推动制度转变，技术不仅是工具，更是社会结构性的变革。要推动教育生产关系变革，尽可能消除阻碍技术深化

社会分工的制度体系。教育信息化不仅是教育现代化的手段，也是教育现代化的核心特征。进入数字化时代，不论是城市还是乡村，各中小学校都会面临非常大的挑战。除了建设相对完善的数字化环境，还要求教师和学生有更好的信息化素养，只有把这些数字化技术、工具和日常教学实践融合起来，才能发挥最大效能。与此同时，人工智能可以赋能学校，改变学校办学形态，拓展办学领域，形成"以学为中心"的学习环境；赋能教师，改变教师教学教研形态，优化教学模式。在提升教学效能的同时，有助于缓解欠发达民族地区的资源短缺和配置不均衡问题；赋能学生，优化学生学习方式，提高学习效率，增强创新实践能力，减轻课业负担。

随着现代化信息技术的进展，民族地区实现教育资源整合，最终目的是实现教育数据共享。学校需要建立教育资源共享的平台，同时需要建立相关制度，规范教育资源收集渠道及平台建设，形成统一的标准，并保障信息资源的数据安全。而宁夏目前已创建宁夏教育资源公共服务平台，红寺堡移民区可以在这个平台上实现教育资源共享，可以将已有的优质资源上传平台，同时，可以从教育资源公共服务平台上获取精品的教育资源。而红寺堡区需要对教师进行相关培训，能够有效地利用平台资源，运用到自己的教学过程中，将互联网的优势发挥出来，这对红寺堡生态移民地区的教育发展有着重要作用。同时，在民族地区协同推进基础教育信息化发展与提升教育治理能力面临着诸多难题，若要实现整体教学质量和水平的提升，需要突破技术壁垒，构建良好的教育信息生态体系。首先，可考虑采用因材施教的"1352"区域智慧教育解决方案：1个AI教育超脑；3个平台，即教育大数据平台、教育资源平台和区域教研平台；5个教学场景，即智慧教学、智慧学习、智慧考试、智慧评价、智慧管理；总集成、总服务两大模式。通过线上线下混合教学一体化解决方案，助力教学环境、教学模式升级，深化因材施教落地。其次，为民族地区每一位班主任配备智慧课堂的智能手写本。通过记录下学生书写的内容，进行智能批阅，精准定位学生解题中的问题。基于精准的学情反馈，教师可以展开精准教学，并且为学生提供个性化的学习方案。同时，系统可以对教师课堂讲解重点提供个性化的讲评报告。统计出每一道题答题的正确率，依据这些信息判断需要重点讲解的题目以及相关考查的知识点。甚至不用再讲，系统都给出了一个合理的建议，针对其中答题正确率最低的，教师在课堂上重点讲。另外，系统能够智能关联其中的几种典型问题，使教师可以针对共性问题集中讲解，还可以把讲课的过程实时录制成微课。系统会为教师推送相关教学资源，教师也可以选择推送给班上答错的学生，避免其他已经学会的学生无效重复学习，由此形成高效的教学与答疑流程，提高课堂的时间利用率，提升课程教育质量和效果。

第四节　注重系统整合以实现内外部协同

基础教育资源的整合利用能够通过协调、调整、重新组织的方法使相关的教育资源得到有效整合和最优化配置，从而使得最终的整体效益得到提高。从某种程度上来讲，基础教育资源整合可以将系统外有独立效益的主体与系统内相互关联的功能加以整合，使之成为一个完整的体系，并且互相渗透与关联，最终促使其结构、质量、规模与效益协同发展，使基础教育的整体水准与运行质量得到显著提升。整体来看，系统提升民族地区生态移民群体基础教育质量发展的路径选择，要秉承"共建、共享、共用、共生"的协同创新式教育理念，通过各种渠道方式和条件资源真正实现基础教育系统内外部的多主体协同、多层次整合与多维度匹配，最终提升生态移民区基础教育的整体质量，是本节内容的核心要义。基于此，我们认为，生态移民区基础教育发展有必要在系统化的平台思想中注重整合利用，不断推进基础教育的内部主体与外部环境相交互、融合与适应。

一　倡导"共建"教育理念，打造基础教育教研服务平台

随着基础教育的普及化、大众化，基础教育教研服务平台的建立也需要与民族地区的教育理念相通，这样不仅可以使学龄前儿童和中小学生更好地适应当地的社会文化环境和技术环境，还有助于提升其综合素质和教育质量。然而，以红寺堡区为代表的民族地区生态移民基础教育还存在诸多现实问题和制约瓶颈。在相对传统的教育模式下，红寺堡区的大多数学校比较注重升学率等硬性指标，教师忽视新型教育理念知识的学习，脱离了专业教育的轨道，导致了理论和实践无法统一。而且，教研环境建设现状与教师个性化的教研需求不相匹配、同质化教学教研现象严重等问题使得教学教研活动在实施的过程中出现低层次重复和低效能使用的情况，忽

视了微观学校和教师个体化造血机制之间深层次流转需求的现象，其结果导致拥有区域优势教研资源的学校和教师与薄弱学校、教师之间的差距进一步拉大，从而导致教育教研出现新一轮发展不平衡现象。因此，本书认为，依托民族地区生态移民区域优质教研平台和当地社会文化、科学技术以及政策法规资源集聚环境，融合新型的教育思想观念，构建一体化的基础教育优质教研资源流转方案势在必行。《教育信息化十年发展规划（2011—2020年）》明确指出当前我国"数字教育资源共建共享的有效机制尚未形成，优质教育资源尤其匮乏"的问题，"鼓励企业和其他社会力量开发数字教育资源、提供资源服务，建立起政府引导、多方参与的资源共建共享机制"。

首先，在构建基础教育教研服务平台时，政府要发挥应有的主导作用，使教育教研服务平台中的动力机制、运行体系和评价体系等不断完善和优化。政府需要倡导学校、教师以及家长形成"共建"的教育理念，引导家长转变搬迁之前的传统教育理念，提高对新型的教育理念的认知，鼓励民族地区学校有针对性地对该地区的学生进行良好的教育，让学校转换定向思维，构建一体化的教育资源共享平台。另外，还要加大对该地区教师的培训力度，从根本上改变教师教育理念，强化教师综合能力，同时提高教师相应的待遇水平，以此来提升教师的教育教学水平。

其次，在实施基础教育的过程中，各个学校要担当"大家长"的角色，不仅要制定当代新型教育的培养方案，还需要制定有效的绩效制度，将培养结果作为重要的考核指标，使民族地区的教师高度重视学生的教育教学活动。可以通过与该地区的其他学校组成教育资源联盟，共建课程、会议、活动等教育资源，并在红寺堡区内实现教育资源的共享。具体来说，就是把民族性生态移民区教育教学资源相对丰富的学校作为主阵地，通过系统发起组建教育资源联盟，并由联盟内的各个学校发起针对某门课程、某次会议、某次活动的共建活动，共同开展教育资源的建设，有效提升教育资源质量。另外，共建资源发起的学校还可以选择共建区域内的其他学校，发起课程、会议、活动等的共建需求，开展针对一门课程或者章节的建设，针对一次会议的会议前、中、后的资源完善与建设，或者针对一次活动如体育活动的活动前、中、后的资源完善与建设。通过共建发挥大家的力量，能够逐渐打磨好课程，提升课程的教学质量；通过共建能够使会议、活动的参与者共同完善会议与活动相关的资源，提升会议与活动的管理水平。

最后，面对当前基础教育的发展形势，为了推动实现产教融合协同育人、资源共享的合作目标，民族地区的学校要将师资队伍建设作为重点资源建设内容，注重优化师资配备。在师资共建方面，师资优越的学校可以组织优质富余师资选择课例进行示范授课，同时组织教师资源薄弱地区的教师进行远程观摩，经过多次观摩，不断对照改进，积累宝贵经验。在积累了一定经验之后，参加培训的师资经过阶段性改进提高，选择课例进行模拟授课，同时组织优质富余师资同步远程观摩评课，进行相对应的系列总结与研讨。除此之外，优质富余师资还可以持续评估薄弱师资状况，跟踪改进薄弱师资教研水平，在薄弱师资达到所预期的基本教研能力后，进行阶段性的授课评估。经过阶段性评估，将一对一匹配优质富余师资与薄弱师资融入教师日常工作之中。在教育教研活动达到成熟阶段就可以打破校际界限，建立区域优质富余师资资源库，进行系统化的统筹协调。

二 鼓励"共享"教育理念，打造基础教育信息共享平台

教育信息大数据是一种特殊的资源，只有充分实现共享，才能使教育成效达到最大化。教育大数据信息共享平台是指集合教育期间形成的所有数据，依托平台共享与传递这些数据，这些数据也可以称为教育资源。建设信息共享平台有利于提高共享数据的准确性与回报率，共享平台在数据传递与接收过程中发挥着媒介作用。① 通过运用此"共享"的教育理念，使得区域内的中小学校组成教育资源联合体，共建课程、会议、活动等教育资源，并在区域内实现教育信息的共享，这是推进受教育主体与外部环境协同发展的重要举措之一。

如前所述，本书通过对红寺堡区中小学的实地调研发现，虽然政府及学校正逐步重视教育资源的投入量，不断加大基础设施硬件建设。然而，这些教育信息仅仅在单个学校内流通，难以形成红寺堡区内各中小学联动发展，信息资源共享机制的缺失导致教育资源利用率低。基于上述现实存在又亟须解决的问题，民族地区生态移民基础教育应当顺应当前教育理念

---

① 甄晓非：《教育大数据平台信息共享影响因素分析》，《现代情报》2019年第39卷第7期。

新思潮，鼓励区域间各校共享协同发展，打造基础教育信息共享平台，充分发挥平台的系统作用，从内外部协调的角度来有效解决教育活动中的信息不对称、资源对接难以及资源分配不公等问题。

教育大数据信息平台体系是一个复杂的系统，教育共享的主体只有通过共享平台才能使客体发生效用，而这个过程的实现要依赖一定的开发机制来保障。第一，建立开放获取机制。对于教育大数据信息共享，开放是获取的前提，获取是开放的保障，共享才是最终目的。因此，教育大数据信息资源首先要开放，可通过网络形式进行开放，保证电脑手机可读，以增强数据的公开性、透明性，在强调质量和使用价值的基础上，将教学数据、成果等教育大数据资源与区域内各校共享。同时，教育信息共享的实现还依赖于对多种来源的教育数据的获取。不仅要明确教育大数据获取范围和内容，而且要选择合理的获取形式及手段。图书等公共教育资源，可进行强制获取，而对于个人付出脑力劳动以及时间、管理成本的科研成果、专利、科学数据、实验数据等，有必要秉持自愿原则进行开放。第二，构建分类存储机制。由于在现实情况中教育信息数据质量存在偏差，在数据采集时应规范必要的信息采集规则和机制，并灵活运用信息过滤技术，取精去糟、去伪存真，将符合采集规则和要求的数据收集到平台数据库中，然后引入更为专业的数据分析技术，将采集到的分散无序的教育大数据进行组织、加工与分析，使其转换成符合数据库文件格式的且有规律的有序数据，最后对于有价值的数据，按照一定的标准格式进行存储，供开放共享和利用，对无价值的数据进行淘汰。第三，搭建整合共享机制。在教育信息平台的运行中，涉及的资源、信息等基本处于分散且不均衡的现状，共享的先后顺序会在一定程度上影响共享的效果。因此，教育信息共享可通过信息资源带动实体资源的形式来实现。首先应当优先共享学校中的教育信息资源，其次带动教育实物资源共享，最后实现教育大数据资源的广泛共享。第四，依靠技术支撑机制。计算机和网络信息技术是教育信息共享落实的重要途径与载体，能够有效整合碎片化的各类教育资源、方便多元化的教育主体使用及共享协作，起到纽带作用。教育资源要实现与互联网信息技术的对接，不仅需要对已摸底记录的学术资源进行程序编码，以符合网络信息传播特点，而且要充分利用大数据的挖掘、分析技术、云计算等，对大量的教育大数据资源进行快速筛选、整合和利用，促进学科交叉和数据集成。第五，确保管理协同机制。推进教育大数据资源开放共享、合理配置，涉及学生、教师、学校及教育管理主体等多方利益，是一项复杂的系统工程。因此，多方主体应发挥不同的效能，构建协同发展的联动体系。政府部门不仅要制定规范教育信息共享的政策，更要在规划设计、环境营造以及加强监督管理等方面发挥主导作用。对于学校来说，应发挥其组织协调能力，成立教育信息共享管理委员会并设置教育大数据资源共享管理办公室，具体负责部门协调沟通、制度规范制定、教育资源整合与管理队伍建设等工作。与此同时，学校各有关部门应制定教育大数据共享的宣传机制，在潜移默化中强化学生及教师的共享意识。对于教师而言，应定期积极主动参加有关教育信息大数据管理、技能的培训，从自身出发加强其共享理念的自觉性意识。最后，形成教育大数据共享的文化氛围。只有营造一种全校性的倡导教育信息资源共享的大环境，才能形成民族地区各中小学教育大数据持续共享的良性循环。

三 推动"共用"教育理念，打造基础教育优质资源平台

"共用"发展理念的本质在于如何确保每一个学生和教师都能共用学校的各种教育资源，共用各种活动的平台，共享成功的喜悦，这就需要打造基础教育优质资源平台，确保各级学校能参与，所有师生人人能参与，想方设法创造人人能参与的机会和条件。然而，在以红寺堡区为代表的民族性移民区域内，成功总是属于部分学生，有的学生从幼儿园开始，就因为优质教育资源配置问题输在起跑线上，这是教育转型发展中值得深思的问题。采取共用的教育理念推动学校和学生的差异化发展，让每个学校把握自己的教育发展方向、找准自己的阶段定位，就显得尤为重要。同时，移动互联网、大数据、人工智能，伴随信息化时代扑面而来，基础教育方式也发生了深刻变化，在"教育与中国未来30人论坛"上国家教育体制咨询委员会成员李延保提到"走向人类教育共同体"。未来，从共用课程、共用图书到共用教育资源，共用教育将形成规模。推动"共用教学阵地"建设，是民族地区基础教育工作深入践行"共享共用"教育理念的实际行动，也是落实中央规定精神和自治区会议安排部署的具体举措，对于不断强化优质教育资源集聚效应，切实提高民族地区的基础教育质量意义重大。

就红寺堡区而言，教学资源的紧张程度已经反映在办学条件、师资队伍、经费投入、校企合作、教学质量等方面。从访谈调研情况看，红寺堡区的基础教育发展还存在教育资源配置不均衡的现象，且中小学本身体量小，注重相对基础的教育，而发达地区体量大，更注重高层次的教育与研究。因而，红寺堡区拥有可达到共用机制标准的设备较少，而发达地区的很多中小学校会专门出台有关教育设备共用的管理办法，对外发布设备共享共用的信息。红寺堡区许多中小学没有专职的教育设备管理员，基础工作还不扎实，无相应的激励措施开展该项工作。在信息化管理方面，红寺堡区的中小学信息化建设也缺乏相应的基础实施条件。在人才储备上，红寺堡区的各中小学工作人员大多是教师、行政人员和后勤人员，缺少技术型人员。且在理论上，基础教育阶段的许多通识性课程和一些基础性课程都是可以共用的，像如何开发学生创新思维和学习自然科学等。而关于这方面，红寺堡区各个学校之间相互借用优质课程的合作偏少，学校对优质课程合作的重视度也不够，因而，没有形成较好的校际优质教学资源合作体系。

因此，践行"共用"的现代教育理念，通过贯通上下、联通左右、打通内外的方式实现教育优质资源大循环、大使用，进一步发挥优质教育资源最大效能，是一条可以持续探索的创新之路。基于此，以红寺堡区为代表的民族性生态移民区基础教育发展，要以突出问题为导向，以共用教育理念破解基础教育发展过程中遇到的难题，要把共用教育理念贯穿到教育全过程。聚焦区域教育资源分布不平衡、使用不充分、效用发挥不足等问题，尝试打破壁垒，促进基础教育优质资源在移民区各个学校间的互联互通、共享共用，激发优质教育资源最大效能。比如：在信息化建设方面，可以由相关教育管理部门或某一学校牵头，共同建立校际统一的设备共用平台，以较低的成本实现信息公开化，以推动教育设备的共享共用，通过分摊管理成本提高使用效率，通过采取共用教育理念提高学校收益，且要强化基础教育的教师队伍建设、设立专门的教育资源设备管理岗位，从而打造出生态移民区基础教育优质资源平台。此外，共用教育理念的核心是合作，合作已经成为当今教育发展的主流，各个学校应该立足于推动教育"共用"理念，通过基础教育优质教育平台促进不同学校间的合作，利用资源配置，共建"教学资源地"，促进优质课程资源从私有、私用向开放、共用方向转变，形成共用教育资源可持续发展的运行机制，使生态移民区基础教育的学校互利互惠，互相学习精品课程，主动使用其他学校优质教育资源，通过合作共用教育理念，把优质教育教学资源的利用视角从完全的内部使用转向内外并举，真正解决不同区域、不同学校之间优质教育教学资源配置不均衡的问题，从而提高基础教育资源优化配置的效率和实际效果。

四 践行"共生"教育理念，打造基础教育事业共同体

改革开放 40 年来，我国的教育扶贫事业稳步开展，基础教育事业取得了显著的成就，已基本实现底线教育均衡。目前，城乡教育一体化向纵深推进，教育公平、教育均衡等理念日益受到人们的重视，区域协同发展成为大势所趋，基础教育走向共生成为基础教育发展的未来方向。① "共生"一词最早由德国植物病理学家安东·德·贝里在 1879 年提出，他认为共生就是两种不同生物之间所形成的紧密互利关系。② 而共生教育则是在人与自然和谐发展的基础上，通过教育资源的需求整合，不断构建、推进社会外部环境和多主体参与的合作网络，探索出具有复杂性、动态性的内外联动教育发展模式，达成人与自然、人与文化、人与人互促共生的教育系统③。在共生教育理念下，各主体间要相互配合、合作和转换，并不断地进行主体间的资源更迭，与外部环境交互融合，保持良性循环发展的态势。④ 在共生教育理念的引领下，我国基础教育应借助政策、新技术等一系列外部举措实现教育事业的改革和创新，有意识地将相关主体、组织整合为共同发展、共同生存的利益共同体，实现教育资源整合的有效分配，缩短区域间的教育教学水平差距。

红寺堡区是一个易地扶贫搬迁区，其居民从原居住地搬迁到红寺堡区

---

① 郭文霞：《走向共生：我国基础教育科研范式的区域行动——以上海市嘉定区为例》，《当代教育论坛》2020 年第 4 期。

② 符全胜、朝鲁、马丽：《共生视角下德国职业教育资源整合实践及启示》，《中国远程教育》2020 年第 10 期。

③ 孙杰远：《论自然与人文共生教育》，《教育研究》2010 年第 31 卷第 12 期。

④ 李桃、赵伟：《互联网时代终身职业技能培训制度适应性效率研究》，《中国远程教育》2018 年第 11 期。

是一个突变的过程，移民居住的生态环境、社会文化、生活方式、人际关系等都发生了翻天覆地的变化，呈现出多元文化融合、多民族协同发展的特征。在红寺堡区20多年的发展历程中，当地政府始终将基础教育发展作为区域发展的核心，其教育规模不断扩大，在校生人数逐年递增，基本实现基础教育阶段的底线均衡。但受自然环境、经济条件的约束，红寺堡区教育事业各主体呈现出独有的诸如教师编制缺乏、家长教育理念滞后、学生心理"孤独感"强和教学管理注重形式等特征，且各主体间、各主体与外部环境间交换、交互、融合的动态演化路径不足，对"协同发展"理念的重视度不够，造成红寺堡区的"择校""空心校"现象频发，存在教育资源浪费、配置不合理等现象，导致区域间教育水平差距大。因此，以红寺堡区为代表的民族性生态移民区基础教育发展亟待融入优质教育均衡、公平发展、缩小区域差距等思想，打通各主体与外部环境的联通壁垒，建立起共生教育理念引领下的基础教育事业共同体。

2019年6月，习近平在上海合作组织成员国元首理事会第十九次会议上指出，构建人类命运共同体的主张顺应了全球治理体系变革的时代要求，有助于推动全球治理体系的平衡发展。[1] 事业共同体是由组织中具有共同价值取向、职业理想、组织归宿感的群体组成，是组织实现可持续发展的重要保障[2]。事业共同体的形成是以组织文化建设为基础的，是组织文化不断滋养和生成的结果。基础教育事业的发展不仅关系到亿万学生的健康成长，更关系到社会的和谐稳定。因而，针对红寺堡区存在的问题和事业共同体的核心理念，本书认为红寺堡区的基础教育事业共同体建设应该以践行共生理念为引领，以明确各主体地位与职责、构建多元化主体参与模式、创建共生环境生态为核心思路，着重解决多元文化的价值冲突、主体与环境间的适应问题，推动红寺堡区基础教育事业均衡、可持续发展。

在明确各主体地位方面，应健全红寺堡区教育管理体系，完善相关法

---

[1] 陈臣：《习近平关于构建人类命运共同体重要论述的方法论研究》，《北京交通大学学报》（社会科学版）2020年第19卷第4期。

[2] 李红霞、任祖林：《构建优质组织文化　塑造学校事业共同体》，《中国教育学刊》2009年第2期。

律法规，引导生态移民区各学校与政府建立协调统筹基础教育发展的管理机构。此外，要明确各主体间的本职工作，规范办学性质，加强对各教育主体的监管，形成学生认真学习、家长强化理念、教师素质优良、管理者规范管理的良好局面。在构建多元化主体参与模式方面，应从多元合作主体利益共同体的视角，加强主体间的沟通、参与，建立由学校、政府、企业、科研机构、行业协会等组织构成的多元文化主体参与系统，以可持续性的共生教育理念为主导，通过教育资源共享和优势互补来形成可持续的发展态势。在创建共生环境生态方面，应注重政策导向、科技创新在基础教育事业发展中的作用，引导各教育主体转变思维，打破固有认知，加强外部环境对教育的作用，推动内外部协同发展，形成良性有序的动态、循环发展模式。通过建立形式多样的基础教育资源整合集群，探讨知识体系、重构合作方式、整合教育资源等方法，搭建起内外部动态交互的桥梁，建立起协同共生的基础教育发展模式。通过明确各主体地位与职责、构建多元化主体参与模式、创建共生环境生态三大思想的落地与实施，着力建设民族性生态移民区的基础教育事业将会形成主体权责明确、内外部协同发展的新教育生态系统，有利于打造基础教育事业共同体。

教育的本质在于唤醒开发学习者的内心。而"守正出新"是民族地区生态移民基础教育的应有之义。"正"指的是价值引领，"新"指的是价值创新。民族地区基础教育的最终目的就是引导受教育者通过文化选择作用教育变迁，经由教育创新促进教育发展，培育中华民族共同体意识，培养新时代教育人才，这也是当前民族地区基础教育工作的重要内容之一。在教育实践中，个体不但习得知识，并采取非遗传方式来进一步适应并巩固这种文化。因此，文化在民族教育过程中是这样的一种存在事实：它提供了受教育者可能接受教育的经验空间，并本能地要求受教育者按其已有的传统范式进行个体的社会化，这一过程同时也造就了民族教育传统的本质性差异。因此，在研究红寺堡区为代表的民族性生态移民区基础教育发展实践的过程中，需要结合区域特色、民族属性和文化特质，对影响其基础教育的内外部主客观因素进行深度剖析，构建复杂环境下基于"共建、共享、共用、共生"的基础教育适应性生态体系，具有很强的理论和实践意义。事实上，在研究民族教育发展过程中，如果仅仅进行单个主体的问题及特征研究，难免有失偏颇。因为基础教育的过程必然受到文化、地域、经济、社会和科学技术等诸多因素的综合影响，而这些因素同时也反向影响创新基础教育的内容与形式。不同的环境因素造就不同的教育观，这就意味着教育的实践价值观决定着教育方向。所以，从这个角度来说，民族地区基础教育的发展过程就是对教育目的的实现——"善"的达成。唯有在整个基础教育体系中创造各种条件以实现主体与环境的合理适应和有效协同，才能真正实现基础教育在资源禀赋欠缺条件下的高质量均衡发展。

结 语

总结与反思

　　生态移民工程作为中国实施脱贫攻坚战略中一种稳定有效的扶贫方式，其实质在于将不具备就地扶贫条件的原居住地居民整体迁出，继而寻求从根本上改变该区域贫困人口的生存和发展环境。大量不同区域的贫困人口从迁出地到迁入地，相对复杂的异地搬迁移民属性与多民族文化融合属性，使得这一群体的基础教育问题呈现出较为明显的不同于其他区域的个性化特征，因此大规模区域搬迁带来的教育适应性问题值得重点关注。

　　教育是民生工程，教育问题是社会问题，教育的最高目标是人的和谐发展。深入推进民族地区生态移民基础教育均衡发展，全面提高基础教育质量，进一步促进教育公平，对全面建成小康社会具有重要现实意义。在教育扶贫、教育政策和教育资金对西部贫困地区倾斜重大举措下，以及以缩小校际、城乡、区域教育差距为目标，在政府与社会的共同努力下，民族地区生态移民基础教育取得了历史性进步。民族地区生态移民基础教育经历了一个从"有学上"到"能上学"和"上好学"的转变，办学条件全面改善，教育资源配置基本实现均衡，教育质量逐步提高。但是，当前红寺堡生态移民基础教育发展中还存在以下突出问题和显著特征：一是教师资源的结构性失衡与动态补给困难；二是家庭教育的显著缺失与学前教育的明显滞后；三是教育基础资源的需求过剩与有效供给不足；四是基础环境的瓶颈制约与文化贫瘠；五是移民群体的身份尴尬与心理失衡。

　　从辩证法和宏观、微观之间的关系视角来看，这些问题和异质性特征的存在，本质上是由于红寺堡生态移民区生态文化与教育发展、社会发展与教育发展、学校发展与教育发展等关系之间相互制约、相互影响造成的。所以，本书尝试从影响基础教育的主体特征、环境因素以及主体与环境之间的互动匹配关系出发，进行深入系统的对比分析和适应性分析，继而在此基础上探讨适合民族地区生态移民基础教育发展的路径和模式。

因此，本书基于复杂适应系统理论和文化生态理论，综合运用田野调查、历史口述、深度访谈和实证分析等方法，以宁夏回族自治区吴忠市红寺堡生态移民区基础教育现象为个案，对红寺堡区各级教育主管部门、精准扶贫户、幼儿园、小学、中学等多维主体进行了持续追踪和深度访谈，获取了大量一手和二手访谈资料和数据资料，并据此系统分析了红寺堡生态移民区基础教育的发展现状，揭示民族地区生态移民基础教育中"红寺堡教育现象"，通过红寺堡生态移民区教育现象中透射出的问题和矛盾，分别运用定性和定量的方法从主体（教师、学生、家长、管理者）和环境（政策法规、人口地理、社会文化、科学技术）两个维度出发，深度分析并揭示其教育适应性问题及其成因，由此提出构建民族地区生态移民基础教育复杂性环境下基础教育适应性生态系统的逻辑建构，并从主体和环境交互适应视角提出相应的路径选择和策略建议。

一　观点与结论

具体来看，本书从外在表现和内在不适应性两个层面来深度解释民族地区生态移民的"红寺堡教育现象"。其中，外在表现的具体描述为：（1）频繁发生的主动性"择校"行为；（2）"人在曹营心在汉"的义务教育尴尬；（3）明显稀缺的学前教育资源；（4）编制紧缺背后的高负荷运转；（5）易地搬迁群体的心理不适；（6）"用不起来"的信息化资源；（7）"零辍学率"背后的管理困惑。内在矛盾的具体形式为：（1）免费教育供给与"有限择校"之间的矛盾；（2）社会结构变迁与移民教育选择之间的矛盾；（3）学前教育有效供给与现实需求之间的矛盾；（4）教师编制缺乏与超负荷工作之间的矛盾；（5）移民群体繁忙与家庭教育缺失之间的矛盾；（6）信息化资源充分与配置不合理的矛盾；（7）行政管理模式与教育规律不适应的矛盾。

为了进一步解释红寺堡教育现象背后的具体原因和内在机理，本书分别从教师、学生、家长和教育管理者四个主体维度和政策法规、人口地理、社会文化及科学技术四个环境维度出发，对红寺堡生态移民区基础教育现象中出现的问题和存在的不适应成因进行进一步分析和论证，并由此总结提炼了红寺堡生态移民区基础教育环境适应性差异的直接效应与间接效应，并对其适应困难的内在原因做了量化层面的深度阐释。

在内外部环境和量化分析的基础上，本书认为民族地区生态移民行为的多元性，决定了深入探析民族地区生态移民群体基础教育主体发展与区域经济社会发展等外部环境因素之间的依存关系，以及由此探寻与民族地区生态移民群体文化特征相适应的特色基础教育发展路径优化的必要性和重要性。最后，基于复杂环境适应理论和文化生态理论视角，提出了民族地区生态移民基础教育复杂环境适应性生态系统的整体建构逻辑，并进一步提出民族地区生态移民基础教育如何通过政策改革和路径创新实现基础教育的持续健康均衡发展，具体建议如下。

注重内涵建设以激活主体新动能：（1）改善教育管理机制，释放教师内生动力；（2）摆脱传统文化桎梏，提升家庭教育"温度"；（3）推进创新素质教育，激活学生学习潜能；（4）发挥多元主体作用，构筑科学管理体系。

注重政策导引以重塑环境新氛围：（1）出台专项政策法规，重点扶持移民教育；（2）强化基础设施建设，夯实基础教育根基；（3）倡导移民文化精髓，塑造特色校园文化；（4）运用现代教育技术，打破教育信息孤岛。

注重系统整合以实现内外部协同：（1）倡导"共建"教育理念，打造基础教育教研服务平台；（2）鼓励"共享"教育理念，打造基础教育信息共享平台；（3）推动"共用"教育理念，打造基础教育优质资源平台；（4）践行"共生"教育理念，打造基础教育事业共同体。

总结起来，本书的核心观点和结论如下：现阶段红寺堡生态移民区的基础教育已基本实现底线均衡和教育机会平等，但还存在着主体与环境之间的不适应，这些问题明显制约了红寺堡区基础教育的均衡、持续和高质量发展。虽然红寺堡生态移民区基础教育发展在"强政府"的扶贫政策和扶贫模式推动下取得了极大的成就，但该区域特有的移民性、民族性和文化多元性所引发的个体与环境之间的适应性困境与现实问题，使其基础教育均衡发展面临极为复杂的内外部环境，最终反映为不同主体、不同维度、不同领域的教育适应性和路径选择差异。基于此，本书提出要通过资源整合的方式，努力实现红寺堡生态移民区基础教育主体与环境的有效融合，持续打造其基础教育资源高效协同的教育生态适应性系统，为该地区教育未来发展提供了一定的思路。

本书的相关研究主要回答了以下三个问题：

首先，回答了红寺堡生态移民区基础教育发展"怎么样"的问题。

红寺堡基础教育发展经历从"无"到"有"的过程。20年的建设，一是红寺堡的办学条件得到了极大的改善，从几间平房到现在拔地而起的综合教学楼、实验楼、住宿楼和完善的教学辅助设施；二是建成基础教育体系，建设之初，只有一所小学，如今已拥有4所寄宿制初中，69所小学，48所幼儿园，圆满完成义务阶段"普九"任务，基本实现学前教育阶段"普惠"教育。三是教学质量不断提高，近年来，红寺堡巩固率、升学率均名列市里前列，并在2019年，取得了高考上线率52.27%的成绩。

但是，当前，随着人们对基础教育从"有学上"到"上好学"需求的转变，红寺堡生态移民区基础教育发展仍面临严峻的核心问题。一是师资缺乏。最主要的原因是缺少教师编制导致教师不足。其次，由于红寺堡生态移民区社会经济和自然条件的影响，以及待遇偏低，导致教师流失率高，稳定性低，从而加重了师资配置失衡。二是"空心校"现象突出。由于红寺堡实行规模办学，城区学校扩建，农村撤点并校，导致农村小学"空心校"现象普遍存在。三是择校问题普遍。近几年红寺堡教育质量不断提高，周边地区生源向红寺堡区流动，而红寺堡区对转入不设门槛和限制，导致"择校"问题，进一步加剧了红寺堡生态移民区师资短缺的问题。四是随着红寺堡生态移民区人口逐年递增，以及二胎政策的实施，学前教育需求呈线性增长，导致学前教育供给失衡。

其次，分析了民族地区基础教育"为什么"发展滞后的问题。

生态移民群体迁出地多为自然环境恶劣、深度贫困地区，而迁入地则以建设时间短，或者待移民开发的地区居多，无论是迁出地，还是迁入地，都存在社会基础薄弱，经济发展落后，缺少教育资源存量的问题。因此，教育发展存在"先天不足"。在民族地区，生态移民从原住地搬到另一个全新的地方生活，需要很长时间认识、了解、适应、融入其他民族、当地文化和新环境，因此，同质化的基础教育供给与民族地区生态移民群体教育需求存在一定的差异。最后，从复杂适应系统理论和文化生态学视角来看，民族地区生态移民群体基础教育与所处的环境、社会、文化有密切关系，区域特有的民族特征和移民特征，以及特殊的社会发展历程，决定了基础教育发展的阶段性特点。因此，深入了解民族地区生态移民群体的"文化内核"，厘清基础教育与其"文化内核"的关系，是改进和优化民族地区生态移民群体基础教育发展路径的必然要求。

最后，回应了民族地区基础教育"怎么办"的问题。

民族地区生态移民群体基础教育发展，在借助政策和政府资金投入的同时，还要加强学校自身、区域自身的发展能力，基于自身条件和特点，认清"培养什么样的人，怎样培养人"的根本性问题。创新办学思维，转变教育价值取向，从教师、学生、家长、教育管理者等主体行为的改进优化出发，积极探索适合民族地区生态移民群体发展的特色基础教育。另外，通过政策法规、地理人口、社会文化和科学技术等条件和力量的持续改善，最终形成与主体改进相匹配的外部环境。最后，基于民族地区生态移民基础教育发展的现实特点，紧跟基础教育发展趋势和特征，持续完善和优化教育扶持政策的制定实施和监督评价，积极利用现代教育信息技术，冲破传统的封闭式教育模式，以"共建、共享、共用、共生"的全新思维模式推进不同区域、不同校际、不同领域的优质资源整合和路径协同创新，从而实质性地推动资源禀赋相对较差区域的基础教育发展模式变革，在内外协同的基础上持续推进民族地区生态移民基础教育的均衡高质量发展。

整体来讲，以往研究对于此类问题的关注和研究大多从基础教育的参与主体出发，进行主体心理和行为层面的具体分析，提出的相关建议也大多局限于主体改进本身。本书尝试探索红寺堡生态移民区基础教育现象异质性特点与基础教育发展成效之间的内在机理和交互效应，对基于生态移民群体心理和行为特征的教育适应性问题进行田野验证和理论阐释，继而将民族地区基础教育问题的研究推向了纵深和精细。

二 贡献与创新

本书重点关注民族地区生态移民基础教育发展状况、特征及其所处的内外部环境，并深度分析其背后的深层次原因和内在机理，从而为中国基础教育理论和实践的优化完善提供学理层面和策略层面的探索和支持，实际贡献和创新点大概可以总结如下：

（1）从学科交叉的视角出发，深入研究民族地区生态移民这一特殊群体的基础教育适应性问题，重点关注该群体基础教育发展中呈现出的民族性、区域性、心理性、文化性特征，并通过实证方法对基础教育主体的环境因素认知进行定量检验，从而进一步拓展了基础教育适应性问题的研究视角。

（2）综合运用教育人类学、社会心理学、管理学等领域的相关研究成果，系统梳理了民族地区生态移民基础教育发展的基本脉络，并尝试通过质性分析与量化分析相结合的方法，深入探究生态移民群体基础教育主体与环境的适应性问题及其内在机理，从而为环境适应理论和文化生态理论的丰富完善做出了贡献。

（3）系统思考了影响民族地区生态移民基础教育发展的内外部多维因素，在此基础上进一步探讨了适合民族地区生态移民基础教育发展的差异化路径，尝试回答了以红寺堡区为代表的民族地区生态移民基础教育发展"怎么样""为什么""怎么办"这三个核心问题，并据此提出了基础教育复杂环境适应模型和多元文化生态模型的建构逻辑，将以往关于基础教育相关问题的单一主体研究拓展至主体与环境适应性的互动研究，更符合相关问题研究和解决的真实情景。

（4）综合运用田野调查、历史口述、个案访谈、实证分析等多种研究方法，在大量扎实的文献阅读与理解基础上，深入田野，寻找核心人物，进行访谈并翔实记录，创新性地通过模型构建和量化分析的方法验证了基础教育主体对环境因素的认知特点，从而为研究该领域问题的方法论创新进行了有益的探索。

三 局限与展望

（1）民族地区生态移民基础教育适应性问题不单纯是一个教育问题，还涉及教育人类学、社会心理学、管理学等多学科交叉。无论从任何角度、任何学科出发，都不可避免地存在片面性和局限性，研究精细度有待提升。接下来的研究中将扩大调研范围和对象，尽可能进行不同生态移民区域的对比研究，同时将针对不同的主体和环境因素进行纵深研究，从而将此研究进行拓展。

（2）基础教育适应性问题是一个相对宽泛的概念，限于个人能力和知识的广度、深度及精度局限性，很多问题分析的高度和准确度还有待进一步提升。基于此，本人在此主题的后续研究过程中，将不断咨询多个领域专家的相关意见，不断完善并优化改进。

（3）由于各种主客观原因，整个研究过程中的部分重要个案访谈和相关数据的获得过程比较艰难，致使很多分析难以做到非常精准，很多数据的年份没法做到一一对应，这也是本书存在的一个缺憾，在以后的研究中尽可能的查漏补缺，尽量完善。

概而言之，基于红寺堡生态移民区基础教育的民族属性和移民属性，本书重点研究了生态移民区基础教育的适应问题，并对红寺堡区基础教育发展的历史、过程和路径进行了系统梳理。整个研究将基础教育问题置于社会、文化、环境中，从文化生态和复杂环境适应的视角来阐释主体行为与环境要素的适应性与匹配性对于整个基础教育持续高质量发展的重要性，取得了一些研究发现，但还存在较大的拓展空间。

因此，以此为起点，本书今后将通过更加持续、广泛的资料搜集和钻研，进一步厘清民族地区生态移民基础教育与政策法规、社会文化、人口地理、科学技术等环境之间的动态适应关系，进一步探索适合民族地区生态移民基础教育的协同发展模式。后续的研究还将重点关注大数据、云计算、人工智能、新兴媒体等现代化信息技术与基础教育均衡发展和高质量发展的有效结合；尝试研究通过现代教育技术和思维的迭代升级来解决民族地区生态移民基础教育发展中的"不均衡、不适应、不匹配"等问题。除此之外，还将进一步探索适合民族地区生态移民群体基础教育质量和发展水平的评价指标体系，以期能够发现不同区域之间基础教育的共性与个性问题，继而科学合理地明确民族地区基础教育均衡发展的方向。

参考文献

一 中文文献

（一）中文著作

[古希腊] 柏拉图：《理想国》，重庆出版社 2016 年版。

《毛泽东选集》第 5 卷，人民出版社 1977 年版。

巴战龙等：《学校教育·地方知识·现代性——一项家乡人类学研究》，民族出版社 2010 年版。

范建荣：《生态移民战略与区域协调发展：宁夏的理论与实践》，社会科学文献出版社 2019 年版。

方兵等：《生态移民——西部脱贫与生态环境保护新思路》，广西人民出版社 2002 年版。

费孝通：《江村经济——中国农民的生活》，商务印书馆 2001 年版。

顾明远等：《中国教育发展报告——变革中的教师与教师教育》，北京师范大学出版社 2004 年版。

哈经雄等：《民族教育学通论》，教育科学出版社 2001 年版。

李定仁等：《中国西北少数民族教育》，宁夏人民出版社 1996 年版。

刘复兴：《教育政策的价值分析》，教育科学出版社 2003 年版。

滕星：《教育人类学通论》，商务印书馆 2017 年版。

熊培云：《一个村庄里的中国》，新星出版社 2011 年版。

许德祥：《水库移民系统与行政管理》，新华出版社 1998 年版。

薛正昌：《红寺堡移民史》，商务印书馆 2019 年版。

颜之推：《颜氏家训》，重庆出版社 2011 年版。

中国大百科全书总编辑委员会等:《中国大百科全书·教育》,中国大百科全书出版社1985年版。

黄承伟:《中国农村扶贫自愿移民搬迁的理论与实践》,中国财政经济出版社2004年版。

(二) 中文译著

[法] 涂尔干:《教育思想的演进》,李康译,上海人民出版社2006年版。

[美] 罗吉斯等:《乡村社会变迁》,王晓毅等译,浙江人民出版社1988年版。

[德] 藤尼斯:《共同体与社会》,林荣远译,商务印书馆1999年版。

[美] 霍兰:《隐秩序——适应性造就复杂性》,周晓牧等译,上海科技教育出版社2011年版。

(三) 中文期刊

包斯日古楞:《多元文化视角下的民族教育发展探究》,《西部素质教育》2016年第22期。

包智明:《关于生态移民的定义、分类及若干问题》,《中央民族大学学报》2006年第1期。

边团结等:《推动区域基础教育优质均衡发展的路向选择——以西安市"大学区管理制"为例》,《教育与教学研究》2012年第7期。

曹菁等:《湘西自治州库区移民子女受教育情况及需求研究》,《黑河学刊》2012年第4期。

柴自贵等:《如何提高少数民族师范生校园环境适应性》,《西部素质教育》2017年第7期。

陈臣:《习近平关于构建人类命运共同体重要论述的方法论研究》,《北京交通大学学报》(社会科学版)2020年第4期。

陈怀川:《农民工子女城市生活不良适应的社会学分析》,《兰州学刊》2006年第5期。

陈坚:《"比较制度分析"视角下的农民工随迁子女教育问题研究》,《教育科学研究》2017年第2期。

陈建绩等:《对中小学生的气质、心理适应性和意志品质的测试与分析》,《教育理论与实践》1988年第4期。

陈立鹏等:《我国民族地区教育扶贫的主要模式、存在问题与对策建议——以内蒙古、广西为例》,《民族教育研究》2017 年第 6 期。

陈亮等:《重庆三峡库区农村移民教育隐患问题研究》,《西南师范大学学报》(人文社会科学版)2005 年第 5 期。

陈敏等:《基于 CAS 理论的高职院校创业教育教师素质提升路径研究》,《产业与科技论坛》2017 年第 18 期。

陈小华等:《基于心理契约的教师流动现象分析及对策》,《中国电力教育》2009 年第 20 期。

陈玉燕等:《就小学生的社会适应性探索》,《当代教育实践与教学研究(电子刊)》2017 年第 11 期。

褚宏启等:《教育公平的原则及其政策含义》,《教育研究》2008 年第 1 期。

崔明昆:《文化生态学的理论方法与研究》,《云南师范大学学报》(哲学社会科学版)2012 年第 5 期。

崔源等:《新时代教育扶贫思想浅析》,《产业创新研究》2019 年第 5 期。

代蕊华等:《教育精准扶贫:困境与治理路径》,《教育发展研究》2017 年第 7 期。

邓远平等:《流动人口家庭环境对其子女学习适应性的影响》,《西南交通大学学报》(社会科学版)2010 年第 5 期。

翟博:《树立科学的教育均衡发展观》,《教育研究》2008 年第 1 期。

杜育红:《农村教育:内涵界定及其发展趋势》,《华南师范大学学报》(社会科学版)2013 年第 1 期。

范梅青:《区域义务教育高位均衡发展的策略研究》,《基础教育参考》2011 年第 3 期。

范平花等:《我国连片特困地区教育移民问题研究》,《教育学术月刊》2015 年第 6 期。

范小梅:《"教育扶贫"概念考辨》,《教育探索》2019 年第 4 期。

冯建军:《内涵发展:推进义务教育优质均衡的路向选择》,《南京社会科学》2012 年第 1 期。

凤笑天:《"落地生根"?——三峡农村移民的社会适应》,《社会学研究》2004 年第 5 期。

符全胜等:《共生视角下德国职业教育资源整合实践及启示》,《中国远程教育》2020 年第 10 期。

勾月：《政治博弈视角下美国联邦非法移民教育政策的发展》，《河北师范大学学报》（教育科学版）2020 年第 4 期。

顾明远：《教育均衡发展是教育平等的问题，是人权问题》，《人民教育》2002 年第 4 期。

关荆晶：《基础教育应成为脱贫攻坚的"靶向药"》，《人民论坛》2020 年第 8 期。

关松林：《基础教育均衡发展：理念与策略》，《中国教育学刊》2010 年第 6 期。

管雪梅等：《生态移民区女童教育问题及对策探究——以酒泉市瓜州县移民区为例》，《甘肃广播电视大学学报》2014 年第 3 期。

郭梦秋：《为了融入新天地的学生们——中牟县南水北调丹江口库区移民子女学习状况调查》，《河南水利与南水北调》2012 年第 17 期。

郭文霞：《走向共生：我国基础教育科研范式的区域行动——以上海市嘉定区为例》，《当代教育论坛》2020 年第 4 期。

韩晓燕等：《制度、文化与日常确证——外来移民及其子女的情景性身份认同》，《清华大学学报》（哲学社会科学版）2016 年第 6 期。

韩宗礼：《试论教育资源的效率》，《河北大学学报》1982 年第 4 期。

李红霞等：《构建优质组织文化　塑造学校事业共同体》，《中国教育学刊》2009 年第 2 期。

侯龙龙等：《学校因素对初中随迁子女学校适应性的影响研究——基于 CEPS 基线数据的实证分析》，《教育科学研究》2020 年第 2 期。

胡彩霞：《浅谈宁夏南部山区生态移民地区小学教育现状及对策》，《科技风》2015 年第 5 期。

胡之骐等：《进城农民工子女城市学校教育适应性问题研究——基于对西南地区进城农民工子女的跟踪调查》，《中国教育学刊》2014 年第 8 期。

黄向真：《新课改背景下教师的心理不适及其解决》，《教育评论》2002 年第 6 期。

贾文华：《农村留守儿童人格特征，应对方式与心理适应性关系》，《心理科学》2012 年第 1 期。

焦小峰等：《论如何推进上海义务教育高位均衡发展》，《教育发展研究》

2012年第22期。

金心红：《西南地区农村学生学校适应性研究》，《内蒙古师范大学学报》（教育科学版）2013年第8期。

黎兵等：《初中生时间管理倾向、自我效能感、学习归因与学业成绩关系的研究》，《心理学探新》2004年第4期。

李宏亮：《教师结构性缺编：问题表征与对策构想——以南京市义务教育阶段的调查为例》，《江苏教育研究》2018年第6期。

李洁：《农林高校学生社会适应性教育全程化研究——以西北农林科技大学为例》，《中国农业教育》2018年第5期。

李桃等：《互联网时代终身职业技能培训制度适应性效率研究》，《中国远程教育》2018年第11期。

李祥等：《民族地区教育精准扶贫：内在机理与机制创新》，《广西社会科学》2017年第2期。

李星云：《义务教育优质均衡发展保障研究——以江苏省为例》，《教育与经济》2011年第1期。

李贞等：《习近平谈扶贫》，《人民日报》（海外版）2016年第4期。

李宗远、王娜：《三江源藏族生态移民教育研究》，《青海师范大学学报》（哲学社会科学版）2018年第5期。

刘保中：《"扩大中的鸿沟"：中国家庭子女教育投资状况与群体差异比较》，《北京工业大学学报》（社会科学版）2020年第2期。

刘晋红：《南水北调移民地区小学生社会期望、孤独感和自我意识的相关研究》，《基础教育》2012年第1期。

刘万伦：《中小学学生学校适应性的发展特点调查》，《中国心理卫生杂志》2004年第2期。

刘志军等：《走向高位均衡：基础教育改革与发展的应然追求》，《教育研究》2012年第3期。

罗迪江：《语言适应论的认识论意义》，《集美大学学报》（哲学社会科学版）2013年第3期。

马美等：《基于教育信息化的民族教育供给侧改革路径研究》，《曲靖师范学院学报》2020年第3期。

马启鹏等：《新型城镇化中农村老年教育的现实困境与发展路向》，《中国成人教育》2015 年第 1 期。

孟照海：《教育扶贫政策的理论依据及实现条件——国际经验与本土思考》，《教育研究》2016 年第 11 期。

聂钱玉：《后移民时期三峡跨省外迁移民适应性状况研究——基于安徽省铜陵市安置点样本调查》，《湖北农业科学》2020 年第 17 期。

祁立刚：《大学新生心理适应性探析》，《东北师大学报》（哲学社会科学版）2005 年第 3 期。

祁雪瑞：《"多重流动"境况对义务教育阶段农民工子女的影响》，《信阳师范学院学报》（哲学社会科学版）2009 年第 5 期。

羌洲等：《文化资本视角下民族教育扶贫的实现机制——以"组团式"教育人才援藏为例》，《西北民族研究》2019 年第 2 期。

任飞翔等：《信息化助推云南农村基础教育精准扶贫模式初探》，《云南开放大学学报》2018 年第 1 期。

沙莉等：《OECD 学前教育质量政策杠杆：背景、特点、八国实践经验及启示》，《现代教育管理》2014 年第 12 期。

佘荣福：《边疆少数民族地区扶贫要先扶教》，《乌鲁木齐职业大学学报》1996 年第 3 期。

沈辉：《校园文化浅析》，《青年研究》1986 年第 12 期。

沈有禄等：《基础教育均衡发展：我们真的需要一个均衡发展指数吗?》，《教育科学》2009 年第 6 期。

寿伟丛：《均衡到优质均衡：义务教育均衡发展目标的转换》，《教育导刊》2011 年第 12 期。

宋凤宁等：《新课程背景下中学生心理适应性研究》，《广西师范学院学报》（哲学社会科学版）2004 年第 4 期。

苏德等：《教育均衡发展背景下民族地区"小微学校"建设》，《教育研究》2016 年第 11 期。

孙杰远：《论自然与人文共生教育》，《教育研究》2010 年第 12 期。

谭林春：《文化生态视野下民族地区小学生学校生存状态考察——以广西南丹县里湖瑶族乡为例》，《农村教育国际学术研讨会教育促进农村转型会议论文集》2017 年第 8 期。

檀慧玲等：《关于利用质量监测促进基础教育精准扶贫的思考》，《教育研究》2018年第1期。

檀庆双：《扶贫顶岗实习支教与教育观念更新》，《忻州师范学院学报》2007年第6期。

檀学文：《中国教育扶贫：进展、经验与政策再建构》，《社会发展研究》2018年第3期。

陶新珍等：《校园制度文化建设的认识论思考》，《当代教育科学》2013年第1期。

田继忠等：《宁夏民族地区生态移民教育现状、问题与对策研究》，《宁夏教育科研》2015年第2期。

万力勇等：《以信息化促进民族地区义务教育均衡发展：机制与策略》，《中南民族大学学报》（人文社会科学版）2017年第3期。

汪三贵：《反贫困与政府干预》，《管理世界》1994年第3期。

王彩莲等：《区域基础教育不均衡发展问题及对策研究——以南水北调对口支援地区卢氏为例》，《科教导刊（中旬刊）》2019年第2期。

王耕源等：《生态移民聚集区基础教育水平综合评价》，《统计与决策》2019年第3期。

王清华等：《库区移民的文化适应性问题——以云南省楚雄青山嘴水库、保山小湾水电站移民为例》，《云南社会科学》2012年第6期。

王晓燕：《农民工随迁子女学校适应性的比较及相关因素分析》，《当代教育与文化》2010年第1期。

吴鹤立等：《湘西民族地区学校教育发展与对策》，《内蒙古农业大学学报》（社会科学版）2006第4期。

吴红军等：《宁夏生态移民工程中教育资源合理配置问题研究——基于银川市生态移民新村教育发展现状的调研》，《宁夏党校学报》2014年第1期。

吴宏超：《基本均衡背景下民族地区义务教育发展研究——基于东、中、西部9省（区）26个民族县的调查分析》，《华中师范大学学报》（人文社会科学版）2020年第5期。

吴睿等：《教育与农村扶贫效率关系的实证研究》，《中国人力资源开发》2010年第4期。

吴莎等：《扶贫生态移民文化变迁——基于对于榕江县古州镇丰乐移民新

村调研》,《贵州社会科学》2013年第6期。

吴晓蓉:《共生理论观照下的教育范式》,《教育研究》2011年第1期。

肖时花等:《民族地区教育扶贫的内在机理与实现条件》,《黑龙江民族丛刊》2018年第5期。

谢华平等:《洛南华阳：拓展种桑养蚕产业链精准扶贫显成效》,《中宣部城乡统筹发展研究中心（2014—2018）城乡发展要情汇编》2020年第5期。

谢君君:《海南少数民族地区教育扶贫移民的调查研究》,《海南大学学报》（人文社会科学版）2013年第2期。

熊川武等:《论义务教育内涵性均衡发展的三大战略》,《教育研究》2010年第8期。

熊新:《基于CAS理论的高校创新创业教育体系研究》,《品牌研究》2018年第5期。

徐隽:《教育公平视角下高职留守经历困境生歧视知觉、社会适应性研究》,《中国职业技术教育》2017年第30期。

许宪国:《基于复杂适应系统理论的职业适应能力研究》,《中国农村教育》2019年第28期。

杨甫旺:《易地扶贫搬迁与文化适应——以云南省永仁县易地扶贫搬迁移民为例》,《贵州民族研究》2008年第6期。

杨建朝:《关系正义视域下教育优质均衡的发展图景》,《教育发展研究》2011年第12期。

杨启亮:《转向"兜底"：义务教育优质均衡发展的重心》,《教育研究》2011年第4期。

杨小微:《义务教育内涵式均衡发展路径分析》,《教育发展研究》2009年第5期。

杨彦平等:《社会适应性研究述评》,《心理科学》2006年第5期。

杨彦平等:《中学生社会适应量表的编制》,《心理发展与教育》2007年第4期。

尹后庆:《上海基础教育转型发展的责任担当与现实使命》,《教育发展研究》2011年第18期。

于泽乾:《城乡一体化过程中农村教育问题研究》,《科学大众（科学教育）》2015年第10期。

玉时阶等：《瑶族女性受教育程度的教育人类学分析》，《贵州民族研究》2010年第3期。

郁琴芳：《城市流动人口子女文明习惯培养中存在的问题及对策——基于家庭教育的视角》，《少年儿童研究》2019年第8期。

袁宇：《以教育生态视角析库区移民教育》，《职业时空》2008年第8期。

张洪等：《城市新移民家庭教育问题及其对策研究——基于郫县犀浦镇的调研与改革尝试》，《教育与教学研究》2010年第9期。

张继平：《高质量高等教育公平的主要特点及实现机制》，《高等教育研究》2016年第2期。

张洁：《推动宁夏学前教育深化改革规范发展的政策建议》，《东方娃娃·保育与教育》2019年第11期。

张锦华等：《教育不平等、增长非平衡与低发展陷阱——对农村教育和农村经济协调发展的考察》，《当代财经》2006年第12期。

张侃：《论多维教育公平视角下的基础教育差异化均衡发展》，《中国电力教育》2011年第20期。

赵昌文等：《贫困地区扶贫模式：比较与选择》，《中国农村观察》2000年第6期。

赵丹：《基于CAS理论的大学生主体性思想政治教育方法创新研究》，《青年与社会》2020年第25期。

赵萍：《大学新生心理适应问题及适应教育探析》，《中国成人教育》2008年第4期。

赵贞：《中小学教育阶段择校问题的现状、产生原因和解决对策》，《教育观察（上旬刊）》2013年第2期。

甄晓非：《教育大数据平台信息共享影响因素分析》，《现代情报》2019年第7期。

郑晓康等：《流动人口子女父母教养方式与学习环境适应性的关系》，《中国健康心理学杂志》2006年第5期。

郑友训等：《义务教育高位均衡发展的理性解读》，《无锡教育学院学报》2008年第4期。

钟慧笑：《教育扶贫是最有效、最直接的精准扶贫——访中国教育学会会长钟秉林》,《中国民族教育》2016年第5期。

周峰:《试论基础教育均衡发展的若干问题》,《教育研究》2002年第8期。

周军等:《刍议我国义务教育发展基本均衡与优质均衡的区别和联系》,《教育与教学研究》2018年第8期。

周培植:《以教育生态理论促进区域教育现代化——杭州市下城区"高位均衡、轻负高质"教育发展路径》,《教育研究》2009年第10期。

周霞:《宁夏生态移民中回族文化涵化特点》,《民族艺林》2013年第3期。

朱光福等:《三峡(重庆)库区移民职业教育培训新思路》,《新闻研究导刊》2015年第17期。

朱汉明:《以质量创新推进义务教育高位均衡发展》,《湖北教育》2008年第4期。

邹小勤:《我国大学生学校适应特征的实证分析》,《现代教育管理》2014年第5期。

左崇良等:《教师编制政策的制度变迁和路径依赖》,《教育学术月刊》2017年第1期。

(四)学位论文

蔡桂珍:《新时期高校校园文化建设研究》,博士学位论文,福建师范大学,2013年。

曹敦霞:《美国移民教育研究》,硕士学位论文,山东师范大学,2015年。

曹皓:《广西贫困民族地区教育精准扶贫问题探究》,硕士学位论文,广西民族大学,2017年。

陈丰:《基于财政视角的城乡义务教育均衡发展研究》,博士学位论文,中国海洋大学,2014年。

丁生忠:《宁夏生态移民研究——以M镇为例》,博士学位论文,兰州大学,2015年。

杜井冈:《海南省农村城镇化进程中教育移民政策研究》,博士学位论文,西南大学,2012年。

杜莹:《泰安市义务教育均衡发展问题与对策研究》,硕士学位论文,山东农业大学,2020年。

段旭辉：《基于 CAS 理论的大学生自主创业支持体系研究》，博士学位论文，中国地质大学，2015 年。

方辉东：《在城农民工子女受教育适应性问题研究》，硕士学位论文，浙江大学，2010 年。

古西敏：《河南省 L 市乡村小学师资队伍建设研究》，硕士学位论文，郑州大学，2018 年。

黄珊：《小学校园文化建设的个案研究》，硕士学位论文，上海师范大学，2020 年。

黄毅：《三峡库区移民迁校后学校存在的问题研究》，硕士学位论文，西南师范大学，2005 年。

金晓慧：《宁夏生态移民地区初中教师信息技术应用能力的调查研究》，硕士学位论文，宁夏大学，2015 年。

孔佳彧：《德国中小学移民学生教学管理研究》，硕士学位论文，广西大学，2019 年。

李弘扬：《我国西部贫困地区少数民族基础教育调查研究》，硕士学位论文，陕西师范大学，2018 年。

李伟梁：《流动人口子女家庭教育问题研究》，硕士学位论文，华中师范大学，2003 年。

梁文明：《广东——广西教育对口支援运行机制研究》，硕士学位论文，广西师范大学，2003 年。

卢谢峰：《大学生适应性量表的编制与标准化》，硕士学位论文，华中师范大学，2003 年。

满忠坤：《民生改善视域下民族地区义务教育质量优化研究——基于黔东南侗乡和凉山彝区的比较考察》，博士学位论文，西南大学，2015 年。

慕彦瑾：《西北农村义务教育资源配置合理性研究》，博士学位论文，四川师范大学，2018 年。

穆惠涛：《习近平教育扶贫思想研究》，博士学位论文，东北师范大学，2019 年。

欧文福：《西南民族贫困地区的教育与人力资源开发》，博士学位论文，西南大学，2006 年。

庞伟：《石家庄市深化义务教育均衡发展策略研究》，硕士学位论文，河北师范大学，2012年。

普煜：《小学教师课程创生的学校文化生态研究》，硕士学位论文，西南大学，2017年。

石梅：《中学教师积极心理与工作满意度关系：心理适应性的中介作用》，博士学位论文，陕西师范大学，2016年。

谭静：《基于"三圈理论"的甘肃省A县教育扶贫实效性研究》，硕士学位论文，延安大学，2019年。

陶胡敏：《初中生家庭教育方式、自我概念对适应性的影响》，硕士学位论文，山东师范大学，2013年。

万月：《贫困代际传递的影响因素及其政策研究》，博士学位论文，中国社会科学院研究生院，2019年。

王大成：《择校对初中生的学业成绩和学业自我概念的影响》，硕士学位论文，华中师范大学，2017年。

王芳芳：《酒泉市项目移民迁入区义务教育发展研究》，硕士学位论文，燕山大学，2015年。

王欢欢：《基础教育精准扶贫的机制研究》，硕士学位论文，海南师范大学，2018年。

王靖：《推进西藏自治区基础教育服务均等化问题研究》，博士学位论文，吉林大学，2017年。

王清风：《基于复杂适应系统理论的高校学生管理模式研究》，硕士学位论文，太原科技大学，2014年。

王升云：《少数民族移民的文化变迁与教育发展研究》，博士学位论文，中南民族大学，2012年。

闻小娇：《基于复杂适应系统理论的教学设计研究》，硕士学位论文，云南大学，2010年。

吴寒斌：《义务教育阶段家庭教育与学生社会适应性及品德培养的关系》，硕士学位论文，南昌大学，2006年。

肖浩宇：《区域推进义务教育优质均衡发展的多路径研究》，硕士学位论文，华东师范大学，2013年。

熊晓艳：《三峡外迁移民"孤岛文化"的形成》，硕士学位论文，兰州大学，2013年。

许秀:《绘本促进小学新生学校适应性能力发展的个案研究》,硕士学位论文,杭州师范大学,2015年。

薛凯化:《共享发展理念视域下的城乡教育均衡发展研究》,硕士学位论文,山西师范大学,2019年。

颜冯菁:《中小学教师编制管理研究》,硕士学位论文,南京师范大学,2019年。

杨俐俐:《教育社会学视角下的生态移民子女教育研究》,硕士学位论文,中央民族大学,2010年。

杨鹏举:《初中流动人口子女学习适应性研究》,硕士学位论文,内蒙古师范大学,2013年。

张玼:《基于文化生态的格凸河苗寨文化保护与开发策略研究》,硕士学位论文,重庆大学,2014年。

赵启晨:《南水北调移民集中安置点小学教育状况调查研究》,硕士学位论文,郑州大学,2016年。

钟慧莉:《名校集团化办学:基础教育高位均衡发展的"长沙模式"》,硕士学位论文,湖南农业大学,2016年。

邹全红:《城市移民子女学校养成教育研究——苏州二十六中学养成教育实践》,硕士学位论文,苏州大学,2008年。

　　(五)电子文献

红寺堡区人民政府:《红寺堡区基本概况》,http://www.hongsibu.gov.cn/zjhsb/hsbgk/hsbjj/201709/t20170925_494748.html,2019年8月19日。

红寺堡统计局:《2019年红寺堡区主要经济指标完成情况》,http://www.hongsibu.gov.cn/xxgk/zfxxgkml/tjxx/tjsj/202001/t20200122_1930449.html,2020年1月22日。

红寺堡区人民政府:《红寺堡现有城市社区、行政村名称及各村户数、人口基本情况》,http://www.hongsibu.gov.cn/zjhsb/hsbgk/xzqh/,2021年1月29日。

教育部:《关于基础教育的定义、范围与阶段》,http://www.moe.gov.cn/jyb_hygq/hygq_zczx/moe_1346/moe_1352/tnull_21654.html,2007年4月19日。

宁夏统计局:《红寺堡区人口数据》,https://www.hongheiku.com/xianjirank/nxxsq/9475.html,2021年5月25日。

宁夏统计局:《宁夏回族自治区2019年国民经济和社会发展统计公报》,http://www.nx.gov.cn/,2020年5月21日。

宁夏统计局:《宁夏统计年鉴——2019》,http:/www.tj.nx.gov.cn/,2019年9月21日。

二 外文文献

(一) 外文著作

Berk, L. E., *Child Development*, Allyn and Bacon, Massachusetts, 1994.

Bussis, A, Chrittenden, E. and Amarel, M., *Beyond The Surface Curriculum: An Interview Study of Teachers' Understandings*, Boulder CO: West-View Press, 1976, p.17.

Grissmer, U. S. Department of Education, Institute of Education Sciences, National Center for Education Evaluation and Regional Assistance, *Regional Educational Laboratory Appalachia*, Vol.17, No.4, 2016.

Hewett E., Ethnic Factors in Education, Reprinted in J. roberts and S. K. Akinsanya., *Educational Patterns and Cultural Configurations: The Anthropology of Education*, New York: David Mckay Co, 1976, pp.27-36.

(二) 外文期刊

Gibson M A and John Uzo Ogbu, American Anthropologist, No.3, 2004.

Kathryn M and Erson-L, "Ethnicity and School Performance: Complicating the Immigrant/Involuntary Minority Typology", *Anthropology and Education Quarterly*, Vol.28, No.3, 1999.

Kor, Y. Y. and Mesko, A, "Dynamic Managerial Capabilities: Configuration and Orchestration of Top Executives' Capabilities and the Firm's Dominant Logic", *Strategic Management Journal*, Vol.34, No.2, 2013, pp.233-244.

Kuh G D and Whit E J, "The Invisible Tapestry: Culture in American Colleges and Universities", *ASHE-ERIC Higher Education*, Report No.1, 1988.

Lee, S and Dallman, M., "Engaging in a Refle-ctive Examination about Diversity: Interviews with Three Preservice Teachers", *Multicultural Education, Vol. 15, No. 4, 2008, pp. 36 – 44.

Maitlis, S. and Lawrence, T. B, "Triggers and Enablers of Sensegiving in Organizations", *Academy of Management Journal*, Vol. 50, No. 1, 2007, pp. 57 – 84.

Pajares, M. F., "Teachers' Beliefs and Educati-onal Research: Cleaning Up a Messy Construct", *Review of Educational Research*, Vol. 62, No. 3, 1992, pp. 307 – 332.

Pascarella, E., "College Environmental Influences on Learningand Cognitive Development: A Critical Review and Synthesis", *Higher Education: Handbook of Theory and Researth*, No. 1, 1985, pp. 1 – 66.

Per Olsson, "Carl Folke Local Ecological Knowledge and Institutional Dynamics for Ecosystem Magement: A Study of Lake Racken Watershed, Swdend", *Ecosystems*, Vol. 4, No. 2, 2001, p. 85 – 104.

Smith, T. B, "The Policy Implementation Process", *Policy Sciences*, Vol. 6, No. 4, 1975, pp. 445 – 488.

Teece, D. J, "Explicating Dynamic Capabilities: The Nature and Microfoundations of (Sustainable) Enterprise Performance", *Strategic Management Journal*, Vol. 28, No. 13, 2007, pp. 1319 – 1350.

Uyan-Semerci P and Erdoğan E., "Child Well-Being Indicators Through the Eyes of Children in Turkey: A Happy Child Would be One Who…", *Child Indicators Research*, Vol. 10, No. 1, 2018, pp. 1 – 29.

附　　录

附录一　访谈提纲 1

一　家长

1. 家长类型（5 名），包括学前教育阶段、小学教育阶段、初中教育阶段家长，具体如下。

（1）大专及以上文化程度家长

高中及以下文化程度家长

（2）迁出去又迁回来的家长

（3）常驻移民家长

（4）非本地户籍家长

2. 访谈内容

（1）基本情况，原籍，移民时间，文化程度，收入情况，子女上学情况

（2）原籍经济情况，收入来源，基础教育情况

（3）现当地经济收入来源，基础教育情况

（4）孩子在学习状况和学习成绩情况，出现的学习问题与瓶颈

（5）家长在子女教育过程中，如何引导。在引导过程中，有哪些力不从心的地方，需要提供什么帮助

（6）家长对基础教育的重视程度，尤其是学前教育和小学阶段

二　老师

1. 老师类型（4 名），包括学前教育阶段、小学教育阶段、初中教育

阶段老师，具体如下。

（1）本户籍地老师

（2）外户籍地老师

（3）编制内老师

（4）合同老师

2. 访谈内容

（1）基本情况，文化程度，编制情况，教龄时间，户籍情况等

（2）福利待遇情况

（3）教学成绩情况

（4）班级学生情况

（5）教学中遇到的问题，学生问题，家长问题等

（6）学校管理体制和校领导情况等

（7）职业规划，自己的教学瓶颈或问题

（8）学校硬件设施配置于互联网教学应用情况

三　校领导

1. 校领导对象（3名），包括学前教育阶段、小学教育阶段、初中教育阶段的学校校长。

2. 访谈内容

（1）学校生源情况、户籍结构、学生家庭经济情况、学生升学情况等

（2）老师情况、编制情况、待遇情况、学历情况、教学能力情况

（3）学校教育扶贫政策实施情况、效果如何

（4）学校硬件建设与互联网教育建设情况、使用情况及效果

（5）教育质量、教育公平与教育均衡发展问题

附录二　访谈提纲2

1. 基本信息：

访谈时间：　　所在地：　　被访人：　　职业：　　性别：

2. 访谈对象：各级教育管理者、学校教师、学生家长

3. 访谈提纲

（1）您觉得红寺堡生态移民区基础教育经历了 20 多年的发展，取得了哪些主要成果？最具有代表性的成就有哪些？

（2）您认为红寺堡生态移民区基础教育这些年取得了哪些成就，能否谈谈具体的成功经验或值得借鉴的模式有哪些？

（3）您觉得红寺堡生态移民区基础教育面临的核心关键问题有哪些？这些问题的存在对其基础教育的未来发展会带来哪些不利影响？

（4）您认为红寺堡生态移民区基础教育现阶段还有哪些不足，如何改善这些不足？

（5）红寺堡生态移民区作为中国最大的生态移民区，您认为其基础教育有哪些特有的现象？

附录三　口述提纲

1. 目的：了解红寺堡生态移民区基础教育起步阶段接受基础教育的学生对基础教育的感触看法及受教过程中的收获。

2. 方式：面对面访谈、电话交流等。

3. 对象：2002—2020 年不同阶段在红寺堡生态移民区接受基础的教育的学生。

4. 叙事开场语：您好！我对红寺堡生态移民区基础教育的发展历程及相关知识非常感兴趣，正在收集一些资料，需要向您请教访谈，谈一下您在这里上学期间的感触、收获和享受的政策以及对红寺堡生态移民区基础教育的看法，希望您能不吝赐教。如果没有疑问的话，那么我们就开始愉快的交流吧。

5. 口述纲要：

（1）作为第一批移民学生，见证了这里的教育环境和教育质量从无到有的起步阶段和发展历程，能否谈一谈你在红寺堡教育的经历和感触。（2）作为移民学生，你觉得红寺堡生态移民区的教育和老家的教育有什么不同或者差别。（3）你觉得上学阶段红寺堡生态移民区的教育有什么优势以及欠缺的地方，对你的学习道路乃至人生规划起到了什么样的作用。（4）在红寺堡生态移民区上学期间，你都享受了哪些教育政策和扶贫政策，这些政策都有什么好的效果，给予了你什么帮助。（5）红寺堡生态移民区在学生心理教育方面有什么做法吗，能否谈一谈。（6）你在红寺堡生态移民区上学阶段的最大收获是什么，对你以后的人生有什么样的帮助。（7）你认为从义务教育到高中阶段，红寺堡生态移民区哪一阶段的教育成绩最突出，给你的帮助最大；就目前来看，红寺堡生态移民区的基础教育发展重点是什么。（8）红寺堡生态移民区作为最大的生态移民区，你认为民族教育方面有什么特色，回汉同学的关系怎么样，升学比例差距大不大？（9）如果对红寺堡生态移民区教育发展说几句话，你想说什么；如果有机会你觉得可能会通过什么样的方式回报这里。（10）你觉得红寺堡生态移民区实施的教育扶贫政策效果怎么样，你享受了哪些好的政策，对你有什么帮助？

表1　　　　　　　　　　受访学生信息统计表

姓名	性别	民族	教育经历
马洋（A）	女	回族	于2002年由宁夏彭阳县搬迁至红寺堡开发区，2002—2007年先后就读于红寺堡开发区马士基希望小学、一中，2007年考入宁夏六盘山高级中学，2010年考入中央民族大学，2018年研究生毕业于北京大学光华管理学院经济专业，现为银川市发改委选调生
郑楠（B）	女	汉族	于2003年由宁夏同心县搬迁至红寺堡开发区，2003—2007年就读于红寺堡开发区红海村小学、一中，2007年考入宁夏育才中学，2010年考入中国矿业大学，现为红寺堡区人民政府办公室秘书
马志国（C）	男	回族	于2002年由宁夏同心县谭马沟村搬迁至红寺堡开发区，2002—2007年先后就读于红寺堡幸福村小学、一中，2006年考入吴忠市第一中学，2009年考入西安交通大学，临床医学专业本硕连读，现为西安市某医院医师
马博雅（D）	女	回族	2001年由海原县搬迁至红寺堡，2003—2012年先后就读于红寺堡一小、一中，2012年考入宁夏六盘山高级中学，2015年考入宁夏大学，现为吴忠市某乡镇选调生

访谈案例（一）

访谈对象介绍：马洋，女，回族，于2002年由宁夏彭阳县搬迁至红寺堡生态移民区，2002—2007年先后就读于马士基希望小学、一中，2007年考入宁夏六盘山高级中学，2010年考入中央民族大学，2018年研究生毕业于北京大学光华管理学院经济专业，现为银川市发改委选调生。

问：作为第一批移民学生，见证了这里的教育环境和教育质量从无到有的起步阶段和发展历程，能否谈一谈你在红寺堡生态移民区教育的经历和感触。

答：我算是第一批移民学生中的第二批，初次来到这里，镇上只有一个小学，叫马士基希望小学，课程配备较为完善，老师也是老县区调来的，教学认真负责，但是师资力量还是明显不足，老师人数不够，一人带几门学科，比如数学老师带画画课，英语老师英语水平较为一般，体育课当时就是同学们在操场自己玩玩。

问：作为移民学生，你觉得红寺堡生态移民区的教育和老家的教育有什么不同或者差别。

答：同级因为已经转学，不能做横向的比较，但是从一、二年级和来到红寺堡生态移民区后的三、四、五年级相比，两地对教育的重视差距比较明显。老家因为贫困山村较多，农村学生辍学率比较高，山区学生每天早晨四、五点开始往学校走，到校后生火，教室也冷，课程设置单一，除基本课程外无其他培养兴趣类的课程，但是老师是负责的。

红寺堡生态移民区从起步阶段就课程设置增加，教学环境明显改善，同学父母对教育的重视明显能感受到，也注重兴趣的培养，包括班级中有人会弹手风琴、钢琴，还有的同学写得一手好书法。

问：你觉得当时红寺堡生态移民区的教育有什么优势以及欠缺的地方，对你的学习道路乃至人生规划起到了什么样的作用。

答：优势是大家都是移民来的，没有一种努力需要融入一个城市一个学校的感觉，大家从散到聚，来了就是这里的人，没有地域性歧视和民族冲突，各个地方的同学包括回汉同学之间在一起都相处得很融洽。当时小，教育上感觉不到什么欠缺，现在想想，即使欠缺也是合理的，红寺堡生态移民区作为一个移民地，一切都是从头开始，一切都要重新配备，一切都要查漏补齐。对我起到的作用就是在学习的道路上我的父母对教育也更加重视了，避免和老家学生一样，到年纪就辍学，尤其是女生。只要不辍学，有上进心，总不会差。

问：在红寺堡生态移民区上学期间，你都享受了哪些教育政策和扶贫政策，这些政策都有什么好的效果，给予了你什么帮助。

答：当时好像教育扶贫政策比较宽泛，没有精准涉及个人，也只有义务教育政策，政策项目资金都用来建设学校，包括有时候会有其他地区捐赠的书籍、教学设备等，考上大学后，当地有团委、妇联等的捐助，可补给一部分学费。

问：能否谈一谈在红寺堡生态移民区上学期间关于教育方面印象最深的人或事。

答：记忆非常深刻的是初中老师对我们非常严格，但是也有个别老师会有针对学生的情况，特别是心理辅导方面很滞后，在有的老师的督促下和个别老师的针对下，让我刻了"我要考上六盘山"几个字，每天辛苦学习，终于考上了。

问：你在红寺堡生态移民区上学阶段的最大收获是什么，对你以后的人生有什么样的帮助。

答：现在家人说起这件事情，都说来到红是个正确的选择，我父亲当时看中红寺堡的发展机遇，主动调职搬迁至红，如果在老家，可能考的大学就比较一般了，毕竟老家人的眼界还是较为窄的，眼界部分决定着你能走到哪里。甚至在考上大学后，父母也支持我深造，也支持我出国留学，因为离开一个井，看到了一片天。

问：你对现在的红寺堡生态移民区教育有所了解吗，你觉得基础教育发展前后有什么变化和不足。

答：现在不太了解，因为时间长没回去了。有亲戚孩子倒是在上小学，学习成绩也不错，但是没打听学校现在发展如何。

问：如果有机会你觉得可能会通过什么样的方式回报红寺堡生态移民区。

答：如果能实现的话，我想通过自己的努力提供教育奖学金，或者是为红寺堡生态移民区的教育事业争取一下项目或者政策，因为教育对一个人，尤其是寒门子弟，影响太大了，这方面我深有感触。

问：如果对红寺堡生态移民区或者这里的教育发展说几句话，你想说什么。

答：一定要把发展教育作为最重要的战略项目，像我们这种小县区，也只有把教育发展好了，才能让这里的孩子走出更广阔的天地，教育的投资回报率是目前世界上除投机倒把，最大的。

访谈案例（二）

访谈对象介绍：郑楠，女，汉族，于2003年由宁夏同心县搬迁至红寺堡生态移民区，2003—2007年就读于红海村小学、一中，2007年考入宁夏育才中学，2010年考入中国矿业大学，现为红寺堡生态移民区人民政府办公室秘书。

答：作为第一批移民学生，见证了这里的教育环境和教育质量从无到有的起步阶段和发展历程，能否谈一谈你在红寺堡生态移民区教育的经历和感触。

本人2003年来到这里，当时就读于中学初一年级，一晃17年过去了，这里的老师还是那么的敬业，学生还是那么刻苦朴实，整体教学环境也发生了很大的变化。主要有"四变"：

"一变"是基础设施越来越齐全。17年前，红寺堡生态移民区中学是红寺堡开发区唯一的中学，校园内除了一排4层的教学楼，再就是一栋实验楼、一个餐厅、一个操场。17年后，红寺堡生态移民区中学已由原来的初中部升级为高中部，校园功能教室、体育活动场所、教学楼都多了起来，教学设施也越来越智能化。

"二变"是大班额问题逐渐解决了。以前，上初一时，我们班还是60几个同学，班级座位排列还不算拥挤。但是到初三时，我们班人数就到了82人，最后一排的学生贴墙坐，左右最边上的学生要想出去一趟，一排人都要起立挤挤才能行。收发作业都是一个耗费时间和体力的活。现在，中学课堂人数下来了，还是单人单桌，进出那叫一个"自由"，课堂纪律都好管理了。

"三变"是教学质量越来越高了。以前，中学就那么一个，学校没有对比，但是学校内分好班和普通班，学生家长挤破头就往一个班冲。现在，学校越来越多了，教师资源平均分布，各个学校教学质量整体推进，年年中考成绩各个学校势均力敌，学校分布又均匀，学生再不用扎堆往一个班进了。

"四变"是教师队伍越来越年轻化。以前，介于红寺堡生态移民区正处于移民区刚刚起步阶段，我们的老师大多是各老县区调过来的，教师平均年龄偏大，年轻教师比较少。现在，通过国家招考的形式，红寺堡教师队伍吸纳了很多年轻的力量，对于新事物接受快、教学理念也新，为红寺堡生态移民区教育工作做了很大的贡献。

问：作为移民学生，你觉得红寺堡生态移民区的教育和老家的教育有什么不同或者差别。

答：我认为最大的不同就是教师队伍的年轻化。年轻的教师思想活跃、知识新颖，精力充沛、引领时尚，对新事物有较强的敏感度和接受力。再加上老教师的传帮带，使得红寺堡生态移民区各学校在创建学校特色，形成校园文化中占据很大优势。

问：你觉得当时红寺堡生态移民区的教育有什么优势以及欠缺的地方，对你的学习道路乃至人生规划起到了什么样的作用。

答：红寺堡生态移民区教育目前优势就是初中教学采取的是统一到城区集中教学，教学质量越来越高，学生整体优质，教学效果也很明显，短短几年就冲到了吴忠市前列。欠缺的地方就是教师编制不足，教师资源紧缺，同时对一些学习吃力的学生的关注比较少，心理辅导方面跟不上。

问：在红寺堡生态移民区上学期间，你都享受了哪些教育政策和扶贫政策，这些政策都有什么好的效果，给予了你什么帮助。

答：初中阶段享受了九年义务教育免学费，减轻了家庭经济负担。

问：能否谈一谈在红寺堡生态移民区上学期间关于教育方面印象最深的人或事。

答：老师都很敬业，很注重每个学生的成长，从一开始就帮助同学们树立明确的目标，当时这里的风沙很大，所有的同学都积极参与到植树造林工程，都是红寺堡生态移民区的建设者。

问：你在红寺堡生态移民区上学阶段的最大收获是什么，对你以后的人生有什么样的帮助。

答：最大收获就是一群有责任心的老师们。他们对学生很关心，帮助我克服青春期的叛逆，因为老师们的关心，我初中课业才有了不错的基础，这对我后来能上一个好高中有很大的帮助。

问：你对现在的红寺堡生态移民区教育有所了解吗，你觉得基础教育发展前后有什么变化和不足。

答：基础教育方面的变化就是教学环境越来越好了，教育质量也越来越高了，学生可以得到很好的综合性成长，不再是单用成绩论高低，同时义务教育均衡发展方面我们区做得很不错，包括辖区内的各村的小学的硬件设施和师资配备都有了显著的增强。不足我觉得是相对一些较先进城市而言的，和大城市比的话还有一些先进课程，如编程等课程还处于探索起步阶段。

问：如果有机会你觉得可能会通过什么样的方式回报红寺堡生态移民区。

答：兢兢业业做好现在的本职工作，在自己的岗位上为这里的经济社会发展贡献自己的一分力量。

访谈案例（三）

访谈对象介绍：马志国，男，回族，于2002年由宁夏同心县谭马沟村搬迁至红寺堡生态移民区，2002—2007年先后就读于幸福村小学、一中，2006年考入吴忠市第一中学，2009年考入西安交通大学，临床医学专业本硕连读，现为西安市某医院医师。

问：作为第一批移民学生，见证了这里的教育环境和教育质量从无到有的起步阶段和发展历程，能否谈一谈你在红寺堡生态移民区教育的经历和感触。

答：可以说这里是我的起点，初到这里都是沙漠，但是在这里我受到了很好的教育。老师对我们这些来自山里的孩子很认真很负责，也是他们的辛勤付出完成了我们的大学梦。这里最初只有一个中学，教育环境落后，但是老师们却做到了一流的教育质量。

问：作为移民学生，你觉得红寺堡生态移民区的教育和老家的教育有什么不同或者差别。

答：移民前，求学之路艰且辛，村里上学的孩子只有两三个，我要翻越好几条沟才能上学，学校是平房，见雨就漏，课本都是旧的，上课老师是村里的小学毕业生；移民后上学只需十分钟，我们住进了楼房，上课的老师都是大学生或者高中毕业生，在这里我的学习成绩逐年提高。可以说移民改变了我命运。

问：你觉得当时红寺堡生态移民区的教育有什么优势以及欠缺的地

方，对你的学习道路乃至人生规划起到了什么样的作用。

答：优势：无论从条件和师资力量都有了彻底的改变，上学很方便，从小学到高中都有，学校齐全，老师认真负责，教育质量连年提升，让我不再因为上不了学而烦恼。欠缺：当然也是因为新的开发区，一切都在探索中，没办法和市里的优秀学校比肩，但是通过这些年的努力，我们也在不停地追赶，不断地缩小差距，相信我们会慢慢追赶上的。红寺堡生态移民区是我们的跷跷板，让我有了大学梦，让我认识到世界这么大，为考大学奠定了基础。

问：在红寺堡生态移民区上学期间，你都享受了哪些教育政策和扶贫政策，这些政策都有什么好的效果，给予了你什么帮助。

答：国家的两免一补政策，和来自发达地区的对口扶持政策。上学基本不花钱，还有补助。这对于一个来自山区的孩子直接意味着我能不能继续上学。

问：能否谈一谈在红寺堡生态移民区上学期间关于教育方面印象最深的人或事。

答：印象最深的是我的初中英语老师，严厉的教育和认真负责的态度，为我的英语打好了基础。

问：你在红寺堡生态移民区上学阶段的最大收获是什么，对你以后的人生有什么样的帮助。

答：吃苦耐劳，永不言弃的精神。相信会影响一生。

问：你对现在的红寺堡生态移民区教育有所了解吗，你觉得基础教育发展前后有什么变化和不足。

答：每年都会回去一次，感觉现在的红寺堡生态移民区教学资源充足，师资力量非常雄厚，学生的精神面貌较我们当初好了很多，而且现在教育扶贫政策力度很大，党和政府对教育投入的资金逐年增多，雨露计划等各项扶贫政策非常有力地支撑一个学生学习产生的所有经济负担。当然，管理强度还需要再提高。

问：如果有机会你觉得可能会通过什么样的方式回报红寺堡生态移民区。

答：很期待有一天我也会投入到这边的发展建设中，回报家乡，希望可以为家乡的医疗建设提供帮助。

问：如果对红寺堡生态移民区或者其教育发展说几句话，你想说什么。

答：非常感谢能给我们这些山区孩子提供良好的教育，是你们的付出改变了我们的命运，相信未来的红寺堡生态移民区会越来越好的。

访谈案例（四）

访谈对象：马博雅，女，回族，2001年由海原县搬迁至红寺堡生态移民区，2003—2012年先后就读于红寺堡一小、一中，2012年考入宁夏六盘山高级中学，2015年考入宁夏大学，现为吴忠市某乡镇选调生。

问：作为一名全程在红寺堡生态移民区接受九年义务教育的移民学生，见证了这里的教育环境和教育质量从无到有的起步阶段和发展历程，能否谈一谈你在红寺堡生态移民区教育的经历和感触。

答：虽然起初的教学环境没有现在这么好，但是每一任代课老师都能全心全力地为同学们教学，让我们感受到了温暖。并且老师的知识面也比移民前的老师的知识面宽阔。

问：你觉得红寺堡生态移民区的教育和老家的教育有什么不同或者差别。

答：首先，红寺堡生态移民区教育更现代化，教学设备更先进，设施更齐全。其次，老师的教学水平高，有利于提高整体教学水平。最后，家长们对学习的重视度有了提高。

问：你觉得当时红寺堡生态移民区的教育有什么优势以及欠缺的地方，对你的学习道路乃至人生规划起到了什么样的作用。

答：优势：老师整体素质高。教学设备完善。学校开设了体育、英语、美术、计算机等课程，让学生德智体美劳得到了全面的发展。校园环境好且对每个学生的素质教育水平高，能培养出合格的社会主义接班人。缺点：学校安排的自习太多，尤其是初三学生压力过大。其次希望能加强体育锻炼，让我能更好地融入下一个阶段的学习。

问：在红寺堡生态移民区上学期间，你都享受了哪些教育政策和扶贫政策，这些政策都有什么好的效果，给予了你什么帮助。

答：有扶贫补助计划，考上高中和职中的建档立卡户有雨露计划等政策，每位同学都能享受到营养早餐计划，每天的一个鸡蛋让一天的学习更加精神。

附录四 调查问卷

**分析与验证：宁夏生态移民区基础教育扶贫的
"红寺堡生态移民区现象"研究
调查问卷（家长主体）**

您好！我们是宁夏生态移民区基础教育扶贫的"红寺堡生态移民区现象"研究团队。感谢您在百忙之中抽出时间来帮助我们完成此问卷。您的参与和配合将对整个项目研究的顺利开展起到直接支撑作用，很有可能影响我们的分析和政策建议，谢谢您的合作与支持！

本问卷中所涉及的一切信息仅限于学术研究使用，对被调研人的资料严格保密。

调查地点： 市 县 乡（镇） 村

一 个人基本情况

1. 您的性别（ ）
   A. 男   B. 女
2. 您的年龄（ ）
   A. 25 岁以下   B. 26—35 岁
   C. 36—45 岁   D. 46—55 岁
   E. 55 岁以上
3. 您的民族（ ）
   A. 汉族   B. 回族   C. 其他
4. 您的文化程度（ ）
   A. 小学及以下   B. 初中
   C. 高中   D 专科及以上
5. 您的户口在红寺堡？（是 =0　否 =1）
6. 您是搬迁户吗？（是 =0　否 =1），原户籍地是，搬迁时间
7. 您家现在有几口人，您家上学人数，失学少年儿童人数
8. 您家主要收入来源（ ）

A. 种植　　　　　　　　B. 养殖
C. 务工　　　　　　　　D. 其他

9. 您及您的家人是否享受地方扶贫政策（是=0　否=1），若是，则（　　）

A. 建档立卡贫困户　　　B. 低保户
C. 五保户　　　　　　　D 其他_____

10. 您孩子目前的监护人是（　　）

A. 父母双方　　　　　　B. 父母中一方
C. 祖父母或外祖父母　　D. 兄弟姐妹
E. 孩子一个　　　　　　F. 其他监护人

区域特征情况

（一）收入、支出及负债

全年收入/元		全年支出/元		全年负债/元	
搬迁前	搬迁后	搬迁前	搬迁后	搬迁前	搬迁后
总收入		总支出		总负债	

（二）家庭资产

	搬迁前	搬迁后
农产品种植面积/亩		
畜禽总价值/元		
农作物总价值/元		
家电等耐用品总价值/元		

（三）移民民族特征发展

此部分问题采用 5 级打分，1—5 依次表示"非常频繁""较频繁""经常""偶尔""拒绝参与"。请在合适的数字上划"√"

具体描述	非常频繁 5→1 拒绝参与				
搬迁后与邻居间交往、交流情况	5	4	3	2	1
搬迁后与邻居、亲戚间交往、交流的频繁程度	5	4	3	2	1
搬迁后您参加本民族的活动情况	5	4	3	2	1
搬迁后您与各民族关系融洽程度	5	4	3	2	1
搬迁后您对本村村集体的依赖程度	5	4	3	2	1

（四）移民文化特征发展

此部分问题采用5级打分，1—5依次表示"非常认可""较认可""一般""不太认可或适应""不认可或不适应"。请在合适的数字上划"√"

具体描述	非常认可 5→1 不认可或不适应				
搬迁后你对当地文化习俗的认可程度	5	4	3	2	1
你对新技术及新知识的理解与接收程度	5	4	3	2	1
对移民区生产生活方式转变的适应能力	5	4	3	2	1

（五）总体满意度评价

根据您的认知情况，对以下内容进行评分。此部分问题采用5级打分，1—5依次表示"非常满意""满意""一般""不满意""非常不满意"。请在合适的数字上划"√"

评价内容	非常满意 5→1 非常不满意				
对自己搬到这里后的整体评价	5	4	3	2	1
对自己现在生活水平的总评价	5	4	3	2	1
对现在居住地生活环境的评价	5	4	3	2	1
对现在居住地生态环境的评价	5	4	3	2	1
对教育精准扶贫政策的满意程度	5	4	3	2	1

教育情况

1. 与搬迁前相比，搬迁后教育资源状况如何？（　　）

　A. 好　　　　　　　　　　B. 较好

　C. 一般　　　　　　　　　D. 较差

　E. 差

2. 与搬迁前相比，搬迁后适龄儿童的入学情况如何？（　　）

　A. 100%入学　　　　　　　B. 80%入学

　C. 50%入学　　　　　　　 D. 30%入学

　E. 小于30%

3. 与搬迁前相比，教学环境及设施条件的改善程度（　　）

　A. 改善很大　　　　　　　B. 基本改善

　C. 一样　　　　　　　　　D. 变化较小

　E. 没有变化

4. 与搬迁前相比，搬迁后您更重视教育吗？（　　）

　A. 重视　　　　　　　　　B. 较重视

　C. 一般　　　　　　　　　D. 较不重视

　E. 不重视

5. 您认为孩子是否应该接受学前教育？（　　）（是=0　否=1）

6. 您认为孩子是否应该接受义务教育？（　　）（是=0　否=1）

7. 您认为孩子是否有必要接受高中及以上教育？（　　）（是=0　否=1）

8. 您是否会辅导孩子写作业？（　　）（是=0　否=1）

9. 您平时陪伴孩子的时间是（　　）

　A. 每天陪伴　　　　　　　B. 外出打工，每周见1—2次

　C. 外出打工，每月见1—2次　D. 外出打工，每年见1—2次

10. 您是否了解当地教育扶贫政策？（　　）

　A. 非常了解　　　　　　　B. 比较了解

　C. 了解　　　　　　　　　D. 不太了解

　E. 完全没听说过

11. 您是通过什么途径了解到的教育扶贫政策？（　　）（最多选3项）

A. 电视、报纸　　　　　　B. 网络

C. 政府宣传　　　　　　　D. 学校

E. 其他

12. 您认为当地政府对教育扶贫重视程度如何？（　　）

A. 非常重视　　　　　　　B. 重视

C. 一般　　　　　　　　　D. 不重视

E. 非常不重视

13. 您或您家子女在受教育方面受到过哪些帮助？（　　）

A. 奖学金、助学金　　　　B. 助学贷款

C. 生活费补助　　　　　　D. 其他_____

14. 您觉得教育扶贫政策给您的家庭带来的帮助程度（　　）

A. 非常大　　　　　　　　B. 比较大

C. 一般　　　　　　　　　D. 小

E. 很小

15. 您认为家里孩子上学的经济负担（　　）

A. 负担很大　　　　　　　B. 负担较大

C. 能够承受　　　　　　　D. 没有负担

16. 您认为家庭教育对孩子的影响大吗？（　　）

A. 影响很大　　　　　　　B. 影响较大

C. 影响一般　　　　　　　D. 影响很弱

E. 没有影响，主要靠学校教育

17. 您对孩子目前所处学校的基础设施建设满意吗？（　　）

A. 非常满意　　　　　　　B. 较满意

C. 一般　　　　　　　　　D. 有待加强

18. 您对孩子目前所处学校的教师教学方式满意吗？（　　）

A. 非常满意　　　　　　　B. 较满意

C. 一般　　　　　　　　　D. 有待加强

19. 您对孩子未来发展的看法（　　）

A. 一定要继续接受教育，上大学

B. 无所谓，看孩子的意见

C. 结束义务教育后打工，尽早赚钱

D. 反对孩子接受教育

不同阶段学生基础教育情况

若您的孩子处于幼儿园阶段，请您回答 1—6 题，若您的孩子处于中小学阶段，请跳至第 7 题开始回答。

1. 您的孩子是否喜欢上幼儿园？（　　）

  A. 非常喜欢　　　　　　　B. 比较喜欢

  C. 一般　　　　　　　　　D. 不喜欢

2. 您认为孩子上幼儿园后生活习惯进步大吗？（　　）

  A. 很大　　　　　　　　　B. 比较大

  C. 没变化　　　　　　　　D 不清楚

3. 您送孩子到幼儿园需要的时间是（　　）

  A. 小于 10 分钟　　　　　B. 10—20 分钟

  C. 20—30 分钟　　　　　D. 大于 30 分钟

4. 您认为幼儿园入园难吗？（　　）

  A. 非常难　　　　　　　　B. 比较难

  C. 不清楚　　　　　　　　D. 很容易

5. 您认为本地幼儿园之间差距大吗？（　　）

  A. 很大　　　　　　　　　B. 比较大

  C. 没差距　　　　　　　　D. 不清楚

6. 您认为学校能否根据孩子的特点进行保教？（　　）（是 =0　否 =1）

以下 7—17 题为家中有中小学教育阶段学生家长回答。

（一）学业状况

1. 您认为孩子学业负担重吗？（　　）

  A. 非常重　　　　　　　　B. 比较重

  C. 一般，可以承受　　　　D. 不太重

2. 您对孩子的学习成绩满意程度（　　）

  A. 非常满意　　　　　　　B. 比较满意

  C. 一般　　　　　　　　　D. 不太满意

3. 您认为孩子的学习习惯良好吗？（　　）

  A. 非常好　　　　　　　　B. 比较好

  C. 一般　　　　　　　　　D. 不太好

E. 很差

4. 您的孩子平时各科考试成绩平均在哪个阶段？（   ）

A. 60 分以下　　　　　　　B. 61—70 分

C. 71—80 分　　　　　　　D. 81—90 分

E. 90 分以上

5. 您更喜欢年轻老师教学还是老教师教孩子？（   ）

A. 年轻老师　　　　　　　B. 老教师

C. 二者结合

6. 您的孩子平时能否按时保质完成作业（是 = 0　否 = 1）

7. 您的孩子是否喜欢在学校学习（是 = 0　否 = 1）若否，则原因是

8. 您认为学校或者老师是否只关注成绩（是 = 0　否 = 1）

9. 您认为您的代课老师是否认真负责（是 = 0　否 = 1）

（二）身心健康

1. 学校每天保证学生体育锻炼时间（   ）

A. 1 小时以内　　　　　　B. 1—2 小时

C. 2—3 小时　　　　　　　D. 3 小时以上

2. 学校每年是否进行体测（是 = 0　否 = 1）

3. 您对学校组织和开展的体育活动的看法是（   ）

A. 很喜欢，积极参与　　　B. 比较喜欢，只参加自己喜欢的

C. 不喜欢，偶尔或被迫参与　D. 不喜欢，不参与

4. 您认为参与课外体育运动对于孩子文化课学习有多大帮助？（   ）

A. 很大　　　　　　　　　B. 比较大

C. 较小　　　　　　　　　D. 基本没有

5. 学校是否开展过例如心理辅导活动或者开设相关课程？（   ）

A. 每学期 1 次　　　　　　B. 每学期 2—4 次

C. 每学期 3—6 次　　　　　D. 每学期 6 次以上

6. 您的孩子与同学相处得好吗？（   ）

A. 非常好　　　　　　　　B. 比较好

C. 一般　　　　　　　　　D. 不太好

E. 无法相处

7. 您的孩子与老师相处地好吗？（   ）

A. 非常好　　　　　　　　B. 比较好

C. 一般　　　　　　　　　D. 不太好

E. 无法相处

8. 您的孩子对克服学习和生活上的困难的信心（　　）

A. 非常有信心　　　　　　B. 比较有信心

C. 不太有信心　　　　　　D. 没信心

9. 您的孩子睡眠时间（　　）

A. 小于4小时　　　　　　B. 4—5小时

C. 5—6小时　　　　　　　D. 6—7小时

E. 7小时以上

10. 您认为现阶段孩子是否需要心理疏导？（　　）（是=0　否=1）

（三）艺术素养

1. 学校是否组织成立了艺术社团？（　　）（是=0　否=1），若是，您的孩子参与了哪些社团活动？（　　）

A. 手工制作　　　　　　　B. 唱歌、跳舞

C. 书法、画画　　　　　　D. 体育类

E. 不清楚

2. 您认为中小学生是否应该在艺术方面有一技之长？（　　）（是=0　否=1）

3. 您认为中小学生是否至少参加一项艺术社团活动？（　　）（是=0　否=1）

4. 您对孩子参加艺术社团的认识（最多选择2项）（　　）

A. 调节情绪，丰富课余文化生活

B. 通过活动掌握了一些技能，提高了欣赏水平和艺术修养

C. 培养了创新和实践能力

D. 参与活动耽误时间，会影响学习

（四）教育认知

1. 您认为受教育对未来生活重要程度（　　）

A. 非常重要　　　　　　　B. 重要

C. 一般　　　　　　　　　D. 不重要

2. 您对孩子未来的期望（　　）

A. 想读大学，做我喜欢的工作
B. 不读大学，大一点去打工
C. 不清楚

调查结束，感谢您的支持！　　祝您家庭和睦，生活工作愉快！

分析与验证：宁夏生态移民区基础教育扶贫的"红寺堡生态移民区现象"研究调查问卷（教师主体）

您好！我们是宁夏生态移民区基础教育扶贫的"红寺堡生态移民区现象"研究团队。感谢您在百忙之中抽出时间来帮助我们完成此问卷。您的参与和配合将对整个项目研究的顺利开展起到直接支撑作用，很有可能影响我们的分析和政策建议，谢谢您的合作与支持！

本问卷中所涉及的一切信息仅限于学术研究使用，对被调研人的资料严格保密。

调查地点：　　市　县　乡（镇）　　村

一　个人基本情况

1. 您的性别（　　）
A. 男　　　　　　　　　　B. 女

2. 您的年龄（　　）
A. 25 岁以下　　　　　　 B. 26—35 岁
C. 36—45 岁　　　　　　 D. 46—55 岁
E. 55 岁以上

3. 您的职称（　　）
A. 幼儿园教师　　　　　　B. 小学教师
C. 初高中教师

4. 您所任教的学校所在地（　　）
A. 城区　　　　　　B. 镇区　　　　　　C. 乡村

5. 您班里的学生数量（　　）
A. 少于 30 人　　　　　　B. 31—50 人

C. 51—100 人　　　　　　D. 100 人以上

6. 您的住宿情况（　　）

A. 套件带卫生间　　　　B. 套间无卫生间

C. 单间有卫生间　　　　D. 单间无卫生间

E. 其他

7. 您的户籍是（　　）

8. 您在本校任职的时间（　　）

A. 1 年以内　　　　　　B. 1—3 年

C. 3—5 年　　　　　　　D. 5 年以上

9. 您是否是师范专业毕业教师？（　　）（是＝0　否＝1），若否，则原因是

10. 您目前是否取得教师编制？（　　）（是＝0　否＝1），若否，则原因是

11. 您所在学校师范专业毕业的教师占比（　　）

A. 少于 5%　　　　　　B. 5%—20%

C. 20%—45%　　　　　D. 45%—60%

E. 大于 60%

12. 您的学历（　　）

A. 研究生　　　　　　　B. 本科生

C. 专科生　　　　　　　D. 其他

二、总体满意度

1. 您在本校当教师总体评价（　　）

A. 非常满意　　　　　　B. 比较满意

C. 一般　　　　　　　　D. 不满意

2. 您对于本校教师未来职业的发展情况（　　）

A. 非常满意　　　　　　B. 比较满意

C. 一般　　　　　　　　D. 不满意

3. 您对现行的职称评定感到（　　）

A. 非常满意　　　　　　B. 比较满意

C. 一般　　　　　　　　D. 不满意

4. 您对目前教师的编制感到（   ）

A. 非常满意　　　　　　　　B. 比较满意

C. 一般　　　　　　　　　　D. 不满意

5. 您对当地重视教育的程度感到（   ）

A. 非常满意　　　　　　　　B. 比较满意

C. 一般　　　　　　　　　　D 不满意

6. 您对当地的教育政策感到（   ）

A. 非常满意　　　　　　　　B. 比较满意

C. 一般　　　　　　　　　　D. 不满意

三　保障条件满意度

1. 学校为教师提供食品的情况（   ）

A. 集体合餐　　　　　　　　B. 独立厨房

C. 与他人共用厨房　　　　　D. 宿舍与厨房共用

E. 走道当厨房　　　　　　　F. 其他

2. 您每天的工作时间（   ）

A. 8 小时以内　　　　　　　B. 8—10 小时

C. 11—13 小时　　　　　　 D. 13 小时以上

3. 您的办公室环境（   ）

A. 各科老师都在一起　　　　B. 分学科有单独的办公室

C. 个人有单独的办公室　　　D. 其他

4. 您目前的工资是（   ）

A. 1000 元以下　　　　　　 B. 1000 元—1500 元

C. 1500 元—2000 元　　　　D. 2000 元—2500 元

E. 2500 元以上

5. 您期望的工资是（   ）

A. 1000 元—1500 元　　　　B. 1500 元—2000 元

C. 2000 元—2500 元　　　　D. 2500 元—3000 元

E. 3000 元以上

6. 您休息的时间主要用来（   ）

A. 备课　　　　　　　　　　B. 批改作业

C. 辅导学生补课　　　　　　D. 做兼职增加收入

7. 您从学校到乡镇所在地的交通便利程度（　　）

　　A. 非常便利　　　　　　　B. 便利

　　C. 一般　　　　　　　　　D. 不便利

8. 您认为目前生活最需要改善的问题（　　）

　　A. 领导重视程度　　　　　B. 解决住房问题

　　C. 提高教师收入　　　　　D. 提高教学基础设施条件

　　E. 增加教师编制　　　　　F. 教师晋升问题

　　G. 教师健康问题　　　　　H. 减轻工作负担和压力

　　I. 其他

9. 您认为目前生活最困难的是（　　）

　　A. 工资收入低　　　　　　B. 教学条件差

　　C. 取得编制困难　　　　　D. 工作压力大

　　E. 处对象难　　　　　　　F. 子女、老人照顾问题

　　G. 夫妻两人异地分居　　　H. 其他

10. 您认为您是否需要进修的机会？（　　）（是＝0　否＝1），若是，则主要原因是（　　）

　　A. 为学生提供更好的教育　B. 取得编制需要

　　C. 换教学单位　　　　　　D. 出国

　　E. 15人以上提高收入的途径　F. 其他

11. 学校是否发放贫困地区教师补贴？（　　）（是＝0　否＝1），发放金额是（　　）

12. 根据当地条件，您认为对教师每月补贴多少合适？（　　）

　　A. 50元—100元　　　　　B. 100元—150元

　　C. 150元—200元　　　　 D. 200元—250元

　　E. 250元—300元　　　　 F. 300元以上

13. 您对学校目前的教学基础设施条件感到（　　）

　　A. 非常满意　　　　　　　B. 比较满意

　　C. 一般　　　　　　　　　D. 不满意

14. 您对学校目前提供的工资感到（　　）

　　A. 非常满意　　　　　　　B. 比较满意

C. 一般　　　　　　　　　D. 不满意

15. 您对目前的工作环境（生活环境和人际交往）感到（　　）

　　A. 非常满意　　　　　　B. 比较满意

　　C. 一般　　　　　　　　D. 不满意

16. 您对学校校风感到（　　）

　　A. 非常满意　　　　　　B. 比较满意

　　C. 一般　　　　　　　　D. 不满意

17. 您对学校的教师管理制度感到（　　）

　　A. 非常满意　　　　　　B. 比较满意

　　C. 一般　　　　　　　　D. 不满意

18. 您对本学校教师权益保障感到（　　）

　　A. 非常满意　　　　　　B. 比较满意

　　C. 一般　　　　　　　　D. 不满意

19. 您认为学校有教师辞职的原因是（　　）

　　A. 自身原因　　　　　　B. 工资低

　　C. 工作生活条件差　　　D. 交通不便

　　E. 教师取得编制难　　　F. 取得更好的工作机会

　　G. 其他

四　不同阶段教师评价

如果您是幼儿园教师，则完成 1—11 题，若您为中小学阶段教师，则跳至第 12 题

学前教育阶段：

1. 您对农村学前教育的综合评价（　　）

　　A. 非常满意　　　　　　B. 比较满意

　　C. 一般　　　　　　　　D. 不满意

2. 目前辖区内各个地区的学前教育发展（　　）

　　A. 存在较大差距　　　　B. 存在差距，但在合理范围内

　　C. 不清楚　　　　　　　D. 不存在差距

3. 您认为学前教育在当地被关注和被扶持的力度（　　）

　　A. 非常大　　　　　　　B. 较大

C. 一般 D. 不大

E. 不清楚

4. 您认为本地区学前教育落后的原因是什么？（　　）（最多选 3 项）

  A. 地区经济落后   B. 家长文化程度低，教育观念弱

  C. 教育评价体系不健全   D. 师资紧缺，教师素质不高

  E. 学校管理混乱   F. 教育改革过于形式化

  G. 其他_____

5. 您认为当地学前教育目前存在哪些问题？（　　）（最多选 3 项）

  A. 教师整体素质   B. 教学体系不规范

  C. 专业教师数量少   D. 教师福利待遇差

  E. 学校数量少   F. 教学基础设施不健全

  G. 教育方式比较落后   H. 其他_____

6. 您认为农村学前教育最重要的是（　　）（最多选 2 项）

  A. 完善的政策支持   B. 大量的资金投入

  C. 规范的教师招聘和培训制度 D. 健全硬件设施建设

  E. 引入大量学前教育专业教师 F. 引入优质教育资源

  G. 其他

7. 您认为您对幼儿的教育是否细心？（　　）

  A. 非常细心   B. 比较细心   C. 一般

  D. 学生太多，没有精力细化

8. 您是否对学生进行过家访？（　　）

  A. 每学期至少一次   B. 每年至少一次

  C. 学生就读期间至少一次   D. 从未进行过

9. 您认为幼儿园适合孩子的玩教具和图书是否充足？（　　）

  A. 非常充足   B. 比较充足

  C. 不清楚   D. 不太充足

  E. 非常少

10. 您认为家长对当地学前教育的总体评价是（　　）

  A. 非常满意   B. 比较满意

  C. 一般   D. 不满意

11. 您认为家长对孩子学前教育重视程度（　　）

  A. 非常重视　　　　　　　B. 比较重视

  C. 一般　　　　　　　　　D. 不重视

若您是中小学教师，请回答12—23题

中小学教育阶段：

12. 您认为贫困地区义务教育落后的原因是什么？（最多选3项）（　　）

  A. 地区经济落后　　　　　B. 家长文化程度低，教育观念弱

  C. 教育评价体系不健全　　D. 师资紧缺，教师素质不高

  E. 学校管理混乱　　　　　F. 教育改革过于形式化

  G. 其他_____

13. 您认为当地义务教育阶段目前存在哪些问题？（　　）（最多选3项）

  A. 教师整体素质　　　　　B. 教学体系不规范

  C. 专业教师数量少　　　　D. 教师福利待遇差

  E. 学校数量少　　　　　　F. 教学基础设施不健全

  G. 教育方式比较落后　　　H. 其他_____

14. 您认为农村义务教育最重要的是（　　）（最多选2项）

  A. 完善的政策支持　　　　B. 大量的资金投入

  C. 规范的教师招聘和培训制度　D. 健全硬件设施建设

  E. 引入大量师范专业教师　F. 引入优质教育资源

  G. 其他

15. 您是否经常给学生进行辅导？（　　）

  A. 每天　　　　　　　　　B. 经常

  C. 只有考试前　　　　　　D. 偶尔，只针对差生

  E. 不辅导

16. 您周围学校是否存在缺教师的情况？（　　）

  A. 存在且特别严重　　　　B. 存在，但不多

  C. 不清楚　　　　　　　　D. 不存在

17. 您对当地义务教育水平的综合评价（　　）

  A. 非常满意　　　　　　　B. 比较满意

  C. 一般　　　　　　　　　D. 不满意

18. 您所在学校是否组织课外活动、增加学校的社团和兴趣小组或开设选修课？（   ）

  A. 频繁   B. 比较频繁

  C. 一般   D. 不太多

  E. 没有

19. 目前辖区内各个地区的义务教育发展（   ）

  A. 存在较大差距   B. 存在差距，但在合理范围内

  C. 不清楚   D. 不存在差距

20. 您认为义务教育在当地被关注和被扶持的力度（   ）

  A. 非常大   B. 较大

  C. 一般   D. 不大   E. 不清楚

21. 您是否对学生进行过家访？（   ）

  A. 每学期至少一次   B. 每年至少一次

  C. 学生就读期间至少一次   D. 从未进行过

22. 您认为学校是否重视除学业考试外的其他评价方式？（   ）

  A. 非常重视   B. 比较重视

  C. 不清楚   D. 不太重视

  E. 不重视

23. 您对所在学校的校风总体评价是（   ）

  A. 非常好   B. 比较好

  C. 一般   D. 不好

分析与验证：宁夏生态移民区基础教育扶贫的"红寺堡生态移民区现象"研究

调查问卷（学生主体）

您好！我们是宁夏生态移民区基础教育扶贫的"红寺堡生态移民区现象"研究团队。感谢您在百忙之中抽出时间来帮助我们完成此问卷。您的参与和配合将对整个项目研究的顺利开展起到直接支撑作用，很有可能影响我们的分析和政策建议，谢谢您的合作与支持！

本问卷中所涉及的一切信息仅限于学术研究使用，对被调研人的资料严格保密。

调查地点： 市 县 乡（镇） 村

一　个人基本情况

1. 您的性别（　　）

    A. 男　　　　　　　　　　B. 女

2. 您的民族（　　）

    A. 汉族　　　　　　　　　B. 回族　　　　　　　　C. 其他

3. 您是否为寄宿生？（　　）（是 =0　否 =1），若是，则寄宿原因是（　　）

4. 您是否上过幼儿园或者学前班？（　　）（是 =0　否 =1），若否，则原因是（　　）

5. 您班里的学生人数（　　）

    A. 20—30 人　　　　　　　B. 30—40 人

    C. 40—50 人　　　　　　　D. 50—60 人

    E. 60 人以上

6. 您班上的代课老师有几个？（　　）

    A. 2 个及以下　　　　　　B. 2—4 个

    C. 4—6 个　　　　　　　　D. 6 个及以上

7. 您家现在有几口人？（　　），常住人口数（　　），2019 年家中有多少劳动力（　　），外出务工（　　）人，务农（　　）人，2019 年上学人数（　　），2019 年有失学少年儿童人数（　　），家中有伤残人数（　　），家中有慢性病人数（　　）；

8. 您及您的家人是否享受地方扶贫政策？（　　）

    A. 建档立卡贫困户　　　　B. 低保户

    C. 五保户　　　　　　　　D. 其他_____

    E. 没有享受

9. 您家是搬迁户吗？（　　）（是 =0　否 =1），搬迁时间（　　），搬迁原因是否主要因为上学（　　）（是 =0　否 =1）

10. 您是否转过学？（　　）（是 =0　否 =1），若是，则原因是（　　）

二　家庭情况

1. 您父母是否外出打工（是　否），若是，则打工地点是（　　）

A. 省外   B. 省内
C. 本市   D. 本县
E. 不打工

2. 父亲的文化程度是（　　）
A. 小学及以下   B. 初中
C. 高中   D. 专科及以上

3. 父亲的文化程度是（　　）
A. 小学及以下   B. 初中
C. 高中   D. 专科及以上

4. 您目前的监护人是（　　）
A. 父母   B. 父母其中一方
C. 祖父母或外祖父母   D. 兄弟姐妹
E. 自己一个人   F. 其他监护人

5. 监护人的职业是（　　）
A. 农民   B. 工人
C. 企业人员   D. 个体户
E. 事业单位/公务员   F. 无业
G. 其他

6. 您认为您的监护人的经济状况是（　　）
A. 贫困   B. 温饱
C. 小康   D. 富裕及以上

7. 您在放学后完成作业情况（　　）
A. 马上做作业   B. 先休息，再做作业
C. 需要监护人提醒才做

8. 您觉得学习是重要的事吗（　　）
A. 重要   B. 一般
C. 不清楚   D. 不重要

9. 您的家庭每个学期用于您上学的总支出（包括学费、资料费、生活费等）（　　）
A. 100 元以下   B. 100 元—500 元
C. 500 元—1000 元   D. 1000 元以上

10. 您的家庭主要收入来源（   ）

　A. 务农　　　　　　　　　B. 打工

　C. 个体　　　　　　　　　D. 政府提供的扶贫资金

　E. 其他

11. 您家在受教育方面受到过的帮助（   ）

　A. 奖学金、助学金　　　　B. 助学贷款

　C. 生活费补助　　　　　　D. 其他_____

12. 您觉得教育扶贫政策给您的家庭带来的帮助程度（   ）

　A. 非常大　　　　　　　　B. 比较大

　C. 一般　　　　　　　　　D. 小

　E. 很小

13. 您认为您的家庭重视教育吗？（   ）

　A. 很重视　　　　　　　　B. 一般

　C. 无所谓　　　　　　　　D. 不重视

　E. 反对

14. 您的家人是否会辅导您完成作业？（   ）（是＝0　否＝1）

15. 您认为家长的教育理念对您的学习和生活影响程度（   ）

　A. 非常大　　　　　　　　B. 较大

　C. 一般　　　　　　　　　D. 没有影响

三　学生发展情况

（一）学业状况

1. 您认为自己学业负担（   ）

　A. 非常重　　　　　　　　B. 比较重

　C. 一般，可以承受　　　　D. 不太重

2. 您对自己的学习成绩满意程度（   ）

　A. 非常满意　　　　　　　B. 比较满意

　C. 一般　　　　　　　　　D. 不太满意

3. 您认为您的学习习惯良好吗？（   ）

　A. 非常好　　　　　　　　B. 比较好

　C. 一般　　　　　　　　　D. 不太好

E. 很差

4. 您平时各科考试成绩平均在哪个阶段？（   ）

A. 60 分以下　　　　　　B. 61—70 分

C. 71—80 分　　　　　　D. 81—90 分

E. 90 分以上

5. 您更喜欢年轻老师教学还是老教师？（   ）

A. 年轻老师　　　　　　B. 老教师

C. 二者结合

6. 您平时能否按时保质完成作业？（   ）（是 =0　否 =1）

7. 您是否喜欢在学校学习？（   ）（是 =0　否 =1）若否，则原因是

8. 您认为学校或者老师是否只关注成绩（   ）（是 =0　否 =1）

9. 您认为您的代课老师是否认真负责（   ）（是 =0　否 =1）

（二）身心健康

1. 学校每天保证学生体育锻炼时间（   ）

A. 1 小时以内　　　　　B. 1—2 小时

C. 2—3 小时　　　　　　D. 3 小时以上

2. 学校每年是否进行体测？（   ）（是 =0　否 =1）

3. 您对学校组织和开展的体育活动的看法是（   ）

A. 很喜欢，积极参与　　B. 比较喜欢，只参加自己喜欢的

C. 不喜欢，偶尔或被迫参与　D. 不喜欢，不参与

4. 您认为参与课外体育运动对于文化课学习有多大帮助？（   ）

A. 很大　　　　　　　　B. 比较大

C. 较小　　　　　　　　D. 基本没有

5. 您认为学校现在的体育场地和器材可以满足学生课后的体育锻炼需要吗？（   ）

A. 完全可以　　　　　　B. 可以

C. 基本可以　　　　　　D. 不可以

6. 您认为您所在班级对于学校组织的体育活动的态度是（   ）

A. 认真参与　　　　　　B. 敷衍了事

C. 无所谓

7. 学校是否开展过例如心理辅导活动或者开设相关课程？（　　）

　　A. 每学期 1 次　　　　　　B. 每学期 2—4 次

　　C. 每学期 3—6 次　　　　　D. 每学期 6 次以上

8. 您与同学相处得好吗？（　　）

　　A. 非常好　　　　　　　　B. 比较好

　　C. 一般　　　　　　　　　D. 不太好

　　E. 无法相处

9. 您与老师相处得好吗？（　　）

　　A. 非常好　　　　　　　　B. 比较好

　　C. 一般　　　　　　　　　D. 不太好

　　E. 无法相处

10. 您对克服学习和生活上的困难的信心（　　）

　　A. 非常有信心　　　　　　B. 比较有信心

　　C. 不太有信心　　　　　　D. 没信心

11. 您的睡眠时间（　　）

　　A. 小于 4 小时　　　　　　B. 4—5 小时

　　C. 5—6 小时　　　　　　　D. 6—7 小时

　　E. 7 小时以上

12. 您认为现阶段是否需要心理疏导？（　　）（是 = 0　否 = 1）

（三）艺术素养

1. 学校是否组织成立了艺术社团？（　　）（是 = 0　否 = 1），若是，您认为学校的艺术社团种类（　　）

　　A. 非常丰富　　　　　　　B. 比较丰富

　　C. 不太多　　　　　　　　D. 很少，名存实亡

2. 您认为中小学生是否应该在艺术方面有一技之长？（　　）（是 = 0　否 = 1），您是否有艺术特长？（　　）（是 = 0　否 = 1）

3. 您认为中学生是否至少参加一项艺术社团活动？（　　）（是 = 0　否 = 1），您是否参加过艺术社团？（　　）（是 = 0　否 = 1）

4. 您对参加艺术社团的认识（　　）（最多选择 2 项）

　　A. 调节情绪，丰富课余文化生活

　　B. 通过活动掌握了一些技能，提高了欣赏水平和艺术修养

C. 培养了创新和实践能力

D. 参与活动耽误时间，会影响学习

(四) 教育认知

1. 您认为受教育对未来生活重要程度（   ）

A. 非常重要　　　　　　　B. 重要

C. 一般　　　　　　　　　D. 不重要

2. 您对未来有什么打算？（   ）

A. 想读大学，做我喜欢的工作　B. 不读大学，大一点去打工

C. 不清楚

四　学校情况

(一) 教育投入

1. 您认为学校的基础设施如何？（   ）

A. 非常完善　　　　　　　B. 较为完善

C. 较为缺乏　　　　　　　D. 十分缺乏

2. 您认为学校缺少哪些基础设施或设备？（   ）

A. 教学楼等教学设施　　　B. 宿舍、食堂等生活设施

C. 运动场馆　　　　　　　D. 图书馆

E. 信息化设备（电脑、广播等）

F. 其他

3. 您对学校环境满意程度（   ）

A. 满意　　　　　　　　　B. 较满意

C. 一般　　　　　　　　　D. 不清楚

E. 不满意

4. 请您根据学校情况在"是"或者"否"处划"√"

学校的校园网是否全覆盖	是	否
教室是否安装媒体教学设备	是	否
学校是否有橡胶操场	是	否
学校是否有图书馆或者阅览室	是	否

续表

学校是否有足够数量的图书	是	否
学校是否有足够数量的体育器材	是	否
学校是否给社团等问题活动提供专门场所	是	否
学校是否有食堂	是	否

(二) 教育过程

1. 班主任或者其他老师是否关心你的学习情况？（   ）

    A. 关心   B. 不是特别关心

    C. 不关心

2. 您的老师是否进行过家访？（   ）

    A. 每学期至少一次   B. 每年至少一次

    C. 就读期间至少一次 D. 从未进行过

3. 您是否了解您的老师是否为师范专业毕业？（   ）

    A. 了解，全部都是   B. 了解，大部分是

    C. 了解，小部分是   D. 不清楚

4. 您认为老师讲课清楚明白吗？（   ）

    A. 非常清楚   B. 比较清楚

    C. 讲课一般   D. 不清楚

5. 您认为学校的教育理念对您的学习和成长帮助程度（   ）

    A. 很大   B. 比较大

    C. 比较小   D. 很小

    E. 不清楚

6. 以下讲课方法中，除了讲授法，您更倾向于哪种？（   ）

    A. 自主学习   B. 实践性学习

    C. 小组合作学习   D. 探究性学习

    E. 其他

7. 在课堂教学中，老师的教学方式是（   ）（多选）

    A. 创设问题情境，用问题引导学生讨论

    B. 老师让同学一起交流讨论学习

    C. 老师"满堂灌"教学

D. 学生自主学习后，老师讲解指导

E. 其他

（三）教育公平

1. 您认为学校评奖评优公平公正吗？（　　）

A. 非常公平　　　　　　　B. 比较公平

C. 一般　　　　　　　　　D. 不公平

2. 您认为本地中小学学校之间差距大吗？（　　）

A. 非常大　　　　　　　　B. 比较大

C. 差距较小　　　　　　　D. 没差距

E. 不清楚

3. 您认为本地高中教育质量与邻近区县差距大吗？（　　）

A. 非常大　　　　　　　　B. 比较大

C. 差距较小　　　　　　　D. 没差距

E. 不清楚

4. 请您根据学校情况在"是"或者"否"处划"√"

学校是否区分重点班与非重点班	是	否
老师是否鼓励学生发表不同意见	是	否
当地是否通过考试、竞赛、奖励证书才能上好学校的情况较多	是	否
学校是否落实贫困家庭就学子女建档立卡帮扶政策	是	否
学校是否落实贫困家庭就学子女精准资助	是	否

（四）学校管理

1. 您所在班级是否建有家长微信群？（　　）（是=0　否=1）

2. 学校开家长会的频率是（　　）

A. 每学期 1 次　　　　　　B. 每学期 2—3 次

C. 每学期 3—4 次　　　　　D. 每学期 4 次以上

3. 您认为学校和家长联系的频繁吗？（　　）

A. 非常频繁　　　　　　　B. 比较频繁

C. 不太联系　　　　　　　　D 基本没有

4. 您是否了解当地教育扶贫政策？（　　）

   A. 非常了解　　　　　　　B. 比较了解

   C. 了解　　　　　　　　　D. 不太了解

   E. 完全没听说过

5. 您对于学校的安全保护措施到位评价（　　）

   A. 非常完善　　　　　　　B. 较为完善

   C. 较为缺乏　　　　　　　D. 十分缺乏

6. 您在学校感到安全吗？（　　）

   A. 非常安全　　　　　　　B. 比较安全

   C. 一般　　　　　　　　　D. 不太安全

7. 您认为贫困地区教育落后的原因是什么？（　　）（最多选3项）

   A. 地区经济落后　　　　　B. 家长文化程度低，教育观念弱

   C. 教育评价体系不健全　　D. 师资紧缺，教师素质不高

   E. 学校管理混乱　　　　　F. 教育改革过于形式化

   G. 没有实现校长责任制　　H. 其他_____

调查结束，感谢您的支持！　　祝您家庭和睦，生活工作愉快！

后　　记

　　时光荏苒，在即将迈入不惑之年的时候，笔者这稍显漫长又稍显曲折的写作过程即将进入尾声。作为一名宁夏大学的普通教师，我希望通过本书的写作，使我对民族教育领域的理论知识和研究方法得到全面而系统的梳理和完善，以便在今后的工作中，将理论与实践紧密结合，更好地提升自己的教学能力和业务水平；作为一名刚刚毕业的民族教育学专业博士生，我希望这本书能够把握时代的脉搏，反映时代的需求，能为民族地区生态移民群体基础教育发展建言献策。

　　这本书从开始构思，历经整整七年时间。在这七年里，阅读、思考与写作，成为我生活的主要内容。本书重点关注民族地区生态移民基础教育发展状况、特征及其所处的内外部环境，并深度分析其背后的深层次原因和内在机理，从而为中国基础教育理论和实践的优化完善提供学理层面和策略层面的探索和支持，实际贡献和创新之处大概可以总结如下。

　　（一）从学科交叉的视角出发，深入研究民族地区生态移民这一特殊群体的基础教育适应性问题，重点关注该群体基础教育发展中呈现出的民族性、区域性、心理性、文化性特征，并通过实证方法对基础教育主体的环境因素认知进行定量检验，从而进一步拓展了基础教育适应性问题的研究界面。

　　（二）综合运用教育人类学、社会心理学、管理学等领域的相关研究成果，系统梳理了民族地区生态移民基础教育发展的基本脉络，并尝试通过质性分析与量化分析相结合的方法，深入探究生态移民群体基础教育主体与环境的适应性问题及其内在机理，从而为环境适应理论和文化生态理论的丰富完善做出了贡献。

（三）系统思考了影响民族地区生态移民基础教育发展的内外部多维因素，在此基础上进一步探讨了适合民族地区生态移民基础教育发展的差异化路径，并尝试回答以红寺堡区为代表的民族地区生态移民基础教育发展"怎么样""为什么""怎么办"这三个核心问题，据此提出了基础教育复杂环境适应模型和多元文化生态模型的建构逻辑，将以往关于基础教育相关问题的单一主体研究拓展至主体与环境适应性的互动研究，更符合相关问题研究和解决的真实情景。

（四）综合运用田野调查、历史口述、个案访谈、实证分析等多种研究方法，在大量扎实的文献阅读与理解基础上，深入田野，寻找核心人物，进行访谈并翔实记录，创新性地通过模型构建和量化分析的方法验证了基础教育主体对环境因素的认知特点，从而为研究该领域问题的方法论创新进行了有益的探索。

在撰写此书的过程中，参考了大量的相关论著、资料和网站论文，谨向各位著者深致感谢与敬意。此书的完成，还得益于多方面的关爱与支持：

首先，要深深地感谢我的导师蔡国英教授在百忙之中不断地点拨和指导我，循循善诱，不倦的教诲磨炼了我的学术思维，激发了我的学术动力，让我倍受感动！同时，也深深地感谢各位老师们这些年对我的学习和生活自始至终给予无微不至的关怀、指导和支持，田继忠教授引领我们探讨国内外民族教育政策和发展进程，使我对国内外民族教育政策和发展有了更深入的理解，为我的论文选题奠定了基础；周福盛教授讲授的社会科学研究方法与教育人类学田野工作课程，使我对民族学和人类学的研究方法有了更加系统的学习，不断地激励和启发我探究学术之真谛；孙振玉教授、王安全教授、周玉忠教授和梁向明教授在我的论文开题过程中提出了非常关键的意见和改进建议，在此谨表以我最衷心和诚挚的谢意。在论文的写作过程中，各位恩师一次次的耐心启发和细心指导，使我在工作的奔忙中，有勇气和毅力坚持不懈、精益求精地完成这个任务。

其次，要衷心感谢我的爱人给予我莫大的精神鼓励和物质支持。家人对我生活上的关心和学业上的鼓励，是我顺利完成写作的最大动力，正是家人的悉心关怀、温暖陪伴和全力支持，使本书的撰写得以顺利完成。

再次，要真诚感谢宁夏大学周震老师、外国语学院藏志勇老师、朱海燕老师、吴刚老师及其他各位领导和同事们对我的鼎力相助。正是工作单位七年来对我学业的大力支持，才使我有充裕的时间和足够的精力全身心地投入到课题研究和本书的写作之中；同时也感谢宁夏回族自治区吴忠市红寺堡教育局、红寺堡中学、红寺堡小学和红寺堡幼儿园的各位领导和朋友们在百忙之中，积极配合我进行课题的访谈调研工作和搜集各种相关数据资料，为我积极提供了最真实、最充分、最完整的第一手原始数据和调研资料，正是这些最宝贵的原始数据资料，为我的写作提供了有利的参考资料和科学依据。

最后，要衷心感谢在我撰写此书期间的其他各位前辈、老师和同学。在读书与写作期间，许多老师和同学给予了我专业学习方面的指导和帮助。

一部著作的完成，一个科研项目的结题，只是阶段性成果的标志，真正深入的研究才刚刚起步。接下来，我将在今后的实际教学工作当中，不断积累实践经验，丰富民族地区基础教育发展理论研究，持续关注红寺堡区基础教育发展现状，争取继续为该地区的基础教育均衡发展贡献一份力量。

由于笔者水平有限，书中疏漏和不足之处在所难免，恳请各位专家、学者和读者不吝指正。

杨巧南

2021年7月于宁夏大学